명당(明堂) 찾는 비법(秘法)

堂井 董善浩

명당 찾는 비법

관음출판사

40여 년간의 공직생활을 마치고 취미 생활로 시작하게된 풍수지리에 대한 탐구를 시작한 지도 어언 12년이라는 세월이 흘렀다. 혈자리라고 불리운 명당자리가 어떻게 생성되고 혈자리들이 모여있는 명당들이 어떻게 형성되며 명당발복은 어떤 형태로 발현되는지 등을 밝히고자 전국의 곳곳을 다니면서 수많은 혈자리들을 탐지하고 조사 한바 있으며, 인터넷으로 제공되는 지도나 사진 등으로 지구촌 곳곳의 혈자리들을 수없이 감지하면서 명당자리의 존재 가치를 새삼 실감할 수 있었다. 이와 같이 힘든 과정을 거치면서 우연인지 아니면 필연이지는 몰라도 풍수지리 이천여 년 역사상 처음으로 명당의 종류, 혈자리의 대소, 혈자리와 명당의 생성 원칙 및 명당이 형성되는 형태와 유형 등을 발견하게 되었고, 아울러 명당발복의 사례들을 조사해 명당발복은 반드시 발현된다는 확신을 갖게되는 등 지금까지 풍수지리에 관해 습득한 모든 것을 후세에 전하고자 금번에 세 번째로 "명당 찾는 비법"을 펴내게 되었다.

2013년에 처음으로 발간된 "명당발복의 신비"에서는 풍수지리 2천여 년 역사상 처음으로 혈맥의 흐름과 혈자리의 땅속 형상을 탐지해 혈자리에서 생성되는 생기의 역량에 따라 혈자리를 대(大), 중(中), 소(小)별로 구분하여 천조명당(대명당), 지조명당(중명당), 인조명당(소명당)으로 명명한 바 있으며, 아울러 명당별로 명당발복의 여러 사례들을 모아 명당발복의 신비를 풀어보고자 하였다.

2018년에 펴낸 "신비의 명혈명당"에서는 풍수지리 2천여 년 역사상 최초로 한 곳에 74개의 혈자리가 모여 있는 명당을 발견하여 "명혈명당"이라 명명하고 명혈명당으로 흘러들어오는 혈맥의 경로와 흘러온 거리 및 명혈명당의 땅속 형상 등을 밝힌 바 있으며, 아울러 인터넷으로 제공되는 각종 지도와 사진 등을 통해 지구촌 곳곳의 혈자리 유무를 감지해내는 방법을 제시하였으며, 또한 세계적인 위인들과 주요 국가의 지도자들, 재벌 및 저명 인사들의 생가와 거주지 및 조상들의 묘에 대한 명당자리 유무를 조사해 명당발복의 사례들을 수집해 명당발복의 신비한 현상 등을 통계적으로 입증하고 아울러 명당의 활용방안도 제시한 바 있다.

금번에는 세 번째로 "명당 찾는 비법"이라는 풍수지리서를 펴 내게 되었다. "명당 찾는 비법"은 지난해인 2020년에 집필을 거의 끝냈으나 여러 가지 사정에 의해 미루어 오다가 이번에 발간을 서두르게 된 것이다.

풍수지리 이천여 년의 역사는 명당자리를 찾아 활용하기 위해 지난한 여정이었다고 할 수 있다. 그러나 아직까지는 무수한 이론과 방법 및 온갖 설들만 난무할 뿐 명당자리를 과학기술로 정확하고 용이하게 찾는 방법을 찾아내지 못하면서 수 많은 풍수지리서나 풍수사들 마다 중구난방으로 자기가 습득한 방법만을 주장하고 있는 실정이다. 따라서 이번에 펴 내게 된 "명당찾는 비법"은 자연의 이치에 의해 일정하게 정해진 원칙에 의해 명당자리들이 한 장소에서 무리지어 생성되는 명당형성의 원칙을 발견하고 명당 찾는 방법과 요령을 이 책을 통해 공개하게 되었다. 아울러 명당이 형성되는 형태와 유형들을 명당도 등을 통해 상세하게 설명하였고, 도시와 산야 등 현장에 직접가서 혈자리를 확인 하지 않더라도 인터넷에 의해 제공되는 각종 지도와 사진 등에 의해 컴퓨터 등 과학기술적인 방법을 통해 지구촌 곳곳에 형성된 혈자리와 명당을 용이하게 찾아내어 우리들의 실 생활에 활용할 수 있도록 명당찾는 비법을 상세하게 설명한 풍수지리의 지침서이다. 따라서 이 책에서 설명한 명당찾는 비법을 이해하게 된다면 누구나 언제든지 한 장소에서 수 백개에서 수 천개의 혈자리를 정확하고 용이하게 찾아서 활용할 수 있도록 한 것이다.

다만 이 책은 어느 정도 풍수지리에 대한 기초지식이 있어야 이해 할 수 있는 부분이 있으므로 풍수지리에 대한 문외한인에게는 이해하는데 다소 어려움이 있을 것으로 여겨진다.

오늘날 풍수지리는 대중들로부터 점점 잊혀져 가고 있는 실정이다. 즉 명당을 한낱 허황된 꿈으로만 여겨 음택지에 대한 혈자리의 활용은 거의 찾아볼 수 없게 되었고, 양택지에 대해서만 일부의 사람들이 관심을 갖고 있는 실정이다. 아울러 풍수지리를 연구하는 분들도 자기의 이론만이 절대적이라는 오만으로 인해 타인의 연구와 주장을 배척하려는 경향이 팽배해 있어 풍수지리가 점점 더 침체되어 가고 있는 현실이 매우 안타깝다.

따라서 세 번에 걸쳐 풍수지리서를 펴 내게 된 목적은 현재 풍수지리를 연구하는 분들과 관심을 가진 분들 및 후대에 풍수지리에 관심이 있는 분들이 풍수지리를 연구하고 활용하는데 교과서 역할을 할 수 있게 하고, 지구촌의 모든 사람들이 혈자리를 언제든지 어디서나 용이하게 찾아서 활용을 할 수 있도록 함으로써 보다 많은 사람들이 명당자리를 활용해서 명당발복을 받아 인류가 안녕되고 복된 삶을 살아갈 수 있도록 하자는 일념으로 이 책을 펴내게 된 것이다.

앞서 발간된 두 번의 풍수지리서와 금번에 펴낸 "명당찾는 비법"을 발간함에 있어 물심양면으로 도와준 분당에 사는 이대인 조카와 전주에서 풍수지리에 일가견을 이루고 풍수지리 동호회를 운영하면서 풍수지리의 대중화를 위해 열성적으로 활동하는 정암 심병기 조카의 조언과 도움이 컸으며, 아울러 우리 가족들과 친지 및 친구와 지인 여러분들께 이 기회를 빌어 감사의 인사를 드립니다.

2021년 신록이 짙어만 가는 초여름 오봉산 아래 당정동에서

堂 井　董 善 浩

| 차 | 례 |

제 3장 **명혈명당**

제 1장

명당

제 1장 명당

1. 명당(明堂)의 개요(槪要)

- 명당은 음양陰陽의 두 줄기 수맥水脈으로 이루어진 혈맥穴脈이 땅 밑으로 흘러 다니다 어느 정도의 방풍防風이 되는 곳에 다다르면 흐름을 멈추고 땅 속에 원형 또는 타원형 형태形態의 자리를 만들어서 지구상의 모든 생명체에게 활기活氣를 증진 시킨다는 생기生氣를 생성生成해 땅 위로 분출噴出시키는 곳을 혈穴자리라 하며 혈자리가 모여 있는 곳을 명당明堂이라 한다.

- 명당은 한 곳에 몇 개의 혈자리가 모여 있느냐에 따라 쌍혈명당双穴明堂과 명혈명당明穴明堂의 두 종류가 있다.

- 명당에는 혈자리에서 생성되는 생기의 역량力量에 따라 천조명당天造明堂, 지조명당地造明堂 및 인조명당人造明堂으로 구분된다.

- 명당에서 한 곳에 두 개 이상의 혈자리가 모여 있는 곳을 혈처穴處라 하고, 한 장소에 네 개 이상의 혈처가 모여 있는 곳을 혈처군穴處群 이라 한다.
- 명당발복明堂發福은 혈자리에서 생성되는 생기의 작용作用에 의해 인간의 운명運命이 변화變化되는 현상現象을 말한다.
- 혈자리에서 생성되는 생기는 자연이 인간에게 준 귀중한 선물이므로 많은 사람들이 생기를 받도록 해서 명당발복을 누리게 하자는 것이 풍수지리風水地理의 지향점指向點이다.

※명당(明堂)은 한 장소에 수십 개 이상의 혈자리가 모여 있는 곳으로 혈자리 한 개가 생성(生成)되어 있는 곳보다는 넓은 장소를 의미하는 풍수지리(風水地理)의 용어(用語)로서 명당을 혈(穴), 혈자리, 명당, 명당자리 등의 다양한 용어로 혼용해서 사용하고 있다. 또한 일반 대중들이 알고 있는 명당은 대부분이 혈이나 혈자리 또는 명당자리를 명당이라고 받아들이고 있으므로 전통적(傳統的)인 풍수지리에서 전해오는 명당이라는 용어의 개념(概念)과는 차이가 있다.

전통적인 풍수지리에서 말하는 명당은 혈자리 앞의 넓고 평탄(平坦)한 땅을 말하며 내명당(內明堂)과 외명당(外明堂)으로 구분하고 있다.

내명당은 혈자리의 좌측에는 좌청룡(左靑龍)이라 불리는 산이나 능선 등이 좌측에서 부는 바람을 막아주고, 우측에는 우백호(右白虎)라 불리는 산이나 능선 등이 우측에서 부는 바람을 막아주며, 앞에는 안산(案山)이라 불리는 산이나 능선 등이 앞에서 부는 바람을 막아 주는 넓고 평탄한 곳을 말하고, 외명당(外明堂)은 안산(案山) 밖에 있는 곳으로서 내명당 보다 더 넓고 평탄한 곳을 의미(意味)한다.

명당의 종류(種類)에는 혈자리에서 생성되는 생기의 역량(力量)이 유사(類似)한 혈자리들이 가로로 일렬(一列)로 한 곳에 2개, 4개, 6개, 8개, 10개, 12개 등 여섯 가지의 형태로 혈자리가 생성(生成)되어 있는 명당을 쌍혈명당(雙穴明堂)이라 하고, 혈자리에서 생성되는 생기의 역량이 유사한 혈자리들이 두 곳으로 나누어져 74개의 혈자리가 생성되어 있는 명당을 명혈명당(明穴明堂)이라 한다.

명당은 혈자리에서 생성되는 생기의 역량(力量)에 따라 대명당(大明堂)으로 불리는 천조명당(天造明堂), 중명당(中明堂)으로 불리는 지조명당(地造明堂) 및 소명당(小明堂)으로 불리는 인조명당(人造明堂)으로 구분(區分)된다.

쌍혈명당에서는 혈자리가 한 곳에 2개, 4개, 6개, 8개,

10개, 12개씩이 모여 있는 곳을 혈처(穴處)라 하고, 한 장소에 4개 또는 8개의 혈처가 모여 있는 곳을 혈처군(穴處群)이라 한다.

명혈명당에서는 혈자리가 한 곳에 74개가 모여 있는 곳을 혈처라 하고, 한 장소에 4개 또는 8개의 혈처가 모여 있는 곳을 혈처군이라 한다.

명당발복(明堂發福)의 발현(發現)은 아직까지 과학적으로는 완전히 규명(糾明)되지 않은 현상이지만 풍수지리서(風水地理書)나 항간(巷間)에서 지속적으로 전해오는 발복 현상(現象)으로서, 오늘날에는 혈자리에서 생성되는 생기가 사람들에게 어떠한 영향을 주고 있는지 등 혈자리에서 발생되는 명당발복의 발현 현상을 조사해 정리한 책들이 발간되고 있으며, 아울러 명당발복의 신비(神祕)한 현상들을 과학적으로 규명(糾明)하려는 노력들도 진행되고 있다.

쌍혈명당이나 명혈명당의 혈자리에서 생성되는 생기(生氣)는 땅위로 분출(噴出)되는 지기(地氣)로 지구상의 모든 생물들에게 활기(活氣)를 증진 시킨다는 기체(氣體)의 하나로서 자연이 인간에게 준 가장 귀중한 선물이므로 많은 사람들이 생기에 의해 명당발복을 받아 복(福)된 삶을 누릴 수 있도록 하자는 것이 풍수지리의 지향점(指向點)이자 가치(價値)이기도 하다.

2. 혈맥(穴脈)

- 혈맥은 음陰과 양陽으로 된 두 줄기 수맥水脈이 60cm 정도의 간격으로 한 쌍雙을 이루어 일정한 깊이의 땅속에서 마치 수도관水道管과 유사한 혈맥관穴脈管을 형성해 생기生氣를 모아가면서 흘러가다 주변의 다른 곳보다는 어느 정도 방풍防風이 되는 곳에 이르러 원형圓形 또는 타원형楕圓形 형태形態의 혈자리를 만든 후 한 줄기 수맥으로 흘러간다.

- 혈맥은 땅속으로 흘러가는 두 줄기 수맥이 한 쌍이 되어 흘러가므로 물이 없는 곳에서는 혈맥이 없으며, 혈맥이 없는 곳에서는 혈자리가 존재할 수 없다.

- 혈맥은 항상 분맥分脈을 거듭하면서 흘러가다 혈자리를 만들므로 혈맥은 혈자리를 만들기 위한 필수적必須的인 요건으로서 혈자리의 어버이 역할役割을 한다고 할 수 있다.

- 혈맥은 지구의 곳곳을 흘러다니면서 물과 생기를 공급해 줌으로써 지구상의 모든 생명체生命體들이 생존하고 활동하는 데 없어서는 안되는 필수불가결必須不可缺한 존재이다.

- 혈맥의 발혈처發穴處는 북위北緯 40-42도, 동경東經 70-78도 사이에 위치한 텐산 산맥山脈의 최고봉인 포베다산의 연봉連峯 중의 하나로 추정되고 있다.

- 지구의 주主 된 혈맥은 톈산 산맥의 포베다산 연봉連峯에서 발혈發穴되어 지구의 자전축自轉軸의 중심인 위도緯度와 경도經度를 따라 분맥을 거듭하면서 흘러간다.

- 우리나라로 흘러온 혈맥의 경로經路로는 중앙아시아의 톈산산맥 → 신장자치구의 곤륜산 → 몽고 달란자드가드 → 중국 내몽구자치구 → 중국 요령성의 의무려산 → 요동평야 → 대한민국의 백두산 → 일본 등으로 흘러가는 것으로 추정된다.

- 혈맥은 주간맥主幹脈, 간맥幹脈 및 지맥支脈으로 구분되며, 주간맥은 큰 산과 큰 산을 연결 해주는 혈맥으로 간맥을 분맥分脈할 수 있는 역량을 가진 혈맥이며, 간맥은 혈맥으로 흘러가다 혈자리를 생성하거나 지맥으로 분맥할 수 있는 역량을 가진 혈맥이고, 지맥은 간맥에서 분맥되어 흘러가는 혈맥으로 대부분 입수맥入首脈으로서 혈자리를 만든 후 수맥으로 흘러간다.

- 우리나라의 주간맥主幹脈은 백두대간白頭大幹을 중심으로 1개 정간正幹 및 13개 정맥正脈으로 흘러가면서 간맥을 분맥分脈시키는 혈맥이다.

- 혈맥의 분맥 유형類型에는 봉우리 분맥형分脈型과 능선稜線 분맥형이 있으며, 봉우리 분맥형은 혈맥이 산 봉우리로 흘러가면서 양옆으로 뻗어 있는 능선을

만날 경우 한쪽 능선이나 양쪽 능선을 통해 분맥하는 유형이고, 능선 분맥형은 혈맥이 능선을 타고 산의 정상頂上으로 흘러가거나 산의 봉우리에서 능선을 타고 산 아래로 흘러가면서 한쪽 능선이나 양쪽 능선을 통해 분맥하는 유형이다.

- 혈맥은 지하 수 십미터에서 수 백미터로 흘러가는 것으로 추정되고 있다.

- 혈맥은 자연 재해災害나 인간의 작용作用 등으로 단절斷切되거나 훼손毁損될 경우 일정한 기간이 경과되면 자연 스스로의 치유治癒 능력에 의해 복원復元되고 있다.

※혈맥의 시발점(始發點)으로는 북위(北緯) 40-42도, 동경(東經) 70-78도 사이 중국(中國) 서부(西部) 신장위구르자치구, 카자흐스탄, 기리키스탄, 우즈베키스탄에 걸쳐있는 톈산산맥(天山山脈)의 최고봉인 포베다산의 연봉(連峯)으로 추정되고 있다. 그러나 중국의 풍수지리서에는 곤륜산(崑崙山)이 이 세상으로 흐르는 혈맥의 시발점(始發點)이라 주장하고 있다. "지리인자수지(地理人子須知)"에 의하면 천하(天下)의 산맥(山脈)이 곤륜(崑崙)에서 일어났다 하였고, 뭇 산은 모두 곤륜을 조상(祖上)으로 한다고 하였으며, "명산보감(名山寶鑑)"에서도 산맥이 일

어나는 곳은 본래 곤륜이라 하는 등 중국에서 풍수가 처음 시작되었기 때문에 풍수지리에서는 모든 산의 시조(始祖)를 곤륜산으로 보고 있다.

포베다산(7,439m)

텐산(天山)산맥

곤륜산은 중국의 서북 지역에 위치한 서장자치구(西藏自治區)와 신강위그르자치구(新疆維吾自治區)에 있는 해발 약 6,000여 미터의 산으로서, 중국은 이 산을 지구상의 모든 산의 시조산(始祖山)로 보고 있어, 중국이 지구의 중심 국가임을 은근히 과시하는 등 중국의 중화사상(中華思想)의 우월감을 풍수지리에서도 보여주고 있는 것이라 하겠다.

3. 생기(生氣)

- 생기는 혈자리에서 생성生成되어 땅위로 분출噴出되는 지기地氣로 지구상의 모든 생물들에게 활기活氣를 증진增進 시키는 기체氣體 중의 하나로서 풍수지리에서는 이를 생기라 일컫는다.
- 혈자리에서 생성된 생기는 무색無色, 무미無味, 무취無臭의 기체로서 땅위로 분출噴出 되어 공기와 만나면 흩어지는 성질性質을 갖고 있다.
- 생기의 성분成分에 대해서는 과학적으로 완전한 분석을 하지 못하고 있어 현재까지도 미지의 영역領域으로 남아 있다.
- 혈자리에서 생성되어 분출되는 생기를 인공위성人工衛星이나 비행체飛行體 및 사람에 의해 촬영된 영상

映像이나 사진 등을 통해 생기의 실체實體를 감지感知할 수 있다.

- 혈자리에서 생성되는 생기를 받으면 반드시 명당발복明堂發福을 받게 된다는 신비神祕스런 현상으로서, 오늘날에는 명당발복에 관한 조사 등에 의해 생기의 존재가 어느 정도 실증實證 되면서 생기의 위력威力과 활용성活用性이 중요重要시되고 있다.

※지금으로부터 1,700여 년 전 진(晉)나라 곽박(郭璞)이 저술한 "금낭경(錦囊經)"의 기감편(氣感編)에서는 풍수에 대해 다음과 같은 말이 전해오고 있다.

"經曰 氣乘風則散 界水則地 古人聚之使不散 行之使有止 故謂之風水"(경왈 기승풍칙산 계수칙지 고인취지사불산 행지사유지 고위지풍수)라하였다. 즉 청오경(靑烏經)에서 말하기를 기(氣)가 바람을 받으면 흩어지고, 물을 만나면 멈춘다고 하였다. 옛사람은 기(氣)가 모이고 흩어지지 않는 곳, 즉 기(氣)가 향하다가 멈춘 곳을 풍수(風水)라 하였다.

생기가 생성되어 땅위로 분출되는 혈자리를 인공위성(人工衛星)이나 비행체(飛行體)나 카메라 등에 의해 촬영되어 책이나 각종 인쇄물 및 인터넷을 통해 제공되는 지도, 사진, 영상 등을 수맥탐지(水脈探知) 도구의 하나인 엘로드로 감지(感知)할 경우, 생기가 분출되는 곳에서는 엘로드가 반드시 반응(反應)을 함으로써 오늘날에는 혈자리의 유무를 과학적으로 신속하게 감지할 수 있게 되었다. 즉 생기가 분출되는 혈자리에서는 엘로드가 좌우로 움직이는 등 반응(反應)이 있으나, 혈자리가 아닌 곳에서는 엘로드가 아무런 반응을 보이지 않는다. 따라서 인터넷으로 제공되는 지도 등을 통해 지구촌의 어느 곳이든지 생기의 분출 여부를 감지할 수 있게 됨으로써 혈자리의 유무(有無)와 생기의 역량(力量)을 구별할 수 있게 되었다.

4. 혈(穴)자리

- 혈맥穴脈이 흘러가다 어느정도의 방풍防風이 되는 곳에 다다르면 흐름을 멈추면서 원형 또는 타원형 형태의 자리가 만들어지는 곳을 혈穴, 혈穴자리 또는 명당明堂자리라 한다.
- 혈穴자리에서는 지구상의 모든 생물체에게 활기活氣를 증진시켜 준다는 생기生氣라는 양질良質의 지기地氣가 모아져서 땅위로 분출噴出시킨다.
- 혈자리가 생긴 형태에는 공 모양같이 둥그스럼한 원형圓形 형태, 세로 길이가 가로 길이보다 긴 계란 모

양의 타원형 楕圓形 형태, 가로 길이가 세로 길이보다
긴 럭비공 같은 타원형 형태 등 세 가지가 있다.

※인류가 살고 있는 지구는 최소한 수억년의 역사를 가
진 것으로 추정되며, 지구 표면(表面)의 3/4이 바다, 강
등 물이 대부분을 차지하고 있다. 물이 있는 곳에는 물이
지하로 스며들어 수맥길이 생기고 수맥길이 생기면 필수
적(必須的)으로 혈맥이 흘러가 남극과 북극, 바다, 강, 산,
평야 등 지구의 모든 곳으로 혈맥이 흘러다니면서 혈자리
를 만들고 있다.

혈자리 주위에서 바람막이 역할을 할 수 있는, 즉 풍수
지리에서 말하는 사격(砂格)인 좌청룡(左靑龍), 우백호
(右白虎), 현무봉(玄武峰), 안산(案山)들이 바람막이 역
할을 해주어서 바람이 주변의 다른 곳 보다는 덜 부는 곳
에서 혈자리가 생성된다. 다시 설명한다면 혈자리로 부는
바람을 어느 정도 막아주는 울타리 역할을 해주는 보국
(保局)이 되어 있는 곳에서 혈자리가 만들어진다.

그동안 지구는 지각(地殻)의 융기(隆起)와 화산(火山)의
폭발, 지진(地震) 등 지구의 형성 과정에 의해 수 없이 많
은 변화(變化)를 거듭 해 왔기 때문에 태초(太初)의 혈맥
이 흐르는 혈맥 길도 수많은 변화의 과정을 거쳤을 것으로
추정해 볼 수 있다.

따라서 혈맥은 물만 공급된다면 반드시 혈자리를 생성할 수 있으므로 혈자리가 있는 지상과 지하의 지질이나 지층(地層)의 상태, 혈자리가 있는 지상의 환경적(環境的) 여건, 혈자리의 방풍(防風) 역할을 해주는 사격(砂格)의 좋고 나쁨 등을 가리지 않고 자연의 이치에 의해 지구촌의 어느 곳이든지 생성(生成)되어지는 자연 현상의 하나라고 할 수 있다.

　혈자리의 넓이는 혈자리에서 생성되는 생기의 역량(力量)에 따라 작게는 1.5㎡(0.5평)에서 크게는 33.2㎡(10평) 정도로 생성되어 있으며, 혈자리라고 불리는 용어에 대해서는 현재까지 전해오고 있는 풍수지리서(風水地理書)나 일반 대중(大衆)들에 의해 전해오는 바로는 혈(穴), 혈(穴)자리, 명당(明堂), 명당(明堂)자리 등 다양한 용어(用語)로 불리고 있다.

　혈자리가 만들어진 형태(形態)에는 세로 길이와 가로 길이가 비슷한 마치 공 모양같이 둥그스럼한 원형(圓形) 형태로 생성되어 있는 혈자리가 있는데 이러한 혈자리는 대부분이 상하(上下)와 좌우(左右) 일렬(一列)로 형성되는 형태에서 주로 만들어지고 있으며, 혈자리의 형태가 세로 길이가 가로 길이보다 긴 마치 계란 모양과 같이 생긴 타원형(楕圓形) 형태로 형성되는 혈자리는 대부분이 상하(上下) 일렬(一列)로 형성되는 형태에서 주로 만들어지고, 혈자리의 형태가 가로 길이가 세로 길이보다 긴 마치 럭비공 같이 생긴 타원형(楕圓形) 형태로 형성되는 혈자리는 대부분이 좌우(左右) 일렬(一列)로 형성되는 형태에서 주로 만들어지고 있다고 추정된다. 이와 같은 혈자리의 형태는 혈자리가 자리한 곳의 지형이나 지질 등에 의해 원형이나 타원형 등의 모양으로 결정 되었을 것으로 추정되지만 현재까지 과학적으로 조사된 바는 없다.

인류가 살고 있는 지구 외의 별에서도 혈자리가 존재하는지를 조사해 보았다. 우리 인류는 태양계(太陽系)의 행성(行星)을 탐사(探査)하기 위해 끊임없는 시도(試圖)와 노력을 해 왔다.

따라서 태양계의 네 번째 행성인 화성(火星) 탐사가 시작된지 16년이 지난 1976년 7월 20일 미국의 "바이킹" 1호가 최초로 화성에 착륙해 화성 표면의 이미지를 지구로 전송한 이래 2021년 2월 미국의 "퍼스비어런스(Perseverance)" 화성 탐사선(探査船)이 화성 착륙에 성공하기까지 수 많은 화성 표면의 이미지가 지구로 전송되어 왔다.

따라서 전송된 화성 표면의 이미지를 수맥탐지봉인 엘로드로 혈자리 유무를 탐지(探知) 한 바로는 화성에는 지구의 혈자리와는 비교 할 수 없을 정도의 거대(巨大)한 혈자리가 생성되어 있다는 것을 감지(感知)하게 되었다. 즉 현재까지 화성 탐사선들에 의해 보내온 수백 장의 화

성 표면의 사진들을 감지한 바로는 모든 사진에서 똑 같
이 생기(生氣)가 화성 표면에 가득차 있다는 것을 감지
(感知) 할 수 있었다.

이와 같이 화성의 표면에서 엘로드가 생기에 반응하는
현상으로 보아 화성이 생긴 태초(太初)부터 화성 표면에
는 혈자리와는 관계없이 생기라는 기체로 가득 차 있었다
든지 아니면 화성 표면이 거대한 혈자리로 형성되어 있었
다든지 하는 두 가지 경우를 추정해 볼 수 있다.

만약 화성의 표면이 거대한 혈자리가 생성되어 있어 혈
자리에서 생기가 분출되는 경우라면 화성의 땅 속에는 반
드시 혈맥이 흘러 다니고 있다고 간주해 볼 수 있다. 즉 혈
자리는 두 줄기 수맥으로 이루어진 혈맥이 흘러야 혈자리
가 생성될 수 있으므로 화성의 땅 속 어딘가에는 거대한
두 줄기의 물줄기가 혈맥을 형성해 흘러 다니면서 거대한
규모의 혈자리가 생성되었을 것으로 추정해 볼 수 있다는
것이다. 또한 기이(奇異)하게도 화성 표면에서 엘로드에
반응하는 생기는 음(陰)의 혈자리에서만 생성되는 생기가
분출되고 있다는 사실이다. 즉 화성 표면의 혈자리는 양
(陽)의 혈자리에 대한 반응은 없고 오로지 음의 혈자리만
있다는 사실이다. 물론 화성 탐사선들이 보내온 화성 표
면의 사진들은 몇 개 지역에 한정된 사진들이지만, 우주에
서도 음양(陰陽)의 질서가 적용(適用)된다면 화성의 어느
다른 지역에는 거대한 양(陽)의 혈자리가 존재하거나, 아
니면 화성에는 오로지 태초부터 음의 혈자리로만 되어 있

거나, 또는 화성 주위를 돌고 있는 두 개의 위성(衛星) 중에서 양의 혈자리로만 되어 있는 위성이 화성의 주위를 돌고 있을 것이라는 추정도 해볼 수 있다.

화성의 표면에 생기가 가득차 있다는 것은 인간이 살 수 있는 기후적 여건만 조성된다면 그야말로 인류가 생활하는데 있어 생기를 항상 접할 수 있기 때문에 지상천국(地上天國)이 될 수 도 있을 것이다.

아울러 화성의 표면에는 이산화탄소가 80%이상을 차지하고 있다고 한다. 따라서 이산화 탄소와 혈지리에서 생성되는 생기와는 어떤 연관 관계가 있는지 인류가 풀어야할 과제가 아닌가 한다.

화성의 표면에 생기가 가득 차 있듯이 태양계의 별들이나 더 나아가 우주(宇宙)의 헤아릴 수 없이 많은 어느 별 중에는 생기가 항상 넘쳐나 있고 기후적(氣候的)인 여건 등 인류가 살아 갈 수 있는 환경적 여건이 최적(最適)인 별들이 많이 존재할 것으로 추정되므로 인류는 우주의 별들에 대한 탐사는 앞으로도 계속되어 반드시 인류가 살고 있는 지구보다 낳은 생활 환경을 가진 유토피아를 찾아내야 할 것이다.

아래의 사진은 2021년 4월 19일 미국의 "퍼스비어런스" 화성 탐사선에서 전송된 사진 중의 하나로서 사진 속의 전 지역에서 음의 혈자리에서만 생성되는 생기가 분출되고 있는 사진 중의 하나이다.

화성 탐사선 퍼스비어런스에서 전송된 화성 사진

또한 그동안 달에 탐사선을 보냈거나 인류가 달에 착륙해 달 표면의 이미지와 여러가지 작업을 수행한 이미지들이 수없이 많이 전송(電送)되어 왔다. 그러나 현재까지 전송된 사진 만으로는 생기가 분출되는 혈자리가 엘로드에 의해 감지되지 않아서 달에서는 수맥이 흐르지 않는 다는 것을 확인할 수 있었다. 그러나 탐사선(探査船)이 착륙하지 않은 다른 지역에서 수맥이 흐른다거나 아니면 수맥으로 흐를 정도의 물은 많지 않지만 엘로드에 감지 되지 않은 미량(微量)의 물이 땅속 깊이 존재할 가능성은 있다고 추정해 볼 수 있다.

제 2장
쌍혈명당

제 2장 쌍혈명당

1. 쌍혈명당(雙穴明堂)의 형성(形成) 원칙(原則)

- 쌍혈명당은 혈자리에서 생성生成되는 생기生氣의 역량力量이 유사類似한 혈자리가 음陰과 양陽이 한 쌍雙을 이루어 한 곳에 가로로 일렬一列로 2개, 4개, 6개, 8개, 10개, 12개씩 짝을 지어 생성되어 있다.

- 쌍혈명당에서 혈자리 우측에 있는 음혈陰穴을 월혈月穴자리라 하고, 좌측에 있는 양혈陽穴을 일혈日穴자리라 한다.

- 쌍혈명당 혈자리의 땅속 형상形象으로는 입수맥入首脈, 상수맥相水脈, 혈穴자리, 생기보호맥生氣保護脈, 생기저지선生氣沮止線, 혈장穴場, 수맥水脈 등이 형성되어 있으며, 월혈자리와 일혈자리의 생기보호맥과 생기저지선은 서로 연결連結되어 있다.

- 쌍혈명당에는 혈자리에서 생성되는 생기의 역량에 따라 천조명당天造明堂, 지조명당地造明堂 및 인조명당人造明堂으로 구분區分한다.

- 쌍혈명당은 한 장소에 반드시 천조명당天造明堂, 지조명당地造明堂 및 인조명당人造明堂 순順으로 세 개의 명당이 연이어 배열配列되어 있다.

- 쌍혈명당은 혈자리에서 생성되는 생기의 역량이 유사類似한 혈자리가 한 곳에 2개, 4개, 6개, 8개, 10개, 12개씩 짝을 지어 생성되어 있는 곳을 혈처穴處라 하며, 쌍혈명당은 한 장소에 반드시 16개 이상의 혈처가 형성形成되어 있다.

- 쌍혈명당은 혈자리에서 생성되는 생기의 역량이 유사한 혈처가 한 장소에 4개 또는 8개의 혈처가 짝을 지어 형성되어 있는 곳을 혈처군穴處群이라 하며, 쌍혈명당은 한 장소에 대부분 2개 또는 4개의 혈처군이 형성되어 있다.

- 쌍혈명당의 혈처와 혈처군의 음양陰陽은 상측 혈처와 혈처군 및 좌측 혈처와 혈처군이 양혈처陽穴處와 양혈처군陽穴處群이며, 하측 혈처와 혈처군 및 우측 혈처와 혈처군이 음혈처陰穴處와 음혈처군陰穴處群이다.

- 쌍혈명당은 반드시 천조명당, 지조명당 및 인조명당 순으로 3개 명당이 연이어 배열되는 간격間隔과 명당별로 혈처가 형성되는 간격 및 혈처군이 형성되는 간격은 일정一定하다.

- 쌍혈명당에서 혈자리와 혈처 및 혈처군은 반드시 상하와 좌우로 일직선상一直線上에서 형성되어 있으므로 모든 혈자리와 혈처 및 혈처군은 일직선一直線으로 연결連結되어 있다.

- 쌍혈명당이 형성되는 형태形態와 유형類型에는 上下와 左右 일렬一列로 16개의 혈처穴處가 형성되어있는 형태, 上下 일렬로 16개 혈처가 형성되어 있는 형태 및 左右 일렬로 16개 혈처가 형성되어 있는 형태 등 3개 형태에 12개의 형성 유형類型이 있다.

2. 쌍혈명당(雙穴明堂) 혈자리의 생성(生成) 법칙 (法則)

- 쌍혈명당은 혈자리에서 생성生成되는 생기生氣의 역량力量이 유사類似한 혈자리가 음陰과 양陽이 한 쌍雙을 이루어 한 곳에 가로로 일렬一列로 2개, 4개, 6개, 8개, 10개, 12개씩 짝을 지어 생성되어 있다.

- 쌍혈명당에서 혈자리 우측에 있는 음혈陰穴을 월혈月穴자리라 하고, 좌측에 있는 양혈陽穴을 일혈日穴자리라 한다.

※쌍혈명당은 자연의 이치(理致)와 음양(陰陽)의 조화(調和) 등에 의해 혈자리에서 생성(生成)되는 생기의 역량이 유사(類似)한 혈자리가 음(陰)과 양(陽)이 한 쌍을 이루어 한 곳에 가로로 일렬로 2개(한 쌍), 4개(두 쌍), 6개(세 쌍), 8개(네 쌍), 10개(다섯 쌍), 12개(여섯 쌍)씩 짝을지어 생성되어 있다.

쌍혈명당에서 2개의 혈자리가 짝을지어 생성되는 혈자리의 위치(位置)는 사람이 입수맥(入首脈)이 혈자리로 들어오는 방향을 뒤로하고 앞에 있는 혈자리를 바라볼 때를 기준(基準)으로 할 때 우측에 있는 음혈(陰穴)자리를 월혈(月穴)자리고 하고, 좌측에 있는 양혈(陽穴)자리를 일혈(日穴)자리라 한다.

예를 들어 입수맥이 산 쪽에서 흘러올 경우 사람이 산을 등지고 서서 앞에 있는 혈자리를 볼 때 오른쪽이 음혈(陰穴)자리로 월혈(月穴)자리가 되고, 왼쪽이 양혈(陽穴)자리로 일혈(日穴)자리가 된다. 그러나 사람이 산을 보면서 혈자리 앞에 서 있을 때에는 왼쪽 혈자리가 음혈(陰穴)자리로 월혈(月穴)자리가 되고 오른쪽 혈자리가 양혈(陽穴)자리로 월혈(月穴)자리가 되어 입수맥을 기준으로 할 때와는 정반대 가 된다.

★이 책에서는 문장의 문맥(文脈)에 따라 음혈(陰穴)자리를 음혈 또는 음혈자리로, 양혈(陽穴)자리를 양혈 또는

양혈자리로, 월혈(月穴)자리를 월혈 또는 월혈자리로, 일
혈(日穴)자리를 일혈 또는 일혈자리라로 표현하였다.

(1) 쌍혈명당(雙穴明堂)의 혈자리 배열도(配列圖)

• 쌍혈명당에서 한 곳에 혈자리가 생성되어 있는 혈자리
의 개수個數별 배열도와 음양陰陽의 구별은 다음과 같
다.

〈혈자리가 한 곳에 2개(한 쌍)가 생성되어 있는 배열도〉

月穴　　　日穴

○(陰)　　○(陽)

〈혈자리가 한 곳에 4개(두 쌍)가 생성되어 있는 배열도〉

月穴　　　日穴　　　月穴　　　日穴

○(陰)　　○(陽)　　○(陰)　　○(陽)

〈혈자리가 한 곳에 6개(세 쌍)가 생성되어 있는 배열도〉

月穴　　日穴　　月穴　　日穴　　月穴　　日穴

○(陰)　○(陽)　○(陰)　○(陽)　○(陰)　○(陽)

〈혈자리가 한 곳에 8개(네 쌍)가 생성되어 있는 배열도〉

月穴　日穴　月穴　日穴　月穴　日穴　月穴　日穴

○(陰)　○(陽)　○(陰)　○(陽)　○(陰)　○(陽)　○(陰)　○(陽)

〈혈자리가 한 곳에 10개(다섯 쌍)가 생성되어 있는 배열도〉

月穴　日穴　月穴　日穴　月穴　日穴　月穴　日穴　月穴　日穴
○(陰) ○(陽) ○(陰) ○(陽) ○(陰) ○(陽) ○(陰) ○(陽) ○(陰) ○(陽)

〈혈자리가 한 곳에 12개(여섯 쌍)가 생성되어 있는 배열도〉

月穴　日穴　月穴　日穴　月穴　日穴　月穴　日穴　月穴　日穴　月穴　日穴
○(陰) ○(陽) ○(陰) ○(陽) ○(陰) ○(陽) ○(陰) ○(陽) ○(陰) ○(陽) ○(陰) ○(陽)

(2) 쌍혈명당(雙穴明堂)의 혈자리 명당도(明堂圖)

• 쌍혈명당에서 한 곳에 혈자리가 생성되어 있는 혈자리
  의 개수個數별 명당도는 다음과 같다.

〈혈자리가 한 곳에 2개(한 쌍)가 생성되어 있는 명당도〉

※1)위의 쌍혈명당도는 2개(한 쌍)의 천조명당인 대명당 자리가 가로로 일렬로 생성되어 하나의 혈처를 형성하고 있는 곳으로서 붉은 원(圓)으로 표시된 곳이 혈자리이다. ×표는 혈자리를 표시하기위한 과정에서 생겨난 것으로 무의미한 표시이다.

2)위의 쌍혈명당도에서 사진상으로 볼 때 위쪽에 붉은 원으로 표시된 곳이 일혈(日穴)이고, 아래쪽에 붉은 원으로 표시된 곳이 월혈(月穴)이며, 인터넷으로 제공되는 지도상에서 측정된 혈자리 간의 거리는 7m 정도이다.

3)지조명당도 및 인조명당도는 음혈(陰穴)과 양혈(陽穴) 간의 거리만 다를 뿐 각 명당도는 위의 명당도와 유사(類似)하다.

〈혈자리가 한 곳에 4개(두 쌍)가 생성되어 있는 명당도〉

　※1)위의 쌍혈명당도는 4개(두 쌍)의 천조명당인 대명
당 자리가 가로로 일렬로 생성되어 하나의 혈처를 형성하
고 있는 곳으로서 붉은 원(圓)으로 표시된 곳이 혈자리이
다. ×표는 혈자리를 표시하기위한 과정에서 생겨난 것으
로 무의미한 표시이다.

　2)위의 쌍혈명당도에서 사진상으로 볼 때 좌측부터 첫
번째와 세 번째붉은 원(圓)으로 표시된 곳이 음혈(陰穴)
이고, 두 번째와 네 번째 붉은 원으로 표시된 곳이 양혈(陽
穴)이며, 인터넷으로 제공되는 지도상에서 측정된 혈자리

간의 거리는 5m 정도이다.

　3)지조명당도 및 인조명당도는 음혈(陰穴)과 양혈(陽穴) 간의 거리만 다를 뿐 각 명당도는 위의 명당도와 유사(類似)하다.

〈혈자리가 한 곳에 6개(세 쌍)가 생성되어 있는 명당도〉

　※1)위의 쌍혈명당도는 6개(세 쌍)의 천조명당인 대명당 자리가 가로로 일렬로 생성되어 하나의 혈처를 형성하고 있는 곳으로서 붉은 원(圓)으로 표시된 곳이 혈자리이

다. ×표는 혈자리를 표시하기위한 과정에서 생겨난 것으로 무의미한 표시이다.

2)위의 쌍혈명당도에서 사진상으로 볼 때 좌측 부터 첫 번째, 세 번째, 다섯 번째 붉은 원으로 표시된 곳이 음혈(陰穴)이고, 두 번째, 네 번째 및 여섯 번째 붉은 원으로 표시된 곳이 양혈(陽穴)이며, 인터넷으로 제공되는 지도상에서 측정된 혈자리 간의 거리는 4m 정도이다.

3)지조명당도 및 인조명당도는 음혈(陰穴)과 양혈(陽穴) 간의 거리만 다를 뿐 각 명당도는 위의 명당도와 유사(類似)하다.

〈혈자리가 한 곳에 8개(네 쌍)가 생성되어 있는 명당도〉

※1)위의 쌍혈명당도는 8개(네 쌍)의 천조명당인 대명당 자리가 가로로 일렬로 생성되어 하나의 혈처를 형성하고 있는 곳으로서 붉은 원(圓)으로 표시된 곳이 혈자리이다. ×표는 혈자리를 표시하기위한 과정에서 생겨난 것으로 무의미한 표시이다.

2)위의 쌍혈명당도는 8개(네 쌍)의 혈자리가 산 바로 아래의 평평한 밭에 형성된 명당도로서 사진상으로 볼 때 윗쪽부터 첫 번째, 세 번째, 다섯 번째, 일곱 번째 원으로 표시된 곳이 양혈(陽穴)이고, 두 번째, 네 번째, 여섯 번째, 여덟 번째 붉은 원으로 표시된 곳이 음혈(陰穴)이며, 인터넷으로 제공된 지도상에서 측정된 혈자리 간의 거리는 4m 정도다.

3)지조명당도 및 인조명당도는 음혈(陰穴)과 양혈(陽穴) 간의 거리만 다를 뿐 각 명당도는 위의 명당도와 유사(類似)하다.

〈혈자리가 한 곳에 10개(다섯 쌍)가 생성되어 있는 명당도〉

　※1)위의 쌍혈명당도는 10개(다섯 쌍)의 천조명당인 대명당 자리가 가로로 일렬로 생성되어 하나의 혈처를 형성하고 있는 곳으로서 붉은 원(圓)으로 표시된 곳이 혈자리이다. ×표는 혈자리를 표시하기위한 과정에서 생겨난 것으로 무의미한 표시이다.

　2)위의 쌍혈명당도는 10개의 혈자리가 생성되어 있는 명당도로서 사진상으로 볼 때 오른쪽부터 첫 번째, 세 번째, 다섯 번째, 일곱 번째 아홉 번째 원으로 표시된 곳이 양혈(陽穴)이고, 두 번째, 네 번째, 여섯 번째, 여덟 번째, 열 번째 붉은 원으로 표시된 곳이 음혈(陰穴)이며, 인터넷

으로 제공된 지도상에서 측정된 혈자리 간의 거리는 3m 정도이다.

3)지조명당도 및 인조명당도는 음혈(陰穴)과 양혈(陽穴) 간의 거리만 다를 뿐 위의 각 명당도는 위의 명당도와 유사(類似)하다.

〈혈자리가 한 곳에 12개(여섯 쌍)가 생성되어 있는 명당도〉

※1)위의 쌍혈명당도는 12개(여섯 쌍)의 천조명당인 대명당 자리가 가로로 일렬로 생성되어 하나의 혈처를 형성하고 있는 곳으로서 붉은 원(圓)으로 표시된 곳이 혈자리이다. ×표는 혈자리를 표시하기위한 과정에서 생

겨난 것으로 무의미한 표시이다.

2)위의 쌍혈명당도는 12개의 혈자리가 생성되어 있는 명당도로서 사진상으로 볼 때 윗쪽부터 첫 번째, 세 번째, 다섯 번째, 일곱 번째 아홉 번째 열한 번째 원으로 표시된 곳이 양혈(陽穴)이고, 두 번째, 네 번째, 여섯 번째, 여덟 번째, 열 번째, 열두 번째 붉은 원으로 표시된 곳이 음혈(陰穴)이며, 인터넷으로 제공된 지도상에서 측정된 혈자리 간의 거리는 2.5m 정도이다

3)지조명당도 및 인조명당도는 음혈(陰穴)과 양혈(陽穴) 간의 거리만 다를 뿐 각 명당도는 위의 명당도와 유사(類似)하다.

3. 쌍혈명당(雙穴明堂) 혈자리의 땅속 형상(形象)

> • 쌍혈명당의 월혈月穴자리와 일혈日穴자리의 땅속 형상에는 입수맥入首脈, 상수맥相水脈, 혈穴자리, 생기보호맥生氣保護脈, 생기저지선生氣沮止線, 혈장穴場 및 수맥水脈 등이 있으며 월혈자리와 일혈자리의 생기보호맥과 생기저지선은 서로 연결連結되어 있다.

※쌍혈명당에서 음혈(陰穴)인 월혈자리와 양혈(陽穴)

인 일혈자리의 땅속을 과학기술에 의해 개발된 수맥탐지봉(水脈探知捧)인 엘로드(L-ROD)에 의해 탐지된 바에 의하면, 입수맥(入首脈), 상수맥(相水脈), 혈(穴)자리, 생기보호맥(生氣保護脈), 생기저지선(生氣沮止線), 혈장(穴場) 및 수맥(水脈) 등의 형상이 탐지(探知)되었다. 그러나 월혈자리와 일혈자리의 땅속 형상은 쌍혈명당이 형성되는 형태(形態)와 유형(類型) 등에 따라 여러 형상들이 더 있을 것으로 추정된다.

(1) 입수맥(入首脈)

- 입수맥은 대부분이 주산主山과 현무봉玄武峰 및 능선稜線 등지에서 간맥幹脈으로부터 분맥分脈된 지맥支脈이 생기와 물을 공급 받으면서 구불구불 흘러가다 방풍防風이 되는 곳에서 혈자리를 만드는 혈맥을 입수맥入首脈이라 한다.

- 입수맥은 혈맥관穴脈管을 통해 흘러온 생기를 정제淨濟하면서 혈맥으로 흐르는 물의 양量과 생기의 양量을 조절調節하고 생기가 혈자리 밖으로 새 나가지 못하도록 보호해 주는 역할을 하는 생기보호맥生氣保護脈을 양편으로 분수分水 시킨다.

- 입수맥이 혈자리까지 흘러온 거리는 대략 수 십미터에서 수 백키로미터 정도로 조사되고 있다.

※모든 입수맥(入首脈)은 흘러가다 바람이 주변 지역보다는 다소 덜 불어대는 곳에 다다르면 흐름을 멈추고 혈자리를 만들어 내는 것이 자연의 이치에 따른 입수맥의 임무(任務)라고 할 수 있으며, 아울러 입수맥은 혈맥관(穴脈管)을 통해 흘러온 생기를 정제(淨濟)하면서 혈맥으로 흐르는 물의 양과 생기의 양을 조절하고 생기가 혈자리 밖으로 새 나가지 못하도록 보호해 주는 생기보호맥(生氣保護脈)을 입수맥의 양편으로 분수(分水) 시키는 역할을 한다.

혈자리에서 생성되는 생기의 역량의 대소(大小)가 결정되는 것은 사람의 운명과도 같이 혈자리의 운명도 어느 한 가지 요인에 의해 혈자리의 크고 작음이 결정되는 것이 아니라 입수맥이 간맥(幹脈)에서 분맥되는 위치와 장소, 간맥의 역량과 입수맥으로 흘러온 경로(經路)와 거리, 혈자리가 만들어진 곳의 지질(地質)이나 지형적(地形的) 여건 등 다양한 요인(要因) 등에 따라 혈자리의 역량이 결정된다고 할 수 있으므로 이러한 현상들을 속속들이 모두 밝혀내는데는 한계(限界)가 있다고 할 수 있다.

모든 입수맥은 지구의 곳곳을 흘러다니면서 적정한 곳에 다다르면 흐름음 멈추고 혈자리를 생성하는 것이 입수맥의 숙명(宿命)이라 할 수 있다. 따라서 풍수지리에서 입수맥은 혈맥이 주산(主山)이나 현무봉(玄武峰)을 거쳐 혈자리까지 연결되는 혈맥의 한 부분을 입수맥이라고 명명(命名)한 것에 불과하므로 입수맥이 혈자리를 만들거나 만들지 못하는 것은 입수룡(入首龍)이나 입수일절용(入首一節龍)에 달렸다는 고전적(古典的)인 풍수 이론에는 동의(同意)하기 어렵다.

(2) 상수맥(相水脈)

• 입수맥이 혈자리로 입수하면서 음陰과 양陽으로 이루어진 두 줄기의 수맥이 양편으로 갈라져서 원형이나 타원형 모양의 혈자리를 만들기 위해 음양교합陰陽交合을 하는 두 줄기 수맥을 상수맥相水脈이라 한다.

※상수맥(相水脈)의 음양교합(陰陽交合)은 혈자리를 만들기 위한 필수적인 요건(要件)이다. 즉 음(陰)과 양(陽)으로 이루어진 두 줄기의 수맥으로 된 입수맥이 흘러와 혈자리에 이르르면 상수맥(相水脈)으로 불리운 두 줄기의 수맥이 양편으로 돌아 음양교합을 함으로써 작게는 0.5평에서 크게는 10평 정도의 원형 또는 타원형 형태의 혈자리를 만드는 수맥을 상수맥(相水脈)이라 한다. 이 때 상수맥이 양편으로 벌어져 원형 또는 타원형의 혈자리를 만들면서 돌아가는 상수맥이 음양교합이 이루어질 때 음(陰)의 상수맥과 양(陽)의 상수맥이 약 270도 정도 돌아, 즉 서로 마중을 나가 음의 상수맥은 양의 상수맥과 합수

(合水)되고 양의 상수맥은 음의 상수맥과 합수되어 혈자리를 만든 후 한 줄기 수맥으로 변해서 혈자리 아래로 빠져나간다. 따라서 혈자리는 반드시 상수맥이라 불리운 두 줄기 수맥이 서로 음양교합이 이루어져야만 혈자리가 만들어질 수 있다.

(3) 생기보호맥(生氣保護脈)

- 생기보호맥은 입수맥을 통해 혈자리로 흘러오는 생기를 정제淨濟하고, 정제된 생기가 혈자리 밖으로 새 나가지 못하도록 생기를 보호保護하며, 입수맥에서 혈자리로 흘러 들어오는 물의 양을 조절調節하면서 혈자리를 감싸고도는 미세微細한 수맥을 생기보호맥生氣保護脈이라 하며, 이러한 생기보호맥은 혈자리를 만드는 필수적必須的인 요건 要件중의 하나이다.

- 생기보호맥의 개수個數는 혈자리에서 모아져서 응결凝結되는 생기의 양量과 혈자리로 흘러드는 두 줄기 수맥으로 흐르는 물의 양 및 혈자리에서 모아져서 생성되는 생기의 역량力量에 따라 정해진다.

- 생기보호맥은 월혈月穴자리를 생성하기 위해 흘러가는 입수맥의 좌측左側으로 흐르는 양陽의 수맥水脈과 일혈日穴자리를 생성하기 위해 흘러가는 입수맥의 우측右側으로 흐르는 음陰의 수맥과 서로 연결連結되어 있다.

• 생기보호맥의 개수個數는 혈자리에서 생성되는 생기의 역량力量에 따라 5개의 생기보호맥이 감싸고도는 혈자리, 10개의 생기보호맥이 감싸고도는 혈자리, 15개의 생기보호맥이 감싸고도는 혈자리, 33개의 생기보호맥이 감싸고도는 혈자리, 81개의 생기보호맥이 감싸고도는 혈자리 등 다섯 가지로 구분된다.

※쌍혈명당과 명혈명당 등 모든 명당에는 자연의 법칙(法則)과 음양(陰陽)의 질서에 의해 한 곳에 반드시 음(陰)과 양(陽)으로 된 혈자리가 한 쌍을 이루어 형성되어 있다. 즉 모든 명당은 한 곳에 음혈(陰穴)인 월혈(月穴)자리와 양혈(陽穴)인 일혈(日穴)자리가 한 쌍을 이루어 생성되어 있다.

따라서 생기보호맥(生氣保護脈)도 입수맥(入首脈)을 기준으로 우측 혈자리인 월혈자리를 생성하기 위해 흘러오는 입수맥의 좌측으로 흘러가는 수맥에서 분수(分水)되는 생기보호맥과 좌측 혈자리인 일혈자리를 생성하기 위해 흘러오는 입수맥의 우측으로 흘러가는 수맥에서 분수되는 생기보호맥이 서로 연결(連結)되어 있다. 즉 월혈자리의 생기보호맥과 일혈자리의 생기보호맥이 상호 연계해서 촘촘한 그물망을 쳐서 생기가 혈자리 외부로 새나가지 못하도록 상호 협동을 하고 있다고 할 수 있다. 아울러 생기보호맥은 음혈인 월혈자리와 양혈인 일혈자리를 생성하기 위해 흘러가는 생기와 물의 양을 상호 조절

(調節)해 월혈자리의 생기의 역량(力量)과 일혈자리의 생기의 역량이 서로 균형(均衡)을 유지하도록 하는 역할도 하고 있다고 할 수 있다.

(4) 생기저지선(生氣沮止線)

- 생기저지선은 혈자리 바로 밑으로 음陰과 양陽으로 된 두 줄기 수맥, 즉 상수맥相水脈과 생기보호맥生氣保護脈이 음양교합陰陽交合을 통해 혈자리를 생성한 후 한 줄기 수맥水脈이 되어 혈자리 아래로 흘러 나가는데, 이 수맥으로 생기보호맥이 수개씩 짝을지어 모여들어 혈자리의 생기가 혈자리 아래로 새 나가지 못하도록 저지선沮止線을 형성하는 미세한 수맥들을 생기저지선生氣沮止線이라 한다.

- 생기저지선은 음혈陰穴인 월혈月穴자리 밑으로 형성되는 생기저지선과 양혈陽穴인 일혈日穴자리 밑으로 형성되는 생기저지선은 서로 연결連結되어 있다.

- 생기저지선은 혈자리에서 생성되는 생기의 역량에 따라 혈자리를 감싸고 도는 생기보호맥이 1개에서 9개씩 짝을 지어 한 곳으로 모여들어서 혈자리의 생기가 혈자리 아래로 빠져 나가지 못하도록 하는 역할을 하는 미세微細한 수맥들로서 혈자리를 만드는데 필수적必須的인 요건要件 중의 하나이다.

- 생기저지선의 겹수는 혈자리에서 생성되는 생기의 역

량에 따라 상수맥相水脈을 포함해 4겹, 5겹, 6겹, 9겹으로 형성되어 있다.

※생기저지선(生氣沮止線)은 생기보호맥의 집결지(集結地)로서 입수맥에서 분수(分水)된 생기보호맥의 개수(個數)가 많고 적음에 따라, 생기보호맥으로 흐르는 물의 양(量)이 많고 적음에 따라, 혈자리로 흘러와 생성되는 생기의 양이 많고 적음에 따라 혈자리 밑으로 형성되는 겹수가 달라진다.

생기저지선은 최초로 혈자리를 만들기 위해 상수맥(相水脈)이 원형이나 타원형을 형성하면서 형성되어지는 생기저지선을 포함해 혈자리에서 생성되는 생기의 역량에 따라 1차 생기저지선부터 9차 생기저지선이 혈자리 밑으로 뻗어있는 수맥선상(水脈線上)에 형성되어 있다.

생기저지선은 음혈(陰穴)인 월혈(月穴)자리 밑으로 형성되는 생기저지선과 양혈(陽穴)인 일혈(日穴)자리 밑으로 형성되는 생기저지선은 서로 연결(連結)되어 생기가 혈자리 밑으로 새 나가지 못하도록 생기저지선을 형성하고 있다. 즉 월혈자리의 생기저지선과 일혈자리의 생기저지선이 상호 연계(連繫)해서 촘촘한 그물망을 쳐서 생기가 혈자리 밖으로 새나가지 못하도록 상호 협동(協同)을 하고 있다고 할 수 있다.

혈자리에서 생성되는 생기의 역량의 대소(大小)를 구분 할 때는 혈자리를 만드는데 충분조건(充分條件)의 하나인 생기저지선이 혈자리 아래에서 몇겹으로 형성되어 있는지를 확인해 혈자리의 대소(大小) 여부를 판단 할 수 있다.

생기저지선은 풍수지리에서 순전(脣氈), 전순(氈脣) 또는 하수사(蝦鬚砂) 등으로 표현하고 있으며, 생기저선의 길이가 길어야 명당발복도 크게 발현(發現) 된다는 말이 고전의 풍수지리서(風水地理書)에 의해 전해오고 있다.

(5) 혈장(穴場)

- 혈자리를 포함해 혈자리 주변에 형성되는 생기보호맥生氣保護脈과 생기저지선生氣沮止線이 형성되어 있는 모든 곳을 혈장이라 한다.
- 혈장의 넓이는 혈자리에서 생성되는 생기의 역량에 따라 결정되며, 혈장의 넓이는 크게는 수 천m²(수천 평)에서 작게는 수 십m²(수십 평) 정도로 형성되어 있으며, 혈장의 넓이에 따라 혈자리의 역량의 대소大 小를 판단하기도 한다.

※ 혈장(穴場)의 넓이는 월혈(月穴)자리와 일혈(日穴)자리를 감싸고 돌고 있는 생기보호맥(生氣保護脈)이 몇 개

인지 와 월혈자리와 일혈자리 밑으로 뻗어있는 수맥선상에 형성된 생기저지선(生氣沮止線)이 몇 겹인지에 따라 혈장의 넓이가 좌우(左右)된다.

혈자리에서 생성되는 생기의 역량이 매우 크면 81개의 생기보호맥이 월혈자리와 일혈자리를 둘러싸고 돌아 월혈자리와 일혈자리 아래의 수맥선상에 9겹의 생기저지선을 형성하며, 혈자리에서 생성되는 생기의 역량이 중간 정도면 33개의 생기보호맥이 월혈자리와 일혈자리를 둘러싸고 돌아 월혈자리와 일혈자리 아래의 수맥선상에 6겹의 생기저지선을 형성하고 있고, 혈자리에서 생성되는 생기의 역량이 작으면 5-15개의 생기보호맥이 월혈자리와 힐혈자리를 둘러싸고 돌아 월혈자리와 일혈자리 아리의 수맥선상에 4-5겹의 생기저지선을 형성하고 있다. 따라서 월혈자리와 일혈자리의 생기보호맥과 생기저지선이 형성되어 있는 모든 곳을 혈장이라 하며, 혈장을 고전적(古典的)인 풍수에서는 혈판(穴坂), 당판(堂坂), 또는 생기판(生氣坂)이라고 하였다.

(6) 수맥(水脈)

• 수맥은 땅속 수십 미터 깊이로 흘러가는 물로서 지표수地表水로부터 물을 계속 공급받아 지구의 곳곳을 흘러다니면서 지구상의 모든 생물들의 생명을 유지시키는데 필요한 물을 공급供給해 주고 있다.

- 수맥은 두 줄기 수맥이 한 쌍이 되어 흘러다니는 혈맥을 형성해 지구촌 곳곳애 혈자리를 만들어 생기라는 지기地氣를 땅위로 분출시켜 모든 생물들에게 활기活氣를 공급해 주는 역할을 함으로써 지구상의 모든 생명체生命體들에게는 없어서는 안되는 매우 중요한 땅속 물길이다.

- 수맥은 수맥탐지 도구인 엘로드나 추錘 등 에 의해 수맥이 흐르는 파장波長을 통해 감지感知된다.

※수맥은 한 줄기로 흘러가면 혈자리를 만들 수 없으므로 반드시 음(陰)과 양(陽)으로 된 두 줄기 수맥이 60cm 정도로 흘러야 혈자리를 만들어 낼 수 있으며, 지하로 흘러다니는 수맥은 지표수(地表水)로부터 계속해서 물을 공급(供給)받아서 수맥길을 만들어서 지구촌의 곳곳을 흘러다닌다. 그러나 지표수, 빛물, 상수도관 및 하수구 등으로 흐르는 물 등은 건수(乾水)로서 수맥탐지 도구인 엘로드에는 감지(感知) 되지 않는 물이다.

★혈자리의 땅속 형상에 대해서는 필자가 쓴 "명당발복의 신비"와 "신비의 명혈명당"에서 설명을 한바가 있다. 그러나 모든 명당은 음양(陰陽)의 조화에 의해 반드시 한 곳에 짝수로 이루어진 두 개 이상의 혈자리가 생성되어 서로 연계(連繫)되어 있다는 것을 간과(看過)하고 하

나의 혈자리에 대한 땅속 형상만을 감지하여 설명한 바가 있다. 그러나 이번 기회에 음양으로 이루어진 두 개의 혈자리에 대해서 엘로드에 의해 감지된 땅속 형상을 감지한 바로는 생기보호맥과 생기저지선이 음혈자리와 양혈자리가 서로 연결(連結)되어 있다는 것을 인지하게 되어 이번 기회에 혈자리의 땅속 형상을 바로잡게 되었다.

4. 쌍혈명당(雙穴明堂)의 구분과 배열(配列)

(1) 쌍혈명당의 구분(區分)

> • 쌍혈명당은 혈자리에서 생성生成되는 생기生氣의 역량力量에 따라 천조명당天造明堂, 지조명당地造明堂 및 인조명당人造明堂 등 세 가지 명당으로 구분區分된다.

※쌍혈명당(雙穴明堂)은 혈자리에서 생성되는 생기의 역량(力量)에 따라 천조명당(天造明堂), 지조명당(地造明堂) 및 인조명당(人造明堂) 등 세 가지 명당으로 구분(區分)되고, 인조명당은 다시 인조명당 1, 인조명당 2, 인조명당 3으로 세분 되어 모두 다섯 가지 명당으로 구분된다. 그러나 인조명당이라 함은 대개 인조명당 1이 인조명

당을 대표한다고 간주해 이 책에서도 천조명당, 지조명당 및 인조명당의 세 가지로만 구분하였다.

★문장의 문맥에따라 이책에서는 천조명당 혈자리와 대명당 혈자리를 천조혈(天造穴) 또는 대명당혈(大明堂穴), 지조명당 혈자리와 중명당 혈자리는 지조혈(地造穴) 또는 중명당혈(中明堂穴), 인조명당 혈자리와 소명당 혈자리는 인조혈(人造穴) 또는 소명당혈(小明堂穴)로 함께 표현하였다.

1) 천조명당(天造明堂)

- 천조명당은 혈자리에서 생성되는 생기의 역량이 명당 중에서는 가장 커서 대명당大明堂으로 불리운 명당이다.
- 천조명당의 혈자리에는 반드시 81개의 생기보호맥生氣保護脈이 혈자리를 감싸고 돌아야 한다.
- 천조명당의 혈자리에는 반드시 9겹의 생기저선生氣沮止線이 혈자리 아래로 흘러가는 한 줄기 수맥선상水脈線上에 형성되어 있어야 한다.
- 천조명당의 혈처 간의 거리는 반드시 35m 정도의 일정한 거리로 형성되어 있어야 한다.

- 천조명당의 땅속 형상形象에는 입수맥入首脈, 상수맥相水脈, 혈穴자리, 생기보호맥生氣保護脈 81개, 생기저지선生氣沮止線 9겹, 혈장穴場 및 수맥水脈 등이 있으며, 월혈月穴자리와 일혈日穴자리가 서로 연결連結되어 있다.

※천조명당은 고전(古典)의 풍수서(風水書)와 항간(巷間)에서 인구(人口)에 자주 회자(膾炙)되고 있는 명당자리로 진혈대지(眞穴大地), 천하대지(天下大地), 대명당(大明堂), 대명당혈(大明堂穴), 대혈(大穴), 명혈대지(名穴大地), 진혈대지(眞穴大地), 대혈지지(大穴之地) 등 갖가지 이름으로 전해오는 혈자리로서 하늘이 만들어 땅에다 숨겨 놓고 산신(山神)과 지신(地神)이 지킨다는 천장지비지(天臟地秘地)라고 전해오고 있는 명당자리이다. 따라서 천조명당인 대명당(大明堂) 자리는 삼대(三代) 이상의 적덕(積德)과 선행(善行)을 행(行)하고 효심(孝心)이 지극한 사람에게만 하늘이 가려서 내어준다는 자리로 천기(天氣)와 지기(地氣)와 인기(人氣)가 융합(融合)되어 명당발복(明堂發福)이 크게 발현(發現)된다는 의미에서 천조명당(天造明堂)이라 명명(命名)한 것이다.

중국에서 최초로 시작된 풍수지리가 오늘날 까지 이천여 년 이상 전해오면서 발전되어온 풍수지리의 역사는 신비의 대명당인 천조명당 자리를 찾기 위한 험난한 여정(旅程)의 역사라고 할 수 있다. 이러한 신비의 천조명당은 한 나라의 건국신화(建國神話)가 되기도 하였고, 또한 천조명당을 차지하기 위해 치열한 전쟁을 치르기도 했으며, 국가와 가문(家門) 간의 싸움이 성행(盛行)해 많은 사람들이 희생을 당하기도 하였다. 오늘날에도 신비의 천조명당인 대명당을 주제로 소설, 영화, 드라마 등에서 심심찮게 거론(擧論)되고 있어 천조명당에 대한 흥미를 더해주고 있기도 한다. 또한 천조명당인 대명당 자리에 대해서는 어느 가문에서는 조상을 어떤 형국(形局)의 천조혈(天造穴)에다 모셨더니 대통령이 배출 되었다고 전해오고, 어느 가문은 조상을 어떠한 형국의 대명당혈(大明堂穴)에다 모신 후 재벌이 되었다는 등 흥미로운 말들이 인구(人口)에 회자(膾炙)되어 뭇 사람들의 선망(羨望)의 대상이 되기도 한 명당이다.

그러나 이러한 천조명당에 대해서 신안(神眼)이나 도안(道眼)을 가진 분들은 대명당 자리에서 나타나는 어떠한 현상들을 보았으며 어떤 방법으로 혈자리를 인지(認知)해서 천하제일의 명당자리라고 전해오는지에 대해서는 헤아릴 길이 없다.

옛날부터 전해오는 풍수사(風水師)들의 명당 답사기(踏查記) 등을 보면 조선(朝鮮) 8대 명당이나 호남(湖南) 8대 명당이라고 전해오는 묘소에는 강력한 기(氣)를 느낀다고 적었는데, 일반사람들이 느끼지 못한 강력한 기는 과연 어떤 곳에서 어떻게 발산(發散)되기에 강한 기를 감지할 수 있었는지? 객관적(客觀的)이고 과학적(科學的)인 방법을 제시하지 못하고 한 개인의 느낌에만 의존하였던 것이 아니었는지? 하는 등의 강한 의문을 떨칠 수 밖에 없으며, 한편으로는 명당발복의 결과만을 가지고 천조명당인 대명당 자리라고 전해오고 있었다는 생각을 떨칠 수 밖에 없다. 예를 들어서 어느 가문(家門)에서는 어느 자리에 조상을 모신 후부터 발복(發福)이 일어나 조선시대 삼정승(三政丞)을 여섯명이나 배출하였다고 해서 조선의 8대 명당 중의 하나라고 한 것이 아닌가 하는 등의 의구심을 가질 수 밖에 없다.

그렇다면 과연 천조명당이라는 명당자리는 이 세상에서 존재하는 것일까? 존재한다면 과연 천조명당인 대명당 자리는 어떠한 곳에 숨어있는 것일까? 또한 천조명당 자리라고 하는 곳의 땅속이나 땅위에는 어떤 형태와 형상으로 되어있길래 천장지비지(天臟地秘地)의 명당이라고 전해오는 것일까? 이러한 대명당 자리는 어떻게 구(求)할 수 있으며 이와 같은 천하대지(天下大地)에서는 어떠한 명당발복(明堂發福)이 발현(發現)되는 것일까? 하는 등등의 의심과 호기심(好奇心)을 가질 수밖에 없으며, 이러한 천하대지를 갖고 싶은 욕망은 누구에게나 다 있었을 것이다. 따라서 이러한 의문에 종지부(終止符)를 찍기 위해 이 책에서 천조명당인 대명당의 땅밑은 어떠한 구조(構造)와 형상(形象)을 가지고 있는 것이며, 어떠한 구분에 의해 천조명당 자리라고 한 것이며, 과연 천조명당 자리는 어떻게 찾아 구(求)할 수가 있고, 천조명당 자리는 어떠한 곳에서 많이 존재하는 것이며, 천조명당의 명당발복은 과연 어떻게 발현(發現)되는지 등에 대해서 필자가 쓴 "명당발복의 신비"(관음출판사. 2013년 발행)와 "신비의 명혈명당"(관음출판사. 2018년 발행)에서 풍수지리 2천년 역사상 최초로 신비(神秘)의 베일을 벗긴 바가 있다.

그러나 천조명당인 대명당 자리라고 명명(命名)한 자리라 하더라도 자연의 이치에 의해 만들어진 하나의 자연적인 현상의 일부일 뿐 모두가 다 신비적(神秘的)인 현상이라고는 할 수는 없을 것이다. 즉 그동안 이와 같은 천조명당의 존재 자체를 희소(稀少)하게 여겼을 뿐만 아니라 천조명당이 어떻게 어디에서 형성 되었는지를 대부분의 사람들은 알 수 없었기 때문이라고 여겨진다. 따라서 이렇게 귀(貴)하고 찾기도 어려운 천조명당이라고 불리운 대명당을 누구나 언제나 어디서나 구하기가 힘들었기 때문에 효심(孝心)과 적덕(積德)을 쌓은 사람들에게만 특별히 내어준다는 풍수적인 윤리사상(倫理思想)과 하늘과 땅이 지키고 귀신이 지킨다는 신비적(神秘的)인 존재가 된 것이 아닌가 여겨진다.

오늘날에는 과학기술의 발달로 인해 천조명당인 대명당의 실체가 적나라(積裸裸)하게 규명(紐明)되어지고 있으며, 또한 천조명당을 찾을 수 있는 도구와 방법들이 개발되었고, 자연의 이치(理致)와 음양(陰陽)의 조화 및 혈자리의 생성 법칙(法則) 등에 의해 혈자리가 만들어지고 명당이 형성된다는 사실 등이 점차로 밝혀짐에 따라 천조명당인 대명당의 신비적인 현상들이 하나씩 벗겨지게되어 누구나 대명당 자리를 원하는 사람들이라면 언제 어디에서든지 용이(容易)하게 찾아서 활용(活用)할 수 있는 방법들이 발견되고 개발된 시대에 우리는 살고 있다.

　따라서 심마니들이 수십 년 묵은 산삼을 캐기 위해 온갖 정성과 노력을 하듯 조상을 명당길지(明堂吉地)에 모시고 천하대지(天下大地)에 삶의 터전을 마련하고자 하는 마음과 바람이 간절하다면 누구나 언제나 어디서든지 천조명당은 반드시 구해지리라 여겨진다. 다시 한 번 강조하면 천조명당인 대명당은 우리가 살고 있는 지구상의 곳곳에 그 수를 헤아릴 수 없이 널려 있으며, 오늘날에는 천조명당인 천하대지를 쉽게 찾을 수 있는 방법들이 개발되어 있으므로 우리들의 의지와 노력이 따른다면 누구든지 천조명당인 명당길지(明堂吉地)를 용이하게 찾아서 언제든지 어는 곳에서든지 활용할 수 있을 것이다.

　천조명당으로 판별(判別)할 수 있는 첫 번째 기준(基準)으로 생기저지선(生氣沮止線)이 몇 겹으로 혈자리 밑으로 뻗은 수맥선상(水脈線上)에 형성되어 있는지를 확인하는 것이다. 생기보호맥(生氣保護脈)이 음양교합(陰陽交合)을 통해 혈자리를 생성한 후 한 줄기 수맥이 되어 혈자리 아래로 흘러 나가는데 이 수맥으로 생기보호맥이 모여들어 혈자리의 생기가 혈자리 아래로 새 나가지 못하도록 저지선(沮止線)을 형성하는 미세한 수맥들을 생기저지선이라 하며, 이와 같은 생기저지선이 혈자리 밑으로 뻗어있는 수맥선상에 반드시 9겹으로 형성되어 있어야 천조명당인 대명당으로 판별(判別)할 수 있다.

생기저지선의 겹 수를 확인하기 위해서는 혈자리가 있는 현장에 직접 가서 엘로드로 혈자리 밑으로 뻗어있는 수맥선(水脈線)을 따라가면서 엘로드가 몇 번씩 돌아가는지를 확인해 혈자리를 만드는 상수맥(相水脈)을 포함해 아홉번 돌아가면 천조명당인 대명당으로 판별하는 방법이다. 따라서 혈자리의 현장에서는 이와 같은 요령으로 명당을 판별하는 것이 가장 빠르고 정확하게 명당을 판별할 수 있는 방법이라 할 수 있다.

천조명당으로 판별할 수 있는 두 번째 기준으로는 혈자리로 흘러 들어가는 물의 양(量)과 혈자리의 생기가 외부로 새 나가지 못하도록 혈자리를 감싸고도는 생기보호맥(生氣保護脈) 81개가 반드시 혈자리를 감싸고 돌아야 천조명당인 대명당으로 판별할 수 있다. 그러나 생기보호맥으로 명당을 판별하기 위해서는 혈자리가 있는 현장에 가서 혈자리로부터 수십 또는 수백 미터의 주위를 엘로드로 생기보호맥을 탐지(探知)해서 몇 개의 생기보호맥이 혈자리를 감싸고 돌아가는지를 확인해야 하는데, 혈자리 주변에는 많은 장애물(障碍物)과 험한 지형(地形) 등으로 인해 제대로 생기보호맥을 탐지(探知)하기가 어렵고, 아울러 정확성을 기하는데도 어려움이 따르기 때문에 이러한 판별 기준으로 명당을 구분하는 데에는 한계가 있다.

천조명당으로 판별할 수 있는 세 번째 기준으로서 혈처(穴處)와 혈처간에 형성되는 간격이 반드시 35m 정도의 일정한 거리로 형성되어 있어야 천조명당이라 할 수 있다. 모든 쌍혈명당은 명당이 형성되는 원칙에 따라 반드시 16개 이상의 혈처가 형성되어 있는데 이와 같이 명당마다 혈처가 형성되어 있는 간격은 자연의 법칙에 의해 반드시 일정한 거리를 두고 형성되어 있으므로 혈처 간(間)의 거리를 확인하면 천조명당 여부를 확인할 수 있게된다. 그러나 천조명당의 혈처가 형성되는 혈처 간의 거리는 혈자리가 있는 현장에 가서 줄자나 걸음걸이 등으로 거리를 측정(測定)해서 명당의 대소를 구분한다는 것은 지형(地形)의 굴곡(屈曲)과 여러 장애물 등으로 인해 현실적으로는 많은 애로가 따르기 때문에 정확하게 혈처 간의 거리를 확인하여 쌍혈명당의 대소(大小)를 구분하는데에는 한계(限界)가 있다.

따라서 인터넷으로 제공되는 지도(地圖)에 의해 엘로드

롤 혈자리를 확인해 지도상(地圖上)에서 혈처 간의 거리를 측정해 명당을 구분하는 방법이 가장 정확하고 용이하게 명당을 구분하는 방법이므로 이러한 방법을 습득(習得)해 천조명당 등 원하는 혈자리의 대소를 구분하는 것이 가장 정확하게 명당을 판별하는 방법이라 할 수 있다.

그러나 위와 같이 생기보호맥(生氣保護脈)과 생기저지선(生氣沮止線)에 의해 혈자리 역량의 크고 작음이 구분되었다 하더라도 혈자리를 감싸고 돌고 있는 생기보호맥의 개수(個數)와 생기저지선의 겹수에 따라서 혈장(穴場)의 규모도 달라질 수 있다. 즉 같은 대, 중, 소의 혈자리라 하더라도 혈자리에 따라 혈장의 넓이가 제각각 다르기 때문에 혈장의 규모에 따라서도 혈자리의 역량이 크기도 하고 작을 수도 있다는 것이다. 따라서 같은 천조명당 자리라 하더라도 혈장의 규모가 여러 가지 요인 등에 의해 크고 작을 수 있기 때문에 혈자리의 역량은 혈장의 규모에 따라 각각 다르다고 할 수 있으므로 혈장의 규모인 혈장의 넓이에 의해서도 혈자리의 대소(大小)를 구분하는 기준이 될 수 있다.

또한 혈맥이 이곳 저곳을 구불구불하게 흘러 다니면서도 혈맥의 역량을 가늠할 수 있는 물과 생기가 많이 소진(消盡)되지 않은 상태에서 입수맥(入首脈)으로 들어와 혈자리를 만드는 경우나, 혈맥이 이곳 저곳을 구불구불하게 흘러 다니면서 분맥(分脈)을 많이 실시해 혈맥으로서의 역량이 많이 소진된 상태에서 물과 생기의 공급이 원활치 못한 혈맥이 혈자리를 만든 경우나, 혈맥이 이리 저리 흘러다니면서 분맥(分脈)에 의해 생성된 지맥(支脈)으로 흘러가 혈자리를 만들 경우 등에서도 생기보호맥의 개수와 생기저지선의 겹수 및 혈장의 규모가 달라질 수도 있다.

수맥탐지 도구인 엘로드에 의해 감지(感知)된 천조명당의 월혈(月穴)자리와 일혈(日穴)자리에 대한 땅속 형상에는 입수맥(入首脈), 상수맥(相水脈), 혈(穴)자리, 생기보호맥(生氣保護脈) 81개, 생기저지선(生氣沮止線) 9겹, 혈장(穴場) 및 수맥(水脈) 등이 있으며, 쌍혈명당의 월혈자리와 일혈자리의 땅속 형상은 아래의 그림과 같다.

〈천조명당의 월혈자리와 일혈자리의 땅속 형상〉

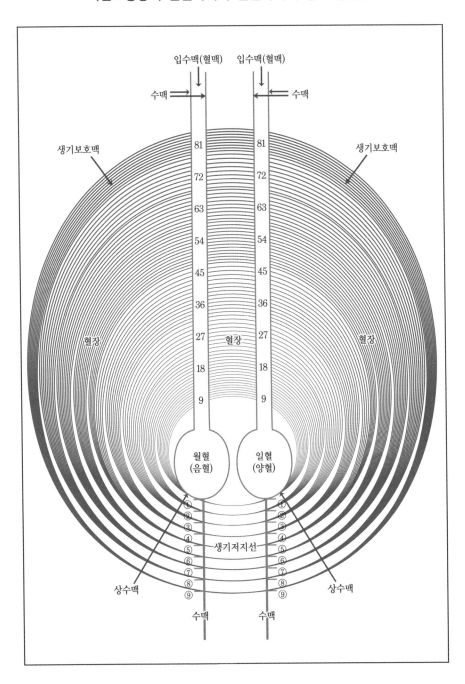

※1)위의 그림은 엘로드에 의해 탐지된 천조명당의 월혈자리와 일혈자리의 땅속 형상으로 각 혈자리마다 두 줄기 수맥으로 형성된 입수맥(入首脈)이 흘러와 상수맥(相水脈)이 되어 양편으로 갈라지면서 원형 또는 타원형의 혈자리를 만들고, 81개의 생기보호맥(生氣保護脈)이 혈자리를 감싸고 돌아 혈자리 아래로 뻗은 수맥선상(水脈線上)으로 모여 들어 9겹의 생기저지선(生氣沮止線)을 형성하고 있으며, 생기보호맥과 생기저지선이 형성된 모든 곳이 혈장(穴場)에 해당된다.

2)입수맥을 기준으로 할 때 음혈(陰穴)인 월혈(月穴)자리로 흘러오는 입수맥의 좌측 수맥(水脈)에서 분수(分水)되는 생기보호맥과 양혈(陽穴)인 일혈(日穴)자리로 흘러오는 입수맥의 우측 수맥에서 분수되는 생기보호맥은 서로 연결(連結)되어 생기가 혈자리 외부로 빠져 나가지 못하도록 생기보호맥을 형성하고 있다. 이와 같이 양쪽 혈자리로 흘러가는 입수맥과 연결되는 생기보호맥은 위의 그림에서는 직선으로 연결되어 있는 것으로 그려 졌지만 혈자리가 있는 현장에서는 두 개의 입수맥을 연결하는 생기보호맥의 거리가 넓은 곳은 수백 미터에서 좁은 곳은 수 미터씩 직선으로 또는 구불구불하게 연결되어 있다.

3)입수맥을 기준으로 할 때 음혈(陰穴)인 월혈자리 밑으로 형성된 생기저지선과 양혈(陽穴)인 일혈자리 밑으로 형성된 생기저지선은 서로 연결되어 혈자리의 생기가 아래로 빠져 나가지 못하도록 하고 있다. 이와 같이 양쪽

혈자리의 생기저지선과 서로 연결된 거리는 길게는 15m 내외에서 짧게는 2m 내외로 연결되어 있다.

2) 지조명당(地造明堂)

- 지조명당은 혈자리에서 생성된 생기의 역량이 중간 정도인 혈자리로서 천조명당인 대명당보다는 생기의 역량이 작고 인조명당인 소명당 보다는 생기의 역량이 커 일반 사람들로부터 중명당中明堂으로 불리운 명당이다.

- 지조명당의 혈자리는 반드시 6겹의 생기저선生氣沮止線이 혈자리 아래로 흘러가는 한 줄기 수맥선상水脈線上에 형성되어 있어야 한다.

- 지조명당의 혈자리는 반드시 33개의 생기보호맥生氣保護脈이 혈자리를 감싸고 돌아야 한다.

- 지조명당의 혈처 간의 거리는 반드시 25m 정도의 일정한 간격으로 형성되어 있어야 한다.

- 지조명당의 땅속 형상形象에는 입수맥入首脈, 상수맥相水脈, 혈穴자리, 생기보호맥生氣保護脈 33개, 생기저지선生氣沮止線 6겹, 혈장穴場 및 수맥水脈 등이 있으며, 월혈月穴자리와 일혈日穴자리가 서로 연결連結되어 있다.

※지조명당(地造明堂)은 땅이 설치(設置)해 산신(山神)이나 지신(地神)이 지키면서 감추고 있다가 덕(德)을 쌓고 선행(善行)을 행하며 효심(孝心)이 지극한 사람이 나타나면 기꺼이 내준다는 명당길지(明堂吉地)로서 천기(天氣)와 지기(地氣)와 인기(人氣)가 융합(融合)되어 명당발복이 발현된다는 의미에서 지조명당(地造明堂)이라 명명(命名) 하였다.

지조명당으로 판별(判別)할 수 있는 첫 번째 기준(基準)으로는 혈자리 밑으로 흘러나가는 한 줄기의 수맥선상(水脈線上)에 생기저지선(生氣沮止線)이 반드시 6겹으로 형성되어 있어야만 지조명당인 중명당이라고 판별(判別)할 수 있다.

생기저지선을 확인하기 위해서는 혈자리가 있는 현장에 직접 가서 엘로드로 혈자리 밑으로 뻗어있는 수맥선을 따라가면서 엘로드가 몇 번 돌아가는지를 확인해서 상수맥(相水脈)을 포함해 여섯 번 돌아가면 지조명당인 중명당으로 판별한다. 따라서 혈자리가 있는 현장에서는 이와 같은 방법으로 명당을 판별하는 것이 가장 빠르고 정확하게 혈자리를 판별할 수 있는 방법이라고 할 수 있다.

지조명당으로 판별할 수 있는 두 번째 기준으로는 반드시 33개의 생기보호맥이 입수맥의 양편으로 분수되어 혈자리를 감싸고 돌아가는지를 확인이 되면 지조명당인 중명당이라고 판별할 수 있다.

　그러나 생기보호맥으로 명당을 판별하기 위해서는 혈자리가 있는 현장에 가서 수십 미터가 되는 혈자리 주위를 엘로드로 생기보호맥의 개수를 탐지하기에는 장애물과 굴곡진 지형 등으로 인해 매우 어렵고 또한 정확성도 기할 수 없기 때문에 이러한 판별 방법으로는 명당을 구분하는 데에는 한계(限界)가 있다고 할 수 있다.

　지조명당으로 판별할 수 있는 세 번째 기준으로는 혈처(穴處)와 혈처가 형성되는 간격이 반드시 25m 정도의 일정한 거리로 형성되어 있어야 지조명당이라 판별할 수 있다. 그러나 이와 같은 방법으로 현장에 가서 혈처 간의 거리를 측정하는 데에는 장애물 등으로 인해 정확한 거리를 측정할 수 없어 명당의 대소를 판별하는 데에는 한계가 있다.

　따라서 인터넷으로 제공되는 지도에 의해 엘로드로 혈자리를 확인해 지도상(地圖上)에서 혈처 간의 직선거리를 측정해 명당을 구분하는 방법이 가장 정확하고 용이(容易)하게 명당을 구분하는 방법이라 할 수 있다.

　수맥탐지 도구인 엘로드에 의해 감지(感知)된 지조명당의 월혈자리와 일혈자리에 대한 땅속 형상에는 각 혈자리마다 입수맥(入首脈), 상수맥(相水脈), 혈(穴)자리, 생기보호맥(生氣保護脈) 33개, 생기저지선(生氣沮止線) 6겹,

혈장(穴場) 및 수맥(水脈) 등이 있으며, 쌍혈명당의 월혈
자리와 일혈자리의 땅속 형상은 아래의 그림과 같다.

〈지조명당의 월혈자리와 일혈자리의 땅속 형상〉

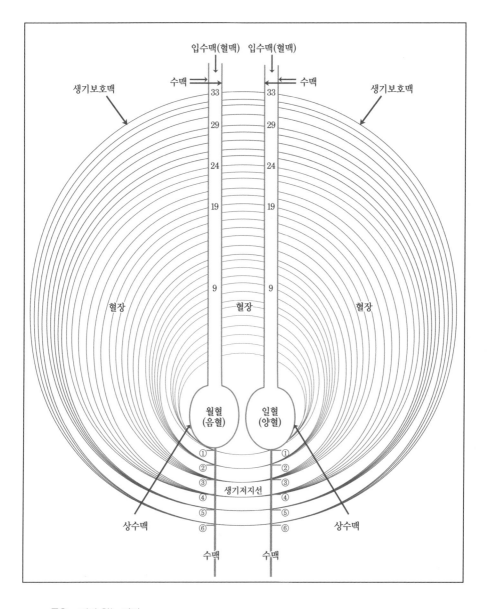

※1)위의 그림은 엘로드에 의해 탐지된 지조명당의 월혈자리와 일혈자리에 대한 땅속 형상으로 각 혈자리마다 두 줄기 수맥으로 형성된 입수맥(入首脈)이 흘러와 상수맥(相水脈)이 되어 양편으로 갈라지면서 원형 또는 타원형의 혈자리를 만들고, 33개의 생기보호맥(生氣保護脈)이 혈자리를 감싸고 돌아 혈자리 아래로 뻗은 수맥선상(水脈線上)으로 모여 들어 6겹의 생기저지선(生氣沮止線)을 형성하고 있으며, 생기보호맥과 생기저지선이 형성된 모든 곳이 혈장(穴場)에 해당된다.

2)입수맥을 기준으로 할 때 음혈(陰穴)인 월혈(月穴)자리로 흘러오는 입수맥의 좌측 수맥(水脈)에서 분수(分水)되는 생기보호맥과 양혈(陽穴)인 일혈(日穴)자리로 흘러오는 입수맥의 우측 수맥에서 분수되는 생기보호맥은 서로 연결(連結)되어 생기가 혈자리 외부로 빠져 나가지 못하도록 생기보호맥을 형성하고 있다. 이와 같이 양쪽 혈자리로 흘러가는 입수맥과 연결되는 생기보호맥은 위의 그림에서는 직선으로 연결되어 있는 것으로 표시 했지만 혈자리가 있는 현장에서는 두 개의 입수맥을 연결하는 생기보호맥의 거리가 넓은 곳에서는 수십 미터에서 좁은 곳은 수 미터씩 직선 또는 구불구불하게 연결되어 있다.

3)입수맥을 기준으로 할 때 월혈자리 밑으로 형성된 생기저지선과 일혈자리 밑으로 형성된 생기저지선은 서로 연결되어 혈자리의 생기가 아래로 빠져 나가지 못하도록 하고 있다. 이와 같이 양쪽 혈자리의 생기저지선과 서로

연결된 거리는 길게는 5m 내외에서 짧게는 2m 내외로
연결되어 있다.

3)인조명당(人造明堂)

- 인조명당은 혈자리에서 생성되는 생기의 역량이 지조명당 보다는 작아 일반사람들로부터 소명당小明堂이라고 불리운 명당이다.

- 인조명당은 혈자리를 감싸고 도는 생기보호맥生氣保護脈의 개수와 혈자리 밑으로 뻗은 수맥선상水脈線上에 형성된 생기저선生氣沮止線의 겹 수에 따라 다음과 같이 인조명당 1, 인조명당 2 및 인조명당 3으로 세분細分되나, 인조명당이라 불리운 명당은 대부분 인조명당 1을 말한다.

- 인조명당 1은 반드시 15개의 생기보호맥生氣保護脈이 혈자리를 감싸고 돌아야 하며, 반드시 5겹의 생기저선生氣沮止線이 혈자리 아래로 뻗은 수맥선상水脈線上에 형성되어 있어야 한다.

- 인조명당 2는 반드시 10개의 생기보호맥生氣保護脈이 혈자리를 감싸고 돌아야 하며, 반드시 5겹의 생기저선生氣沮止線이 혈자리 아래로 뻗은 수맥선상水脈線上에 형성되어 있어야 한다.

- 인조명당 3은 반드시 10개의 생기보호맥生氣保護脈이 혈자리를 감싸고 돌아야하며, 반드시 4겹의 생기저선生氣沮止線이 혈자리 아래로 뻗은 수맥선상水脈線上에 형성되어 있어야 한다.
- 인조명당의 혈처 간의 거리는 반드시 15m 정도의 일정한 간격으로 형성되어 있어야 한다.
- 인조명당 1의 땅속 형상形象에는 입수맥入首脈, 상수맥相水脈, 혈穴자리, 생기보호맥生氣保護脈 15개, 생기저지선生氣沮止線 5겹, 혈장穴場 및 수맥水脈 등이 있으며, 월혈月穴자리와 일혈日穴자리가 서로 연결連結되어 있다.

※인조명당(人造明堂)인 소명당(小明堂)은 천지인(天地人)의 조화(調和)에 따라 하늘이 내려주고 땅이 설치(設置)해서 덕(德)이 있고 선행과 효행을 하는 사람에게 내주어 복된 삶을 살아 갈 수 있도록 한다는 뜻에서 인조명당(人造明堂)이라 명명(命名) 하였다.

인조명당(人造明堂)은 대부분 생기보호맥 15개와 생기저지선 5겹으로 되어있는 인조명당 1이 가장 많이 발견되고 있으나, 인조명당 2와 인조명당 3은 거의 발견되지 않고 있으며, 혈자리에서 생성되는 생기가 매우 미약(微弱)하고 또한 혈자리와 혈장의 넓이도 작아 음택지(陰宅地)

나 양택지(陽宅地)로 활용하기에는 활용성(活用性)이 떨어지므로 인조명당 2와 인조명당 3에 대해서는 앞으로 이 책에서는 언급을 하지않고 인조명당1을 인조명당을 대표하는 명당으로 설명하고자 한다.

인조명당으로 판별(判別)할 수 있는 첫 번째 기준(基準)으로는 반드시 생기저지선(生氣沮止線)이 5겹으로 혈자리 밑으로 뻗은 수맥선상(水脈線上)에 형성되어 있어야만 인조명당인 소명당으로 판별할 수 있다. 따라서 생기저지선의 겹 수를 확인하기 위해서는 혈자리가 있는 현장에 직접 가서 엘로드로 혈자리 밑으로 뻗어있는 수맥선을 따라가면서 엘로드가 몇 번씩 돌아가는지를 세어서 혈자리를 만드는 상수맥(相水脈)을 포함해 다섯번 돌아가면 인조명당인 소명당으로 판별할 수 있다.

인조명당으로 판별할 수 있는 두 번째 기준으로는 혈자리로 흘러 들어가는 물의 양(量)과 혈자리의 생기가 외부로 새 나가지 못하도록 혈자리를 감싸고도는 15개의 생기보호맥(生氣保護脈)이 반드시 혈자리를 감싸고 돌아야 인조명당인 소명당으로 판별 할 수 있다.

인조명당으로 판별할 수 있는 세 번째 기준으로는 혈처(穴處)와 혈처가 형성되는 간격이 반드시 15m 정도의 일정한 거리로 형성되어 있어야 인조명당이라 판별 할 수 있다.

　수맥탐지 도구인 엘로드에 의해 감지(感知)된 인조명당
의 월혈자리와 일혈자리에 대한 땅속 형상에는 혈자리마
다 입수맥(入首脈), 상수맥(相水脈), 혈(穴)자리, 생기보
호맥(生氣保護脈) 15개, 생기저지선(生氣沮止線) 5겹, 혈
장(穴場) 및 수맥(水脈)등이 있으며, 쌍혈명당의 월혈자
리와 일혈자리의 땅속 형상은 아래의 그림과 같다.

〈인조명당의 월혈자리와 일혈자리의 땅속 형상〉

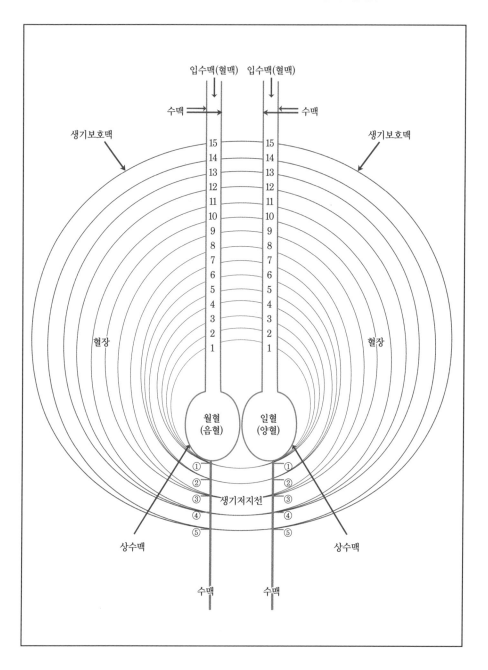

※1)위의 그림은 엘로드에 의해 탐지된 인조명당의 월혈자리와 일혈자리에 대한 땅속 형상으로 각 혈자리마다 두 줄기 수맥으로 형성된 입수맥(入首脈)이 흘러와 상수맥(相水脈)이 되어 양편으로 갈라지면서 원형 또는 타원형의 혈자리를 만들고, 15개의 생기보호맥(生氣保護脈)이 혈자리를 감싸고 돌아 혈자리 아래로 뻗은 수맥선상(水脈線上)으로 모여 들어 5겹의 생기저지선(生氣沮止線)을 형성하고 있으며, 생기보호맥과 생기저지선이 형성된 모든 곳이 혈장(穴場)에 해당된다.

2)입수맥을 기준으로 할 때 음혈(陰穴)인 월혈(月穴)자리로 흘러오는 입수맥의 좌측 수맥(水脈)에서 분수(分水)되는 생기보호맥과 양혈(陽穴)인 일혈(日穴)자리로 흘러오는 입수맥의 우측 수맥에서 분수되는 생기보호맥은 서로 연결(連結)되어 생기가 혈자리 외부로 빠져 나가지 못하도록 생기보호맥을 형성하고 있다. 이와 같이 양쪽 혈자리로 흘러가는 입수맥과 연결되는 생기보호맥은 위의 그림에서는 직선으로 연결되어 있는 것으로 표현을 했지만 혈자리가 있는 현장에서는 두 개의 입수맥을 연결하는 생기보호맥의 거리가 넓은 곳에서는 수십 미터에서 좁은 곳은 수 미터씩 직선 또는 구불구불하게 연결되어 있다.

3)입수맥을 기준으로 할 때 월혈자리 밑으로 형성된 생기저지선과 일혈자리 밑으로 형성된 생기저지선은 서로 연결되어 혈자리의 생기가 아래로 빠져 나가지 못하도록 하고 있다. 이와 같이 양쪽 혈자리의 생기저지선과 서로

연결된 거리는 길게는 3m 내외에서 짧게는 2m 내외로 연결되어 있다.

(2) 쌍혈명당(雙穴明堂)의 배열(配列)

> • 쌍혈명당은 한 장소에서 반드시 천조명당天造明堂, 지조명당地造明堂 및 인조명당人造明堂 순順으로 연連이어 배열配列되어 있다.

※쌍혈명당은 자연의 이치에 의해 한 장소에서 반드시 천조명당인 대명당, 지조명당인 중명당 및 인조명당인 소명당 순으로 세 개의 명당이 연이어 배열되어 있다.

쌍혈명당이 천조명당, 지조명당 및 인조명당 순으로 연이어 배열 되어 있는 어느 한 장소에 혈자리가 2개, 4개, 6개, 8개, 10개, 12개씩 짝을 지어 생성되어 있는 경우 명당별로 혈자리가 생성되어 있는 개수를 보면 다음과 같다.

〈쌍혈명당의 명당별 생성되는 혈자리의 개수〉

(단위:개)

명 당	2개	4개	6개	8개	10개	12개
천조명당(대명당)	32	64	96	128	160	192
지조명당(중명당)	32	64	96	128	160	192
인조명당(소명당)	32	64	96	128	160	192
계	96	192	288	384	480	576

위에서 보는 바와 같이 어느 한 곳에서 2개의 혈자리가 생성되어 있는 곳을 발견 했다면 천조명당, 지조명당 및 인조명당 순으로 연이어 배열되어 있는 혈지리의 개수를 명당별로 찾아보면 천조혈이 32개, 지조혈이 32개, 인조혈이 32개 등 3개 명당에는 모두 96개의 혈자리가 생성되어 있다. 예를 들어 한 곳에 12개의 혈자리가 생성되어 있는 곳을 발견 했다면 명당별로 각각 192개씩 3개 명당에는 모두 576개의 혈자리가 한 장소에 생성되어 있다는 것이다.

쌍혈명당이 천조명당, 지조명당 및 인조명당 순으로 연이어 배열되어 있는 형태(形態)를 보면, 가로로 우측에서 좌측으로 천조명당, 지조명당 및 인조명당 순으로 일렬로 배열되어 있는 형태, 좌측에서 우측으로 천조명당, 지조명당 및 인조명당 순으로 배열되어 있는 형태, 세로로 상측에서 하측으로 천조명당, 지조명당 및 인조명당 순으로 배열되어 있는 형태, 세로로 하측에서 상측으로 천조명당, 지조명당 및 인조명당 순으로 일렬로 배열되어 있는 형태가 있으며, 세 개의 명당이 연이어 배열되어 있는 쌍혈명당의 배열도(配列圖)와 명당도(明堂圖)의 예(例)를 보면 아래와 같다.

〈세 개의 명당이 가로로 우측에서 좌측으로 형성된 배열도〉

천조명당　　　지조명당　　　인조명당

○　　　　　　○　　　　　　○

〈세 개의 명당이 가로로 좌측에서 우측으로 형성된 배열도〉

인조명당　　　지조명당　　　천조명당

○　　　　　　○　　　　　　○

〈세 개의 명당이 세로로 상측에서 하측으로 형성된 배열도〉

천조명당
○
지조명당
○
인조명당
○

〈세 개의 명당이 세로로 하측에서 상측으로 형성된 배열도〉

인조명당
○
지조명당
○
천조명당
○

〈세 개의 명당이 가로로 우측에서 좌측으로 형성된 명당도〉

※ 1)위의 명당도는 동작동 국립묘지에 있는 쌍혈명당도
로서 사진상 좌측에서 우측으로(산 정상에서 아래쪽을 볼
때는 상측에서 하측으로) 천조명당인 대명당, 지조명당인
중명당, 인조명당인 소명당 등 3개 명당이 연이어 배열된
천조명당도이다.

　2)붉은 원(圓)으로 표시된 곳이 2개의 혈자리 중 월혈
(月穴)자리를 기준(基準)으로 명당마다 16개 혈처가 직선
으로 연결되어 있으며, 한 장소에 천조명당이 16개 혈처에
32개의 혈자리, 지조명당이 16개 혈처에 32개의 혈자리,
인조명당이 16개 혈처에 32개의 혈자리씩 3개 명당에 모

두 96개의 혈자리가 생성되어 있다.

5. 쌍혈명당(雙穴明堂)의 혈처(穴處)와 혈처군(穴處群)

- 쌍혈명당은 혈자리에서 생성되는 생기의 역량이 유사한 혈자리가 한 곳에 2개, 4개, 6개, 8개, 10개, 12개씩 짝을 지어 형성되어 있는 곳을 혈처穴處라 하며, 쌍혈명당에는 반드시 한 장소에 16개 이상의 혈처가 형성되어 있다.

- 쌍혈명당은 혈자리에서 생성되는 생기의 역량이 유사한 혈처가 한 장소에 4개 또는 8개 혈처씩 짝을 지어 형성되어 있는 곳을 혈처군穴處群이라 하며, 쌍혈명당에는 대부분 한 장소에 2개 또는 4개의 혈처군으로 형성되어 있다.

- 쌍혈명당 혈처와 혈처군의 음양陰陽 구분은 상측 혈처와 혈처군 및 좌측 혈처와 혈처군이 양혈처陽穴處와 양혈처군陽穴處群이고, 하측 혈처와 혈처군 및 우측 혈처와 혈처군이 음혈처陰穴處와 음혈처군陰穴處群에 해당된다.

※ 쌍혈명당(雙穴明堂)에서 혈자리에서 생성되는 생기의 역량이 유사(類似)한 혈자리가 한 곳에 가로로 일렬로

2개, 4개, 6개, 8개, 10개, 12개씩 짝을지어 여섯 가지 형태로 형성되어져 있는 곳을 혈처(穴處)라 한다.

쌍혈명당에서의 혈처는 쌍혈명당이 형성되는 지형(地形)과 형태(形態) 및 유형(類型) 등에 따라 어느 한 곳에서는 2개의 혈자리가 모여 하나의 혈처를 형성하기도 하고, 어떤 곳에서는 12개의 혈자리가 모여 하나의 혈처를 형성하기도 한다.

쌍혈명당은 명당이 형성되는 원칙에 의해 반드시 한 장소에 천조명당, 지조명당 및 인조명당 순으로 3개 명당이 연이어 배열된 형태로 형성되어 있고, 3개 명당마다 각각 16개 이상의 혈처가 형성되어 있다.

따라서 쌍혈명당이 형성되어 있는 곳에서는 3개 명당이 연이어 반드시 48개 이상의 혈처가 형성되어 있다.

예를 들어 천조명당의 혈자리가 한 곳에 가로로 한 줄로 6개의 혈자리가 생성되어 하나의 혈처를 형성하고 있는 경우 하나의 혈처 주변에는 반드시 16개 이상의 혈처가 형성되어 있다. 따라서 한 장소에 천조명당의 혈자리가 모두 96개가 생성되어 있으며, 지조명당과 인조명당도 똑같이 16개씩의 혈처에 96개씩의 혈자리가 생성되어 있어 3개 명당에는 모두 48개 혈처에 288개의 혈자리가 생성되어 있다.

쌍혈명당에서 생기의 역량이 유사한 4개의 혈처 또는 8

개의 혈처가 한 장소에 모여 있는 곳을 혈처군(穴處群)
이라 한다.

쌍혈명당의 혈처군은 쌍혈명당이 형성되는 지형이나 형
태 및 유형 등에 따라 한 장소에 4개의 혈처가 모여 하나
의 혈처군을 형성하기도 하고 8개의 혈처가 모여 하나의
혈처군을 형성하기도 한다. 다만 16개 혈처가 가로 또는
세로로 한 줄로 형성되어 있는 명당에서는 혈처군이 형성
되지 않는다.

쌍혈명당에서 혈처의 음양(陰陽) 구분은 혈처가 상하
일렬(一列)로 형성된 경우 상측이 양혈처(陽穴處)에 해당
하고, 하측이 음혈처(陰穴處)에 해당되며, 혈처가 좌우로
일렬로 형성된 경우 좌측이 양혈처에 해당되고, 우측이
음혈처에 해당된다.

혈처군의 음양은 혈처군이 상하 일렬로 형성된 경우 상
측이 양혈처군(陽穴處群)에 해당하고, 하측이 음혈처군
(陰穴處群)에 해당되며, 혈처군이 좌우로 일렬로 형성된
경우 좌측이 양혈처군에 해당되고, 우측이 음혈처군에 해
당된다.

쌍혈명당에서 지형적(地形的)인 여건이 좋은 곳, 즉 혈
처(穴處)를 중심으로 바람을 막아주는 울타리가 잘 되어
있는 곳에서는 천조명당인 대명당, 지조명당인 중명당 및
인조명당인 소명당끼리 서로 좋은 지형을 차지하기위해

경쟁(競爭)을 하기도 하며, 쌍혈명당과 명혈명당끼리도 지형적(地形的)인 여건이 좋은 곳을 서로 선점(先占)하려고 경쟁을 하기도 한다. 다시 설명하면 지형적인 여건, 즉 보국(保局)이 잘 되어 있어 방풍(防風)이 어느 정도 되는 곳에서는 천조명당인 대명당은 기본적(基本的)으로 형성되는 16개의 혈처의 두 배인 32개 혈처나 또는 세 배인 64개 혈처가 집중적(集中的)으로 형성되어 있으나, 지조명당인 중명당과 인조명당인 소명당은 기본적으로 형성되어 있는 16개의 혈처만 형성되어 있다. 즉 천조명당인 대명당이 우선적으로 좋은 지형을 선점(先占)해 많을 혈처를 형성하고 있으나 지조명당과 인조명당은 천조명당에 좋은 지형을 양보해서인지 기본적으로 형성되는 16개의 혈처씩만 형성되고 있었다.

다음은 쌍혈명당이 上下와 左右 일렬로 16개 혈처가 형성되어 있는 형태, 上下 일렬로 16개 혈처가 형성되어 있는 형태 및 左右 일렬로16개 혈처가 형성되어 있는 형태에 대한 배열도(配列圖)와 명당도(明堂圖)의 예(例)를 들면 다음과 같다.

〈쌍혈명당이 上下와 左右로 일렬로 16개 혈처가 형성되어 있는 배열도〉

右(上)혈처군　　　　　左(上)혈처군

上혈처　上혈처　　　　上혈처　上혈처
　○　　　○　　　　　　○　　　○
下혈처　下혈처　　　　下혈처　下혈처
　○　　　○　　　　　　○　　　○

右(下)혈처군　　　　　左(下)혈처군

上혈처　上혈처　　　　上혈처　上혈처
　○　　　○　　　　　　○　　　○
下혈처　下혈처　　　　下혈처　下혈처
　○　　　○　　　　　　○　　　○

　※위의 ○ 표시는 한 곳에 2개의 혈자리가 생성되어 하나의 혈처를 형성한 혈처이며, 입수맥을 기준으로 좌측에 상하 일렬로 4개 혈처씩 상측과 하측 두 곳에 2개의 혈처군이 형성되어 있고, 우측에도 상하 일렬로 4개 혈처씩 상측과 하측 두 곳에 2개의 혈처군이 형성되어 있어, 모두 4곳에 16개의 혈처가 4개의 혈처군으로 나누어져 형성되어 있는 배열도이다.

※1)위의 명당도는 쌍혈명당 중 천조혈의 명당도로서 붉은 원(圓)으로 표시된 곳이 2개의 혈자리가 하나의 혈처를 형성해 모두 16개의 혈처에 32개의 혈자리가 형성되어 있는 천조명당도이다.

2)사진으로 볼 때 좌측 상측에 4개의 혈처가 하나의 혈처군을 형성해 상측과 하측에 2개의 혈처군이 형성되어 있고, 우측에도 4개의 혈처가 하나의 혈처군을 형성해 상측과 하측에 2개의 혈처군이 형성되어 있어 모두 4곳에 각각 4개씩의 혈처가 모여서 4개의 혈처군을 형성해 모두

16개 혈처가 4개 혈처군으로 나누어져 형성되어 있다.

　3)혈처마다 입수맥 기준 우측에 있는 월혈자리를 기준
점으로 혈처 와 혈처를 직선으로 선을 그으면 혈처와 혈
처, 혈처군과 혈처군이 모두 일직선으로 연결되어 크고
작은 직사각형과 정사각형이 만들어진다.

〈쌍혈명당이 上下 일렬로 두 줄로 16개 혈처가 형성된 배열도〉

　　　　右혈처군　　　　　　左혈처군

　　　　上혈처　　　　　　　上혈처
　　　　　○　　　　　　　　　○
　　　　下혈처　　　　　　　下혈처
　　　　　○　　　　　　　　　○
　　　　上혈처　　　　　　　上혈처
　　　　　○　　　　　　　　　○
　　　　下혈처　　　　　　　下혈처
　　　　　○　　　　　　　　　○
　　　　上혈처　　　　　　　上혈처
　　　　　○　　　　　　　　　○
　　　　下혈처　　　　　　　下혈처
　　　　　○　　　　　　　　　○
　　　　上혈처　　　　　　　上혈처
　　　　　○　　　　　　　　　○
　　　　下혈처　　　　　　　下혈처
　　　　　○　　　　　　　　　○

　※위의 ○ 표시는 한 곳에 2개의 혈자리가 생성되어 하
나의 혈처를 형성한 혈처며, 입수맥을 기준으로 상하 일

릴로 좌측 줄에 8개 혈처가 하나의 혈처군을 형성하였고. 우측 줄에도 8개의 혈처가 하나의 혈처군을 형성해 두 줄에는 모두 16개의 혈처가 2개의 혈처군으로 나누어져 형성되어 있는 배열도이다.

〈쌍혈명당이 上下 일렬로 두 줄로 16개 혈처가 형성된 명당도〉

　※ 1)위의 명당도는 쌍혈명당 중 천조혈의 명당도로서 붉은 원(圓)으로 표시된 곳이 2개의 혈자리가 하나의 혈처를 형성해 한 줄에 8개 혈처씩 두 줄에는 모두 16개의 혈처에 32개의 혈자리가 형성되어 있는 천조명당도이다.
　2)사진으로 볼 때 좌측 줄은 좌혈처군으로 세로로 일렬로 8의 혈처가 하나의 혈처군을 형성하고 있으며, 우측 줄

은 우혈처군으로 세로로 일렬로 8개의 혈처가 하나의 혈
처군을 형성해, 16개 혈처가 2개의 혈처군으로 나누어져
형성되어 있다.

　3)혈처마다 입수맥 기준 우측에 있는 월혈자리를 기준
점으로 혈처 간을 직선으로 선을 그으면 혈처와 혈처, 혈
처군과 혈처군이 모두 일직선으로 연결되어 직사각형이
만들어진다.

〈쌍혈명당이 左右 일렬로 두 줄로 16개 혈처가 형성된 배열도〉

　　　　右혈처군　　　　　　　　左혈처군
右혈처 左혈처 右혈처 左혈처　　　右혈처 左혈처 右혈처 左혈처
　○　　○　　○　　○　　　　○　　○　　○　　○

　　　　右혈처군　　　　　　　　左혈처군
右혈처 左혈처 右혈처 左혈처　　　右혈처 左혈처 右혈처 左혈처
　○　　○　　○　　○　　　　○　　○　　○　　○

　※위의 ○ 표시는 한 곳에 2개의 혈자리가 생성되어 하
나의 혈처를 형성한 혈처며, 입수맥을 기준으로 좌우 일
렬로 상측 줄과 하측 줄에 각각 8개의 혈처가 4개의 혈처
씩 나누어져 2개의 혈처군이 형성되어 있는 배열도이다.

※ 1)위의 명당도는 쌍혈명당 중 천조혈의 명당도로서 붉은 원(圓)으로 표시된 곳이 2개의 혈자리가 하나의 혈처를 형성해 한 줄에 8개의 혈처가 두 개의 혈처군으로 나누어져 두 줄에는 모두 16개의 혈처에 32개의 혈자리가 형성되어 있는 천조명당도이다.

2)사진으로 볼 때 좌측 줄에는 4개의 혈처가 하나의 혈처군을 형성해 8개 혈처가 2개의 혈처군으로 나누어져 있으며, 우측 줄에도 4개의 혈처가 하나의 혈처군을 형성해 8개 혈처가 2개의 혈처군으로 나누어져 형성되어 두 줄에는 모두 16개 혈처가 4개의 혈처군으로 나누어져 형성되

어 있는 명당도이다.

3)혈처마다 입수맥 기준 우측에 있는 월혈자리를 기준점으로 혈처 간을 직선으로 선을 그으면 혈처와 혈처, 혈처군과 혈처군이 모두 일직선으로 연결되어 직사각형이 만들어진다.

6. 쌍혈명당(雙穴明堂)의 형성 간격(間隔)

- 쌍혈명당은 천조명당天造明堂, 지조명당 地造明堂 및 인조명당人造明堂 순서으로 3개 명당이 연이어 배열되는 간격, 혈처穴處 및 혈처군穴處群이 형성되는 간격은 반드시 다음과 같이 일정一定한 거리로 형성되어 있다.

명 당	명당별간격	혈처별간격	혈처군별간격
천조명당(대명당)	50m	35m	70m
지조명당(중명당)	50m	25m	50m
인조명당(소명당)	50m	15m	30m

- 쌍혈명당에서 혈자리와 혈처 및 혈처군은 반드시 상하 또는 좌우로 일직선상一直線上에 형성되어 있어, 혈자리와 혈처 및 혈처군은 모두 일직선으로 연결되어 있다.

※쌍혈명당은 인터넷 등으로 제공되는 지도상에서 천조
명당인 대명당, 지조명당인 중명당, 인조명당인 소명당의
각 명당별, 혈처별 및 혈처군별로 우측의 월혈(月穴)자리
또는 좌측의 일혈(日穴)자리를 기준으로 3개 명당(明堂)
이 연이어 배열되는 간격, 혈처(穴處)와 혈처와의 간격,
혈처군(穴處群)과 혈처군과의 간격을 엘로드에 의해 측
정한 거리이다.

 이와 같은 거리는 각 명당별로 16개의 혈처, 2개 또는 4
개의 혈처군을 각 혈처의 월혈(月穴)자리 또는 일혈(日
穴)자리를 기준으로 일직선(一直線)으로 연결 할 때 직선
거리를 측정한 간격이다.

 쌍혈명당에서 천조명당, 지조명당 및 인조명당의 3개
명당이 연이어 배열되는 간격, 각 명당별로 혈처가 형성
되는 간격 및 각 명당별로 혈처군이 형성되는 간격은 생
기의 역량이 큰 혈자리가 생성되어 있는 명당의 혈처 및
혈처군일수록 간격이 넓고, 생기의 역량이 작은 혈자리가
생성되어 있는 명당의 혈처 및 혈처군일수록 간격이 좁은
것을 볼수 있다.

 예를 들면 천조명당인 대명당의 혈처가 형성되는 간격
은 반드시 35m 정도의 일정한 거리로 형성되어 있으며,
혈처군이 형성되는 간격은 반드시 혈처와의 간격의 배
(倍)인 70m 정도의 일정한 거리로 형성되어 있다.

 지조명당인 중명당의 혈처가 형성되는 간격은 반드시

25m 정도의 일정한 거리로 형성되어 있으며, 혈처군이 형성되는 간격은 반드시 혈처와의 간격의 배(倍)의 거리인 50m 정도의 일정한 거리로 형성되어 있다.

인조명당인 소명당의 혈처가 형성되는 간격은 반드시 15m 정도의 일정한 거리로 형성되어 있으며, 혈처군이 형성되는 간격은 반드시 혈처와의 간격의 배(倍)의 거리인 30m 정도의 일정한 거리로 형성되어 있다.

또한 천조명당인 대명당, 지조명당인 중명당 및 인조명당인 소명당 등 3개의 명당이 연이어 배열되는 간격도 반드시 50m 정도의 일정한 거리로 형성되어 있다.

그러나 쌍혈명당에서 혈처가 형성되는 간격, 혈처군이 형성되는 간격, 명당과 명당이 연이어 배열되는 간격을 현장에 가서 직접 측정할 경우 지형에 따라 다소의 차이가 있을 수 있다. 즉 굴곡이 있는 지형이거나, 계곡이 있다거나, 하천이 있다거나, 큰 바위 등이 있는 경우에는 혈처마다 수 미터씩 차이가 있을 수도 있다.

또한 혈자리의 넓이가 큰 경우는 대략 4m 정도에서 혈자리의 넓이가 작은 경우에는 대략 2m 정도의 차이가 있는 것으로도 확인되었다. 이와 같은 차이는 인터넷 지도에서 혈자리의 어느 한 지점에 수맥탐지봉인 엘로드를 대고 측정했는지에 따라 차이가 나는 것으로 추정된다. 즉 엘로드봉을 혈자리의 좌측이나 우측 끝에 대거나 혈자리의 중심 부분에 대느냐에 따라 간격이 달라지기 때문이다.

명당에서 쌍혈명당과 명혈명당을 구별하는 가장 확실한 방법과 천조명당인 대명당, 지조명당인 중명당 및 인조명당인 소명당을 구별하는 가장 확실한 방법은 인터넷으로 제공되는 지도에 의해 혈처와 혈처군이 형성되는 거리를 측정해보면 어떤 명당인지를 정확히 구별할 수 있다. 따라서 인터넷 지도로 제공되는 지도애서 혈처와 혈처군이 형성되는 거리를 측정하는 방법을 터득할 경우 지구촌 곳곳에 형성된 명당별 혈자리를 신속하고 정확하게 찾아낼 수 있으므로 이러한 방법이 바로 명당 찾는 비법(秘法)이라 할 수 있다.

다음은 쌍혈명당이 上下와 左右로 일렬로 16개 혈처가 형성되어 있는 형태의 명당도(明堂圖)의 예(例)이다.

〈쌍혈명당이 上下와 左右로 일렬로 16개 혈처가 형성되는 명당도〉

※1)위의 쌍혈명당도에서 사진상으로 볼 때 좌측부터 첫 번째가 천조명당인 대명당도, 두 번째가 지조명당인 중명당도, 세 번째가 인조명당인 소명당도이다. 붉은 원(圓)으로 표시 된 곳이 각 명당별 각 혈처의 월혈(月穴)자리이며, 각 명당마다 16개의 혈처가 형성되어 있고, 각 혈처마다 2개씩의 혈자리가 생성되어 있으며, 각 혈처를 일직선으로 연결하면 크고 작은 정사각형들이 만들어진다.

2)천조명당인 대명당과 지조명당인 중명당 및 인조명당인 소명당이 연이어 배열되는 간격은 반드시 50m로 일정한 거리를 두고 형성되어 있다.

3)천조명당도에서 작은 사각형으로 연결되어 있는 혈

처와의 간격은 반드시 35m의 일정한 거리로 형성되어 있고, 4개의 혈처가 모여 큰 사각형으로 연결된 혈처군과의 간격은 반드시 혈처와의 간격의 배의 거리인 70m의 일정한 거리로 형성되어 있다.

4)지조명당도에서 작은 사각형으로 연결되어 있는 혈처와의 간격은 반드시 25m의 일정한 거리로 형성되어 있고, 4개의 혈처가 모여 큰 사각형으로 연결된 혈처군과의 간격은 반드시 혈처와의 간격의 배의 거리인 50m의 일정한 거리로 형성되어 있다.

5)인조명당도에서 작은 사각형으로 연결되어 있는 혈처와의 간격은 반드시 15m의 일정한 거리로 형성되어 있고, 4개의 혈처가 모여 큰 사각형으로 연결된 혈처군과의 간격은 반드시 혈처와의 간격의 배의 거리인 30m의 일정한 거리로 형성되어 있다.

7. 쌍혈명당(雙穴明堂)의 형성 형태(形態)와 유형(類型)

• 쌍혈명당이 형성되는 형태形態와 유형類型에는 上下와 左右 일렬一列로 16개의 혈처穴處가 형성되어 있는 형태, 上下 일렬로 16개 혈처가 형성되어 있는 형태 및 左右 일렬로 16개 혈처가 형성되어 있는 형태 등 세 가지 형태에 12개의 형성 유형類型이 있다.

※쌍혈명당이 上下와 左右 일렬(一列)로 16개 혈처(穴處)가 형성되는 형태(形態)의 유형(類型)에는 다음의 두 가지 형성 유형이 발견되었다.

하나는 쌍혈명당이 上下와 左右 일렬(一列)로 16개 혈처가 4개 혈처(穴處)씩 짝을지어 정사각형 형태의 혈처군(穴處群)을 네 곳에 형성해, 좌측(左側)에서 우측(右側)으로 또는 우측에서 좌측으로 천조명당(天造明堂), 지조명당(地造明堂) 및 인조명당(人造明堂) 순(順)으로 3개의 명당이 연이어 배열되어 있는 유형(類型)이 있다.

다른 하나의 유형은 쌍혈명당이 上下와 左右 일렬(一列)로 16개 혈처가 4개 혈처(穴處)씩 짝을지어 정사각형 형태의 혈처군(穴處群)을 네 곳에 형성해, 상측(上側)에서 하측(下側)으로 또는 하측(下側)에서 상측(上側)으로 천조명당, 지조명당 및 인조명당 순으로 3개의 명당이 연이어 배열되어 있는 유형(類型)이 있다.

쌍혈명당이 上下 일렬(一列)로 16개 혈처(穴處)가 형성(形成)되는 형태의 유형에는 현재까지 다음의 여섯 개의 형성 유형이 발견 되었다.

첫 번째 형성 유형으로 쌍혈명당이 上下 일렬(一列)로 16개 혈처가 한 줄에 8개 혈처씩 4개 혈처로 나누어져 두 줄로 좌측(左側)에서 우측(右側)으로 또는 우측(右側)에서 좌측(左側)으로 3개 명당이 연이어 배열되어 있는 유형(類型)이 있다.

두 번째 형성 유형으로 쌍혈명당이 上下 일렬(一列)로 16개의 혈처(穴處)가 한 줄에 8개 혈처씩 4개 혈처로 나누어져 두 줄에 16개 혈처가 상측(上側)애서 하측(下側)으로 또는 하측(下側)에서 상측(上側)으로 3개 명당이 연이어 배열되어 있는 유형(類型)이 있다.

세 번째 형성 유형으로 쌍혈명당이 上下 일렬(一列)로 16개 혈처(穴處)가 한 줄에 8개씩 두 줄로 좌측(左側)에서 우측(右側)으로 또는 우측에서 좌측으로 3개 명당이 연이어 배열되어 있는 유형(類型)이 있다.

네 번째 형성 유형으로 쌍혈명당이 上下 일렬(一列)로 한 줄에 16개 혈처(穴處)가 8개 혈처씩 나누어져 좌측(左側)에서 우측(右側)으로 또는 우측에서 좌측으로 3개 명당이 연이어 배열되어 있는 유형(類型)이 있다.

다섯 번째 형성 유형으로는 쌍혈명당이 上下 일렬(一列)로 16개 혈처(穴處)가 한 줄로 좌측(左側)에서 우측(右側)으로 또는 우측애서 좌측으로 3개 명당이 연이어 배열되어 있는 유형(類型)이 있다.

여섯 번째 형성 유형은 쌍혈명당이 上下 일렬(一列)로 16개 혈처(穴處)가 한 줄로 상측(上側)에서 하측(下側)으로 또는 하측에서 상측으로 3개 명당이 연이어 배열되어 있는 유형(類型)이 있다.

쌍혈명당이 左右 일렬(一列)로 16개 혈처(穴處)가 형성되는 형태(形態)에는 다음과 같이 네 개의 형성 유형이 발견 되었다.

첫 번째 형성 유형으로는 쌍혈명당이 *左右* 일렬(一列)로 16개 혈처(穴處)가 한 줄에 8개 혈처(穴處)씩 4개 혈처로 나누어져 두 줄로 좌측(左側)에서 우측(右側)으로 또는 우측에서 좌측으로 3개 명당이 연이어 배열되어 있는 유형(類型)이 있다.

두 번째 형성 유형으로는 쌍혈명당이 *左右* 일렬(一列)로 16개 혈처(穴處)가 한 줄에 8개씩 두 줄로 상측(上側)에서 하측(下側)으로 또는 하측에서 상측으로 3개 명당이 연이어 배열되어 있는 유형(類型)이 있다.

세 번째 형성 유형에는 쌍혈명당이 *左右* 일렬(一列)로 16개 혈처(穴處)가 8개 혈처씩 나누어져 한 줄로 상측(上側)애서 하측(下側)으로 또는 하측애서 상측으로 3개 명당이 연이어 배열되어 있는 유형(類型)이 있다.

네 번째 형성 유형으로는 쌍혈명당이 *左右* 일렬(一列)로 16개 혈처(穴處)가 한 줄로 상측(上側)에서 하측(下側)으로 또는 하측에서 상측으로 3개 명당이 연이어 배열되어 있는 유형(類型)이 있다.

※쌍혈명당이 형성되는 형태별 유형에 대해서는 별도의 장(章)에서 상세하게 설명하고자 한다.

8. 쌍혈명당의 규모(規模)

(1) 쌍혈명당(雙穴明堂)의 혈자리 넓이

• 쌍혈명당雙穴明堂에서의 천조명당, 지조명당 및 인조명당별 혈자리의 넓이는 대략 다음과 같이 조사 되었다.

〈쌍혈명당의 명당별 혈자리의 직경 및 넓이〉

명 당	혈자리 직경	혈자리 넓이
천조명당(대명당)	2.1m-6.5m	3.5㎡(1.0평)- 33.2㎡(10평)
지조명당(중명당)	2.0m-2.5m	3.1㎡(0.9평)- 4.9㎡(1.5평)
인조명당(소명당)	1.8m-2.4m	2.5㎡(0.8평)- 4.5㎡(1.4평)

※쌍혈명당에서 천조명당인 대명당, 지조명당인 중명당 및 인조명당인 소명당별 혈자리의 넓이에 대해서는 현재까지의 수천 개의 혈자리를 대상으로 혈자리의 가로와 세로 직경(直徑)을 조사해, 혈자리가 둥그스럼하게 원형으로 생성되었다는 것을 전제로 원형 및 타원형 혈자리의 가로와 세로 직경의 평균치와 월혈자리와 일혈자리의 직경의 평균치를 산출하여 혈자리의 직경으로 산출된 넓이이다.

혈자리의 가로와 세로 직경을 조사해 보면 대부분 세로 직경이 가로 직경보다는 긴 경우가 많았으며, 또한 월혈자리보다는 일혈자리의 직경이 긴 경우가 많아 음혈(陰穴) 보다는 양혈(陽穴)자리의 넓이가 다소 큰 것으로 조사되었다.

(2) 쌍혈명당(雙穴明堂)의 혈장(穴場) 넓이

• 쌍혈명당에서 천조명당, 지조명당 및 인조명당별 혈장의 넓이를 조사한 바로는 대략 다음과 같다.

〈쌍혈명당의 명당별 혈장의 넓이〉

명 당	혈장 넓이
천조명당(대명당)	7,418㎡(2,244평) - 19,396㎡(5,867평)
지조명당(중명당)	3,179㎡(962평) - 4,826㎡(1,460평)
인조명당(소명당)	94㎡(28평) - 1,272㎡(385평)

※쌍혈명당에서의 혈장의 넓이에는 월혈자리와 일혈자리를 감싸고 도는 생기보호맥(生氣保護脈)과 혈자리 밑으로 형성된 생기저지선(生氣沮止線)이 형성된 모든 곳이 혈장의 넓이에 해당한다.

현장에서 혈장의 넓이에 대한 조사는 혈자리 주변의 수많은 장애물(낭떨어지, 암석, 가시덤불, 각종 시설물 등)

등으로 인해 정확하게 혈장의 넓이를 조사하는 데에는 한계가 있다. 또한 걸음걸이로 혈장의 직경을 재서 m로 환산했기 때문에 상당한 오차가 발생할 수 있으므로 혈장의 규모를 비교 하는 데에는 무리가 따를 수밖에 없다. 따라서 혈장의 규모를 조사하는 것은 명당의 특징과 통계와 연구 등을 위한 목적으로 활용하는 데에는 필요하겠지만 혈자리의 대소를 판단하는 기준으로 활용하는 데에는 한계가 있을 수밖에 없다.

(3) 쌍혈명당(雙穴明堂)의 생기저지선(生氣沮止線) 길이

• 쌍혈명당에서의 천조명당, 지조명당 및 인조명당별로 생기저지선을 조사한 길이는 대략 다음과 같다.

쌍혈명당의 명당별 생기저지선의 길이

명 당	생기저지선 길이
천조명당(대명당)	12m-18m
지조명당(중명당)	6m-10m
인조명당(소명당)	3m-6m

※쌍혈명당에서의 혈자리의 넓이, 혈장(穴場)의 넓이 및 생기저지선(生氣沮止線)의 길이는 혈자리에서 생성되는 생기의 역량이 가장 큰 천조명당 자리가 가장 넓고 길

었으며, 다음이 지조명당 자리이고, 그 다음이 인조명당 자리 순으로 조사되었다. 그러나 혈자리에서 생성되는 생기의 역량이 유사하다고 할지라도 입수맥(入首脈)이 혈자리로 흘러온 거리와 혈자리가 생성되어 있는 장소나 지형 등에 따라 혈자리의 넓이, 혈장의 넓이 및 생기저지선의 길이에는 차이가 있을 수 있다.

예를 들어 입수맥이 먼 거리에서 흘러와서 방풍(防風)이 잘되는 넓은 지형에 자리잡은 혈자리는 대부분 생기의 역량이 크기 때문에 혈자리의 넓이와 혈장의 넓이가 크고 생기저지선의 길이도 길었지만, 입수맥이 짧은 거리를 흘러와 보국(保局)이 제대로 되어있지 않아 방풍(防風)이 좋지 않고 지형이 옹색한 곳에 자리 잡은 혈자리는 생기의 역량도 작기 때문에 혈자리의 넓이나 혈장의 넓이가 작게 형성되고 생기저지선의 길이도 짧게 형성되어 있는 것으로 조사되었다. 즉 혈자리에서 생성되는 생기의 역량이 비슷한 혈자리라 하더라도 입수맥이 혈자리로 흘러 들어온 거리, 혈자리가 생성된 곳의 지형적인 여건 등 여러 가지 가변적(可變的) 요인 등에 따라서 혈자리의 넓이, 혈장의 넓이 및 생기저지선의 길이가 다를 수 있다는 것이다.

아울러 하나의 혈처(穴處)에 두 개의 혈자리가 생성되어 있을 때 혈자리의 넓이가 가장 크고, 하나의 혈처에 혈자리가 여러개 생성되어 있을수록 혈자리의 넓이는 작게 생성되어 있었다.

혈자리의 넓이와 혈장의 넓이가 넓을수록, 또한 생기저지선의 길이가 길수록 혈자리에서 모아진 생기의 양(量)이 많아져 생기의 역량도 커서 명당발복(明堂發福) 역시 크게 발현(發現)될 것이라는 일반적인 추론(推論)은 가능하다. 그러나 아직까지는 혈자리에서 생성되는 생기의 역량을 과학적인 방법으로 측정하지 못하고 있기 때문에 혈자리의 넓이, 혈장의 넓이 및 생기저지선의 길이에 따라 혈자리에서 생성되는 생기의 역량이 증감(增感) 될 것이라는 것을 입증(立證) 하지 못하고 있는 실정이다. 즉 단순히 혈자리의 넓이나 혈장의 넓이 및 생기저지선의 길이에 비례(比例)해서 혈자리에서 생성된 생기의 역량이 증감(增減)되고 따라서 명당발복 역시도 증감되어 발현될 것인지를 과학적으로는 입증(立證)하지 못하고 있는 실정이다.

쌍혈명당의 혈자리의 직경 및 혈자리의 넓이, 혈장의 넓이 및 생기저지선의 길이는 한 곳에 두 개의 혈자리가 생성되어 있는 음혈(陰穴)인 월혈(月穴)자리 또는 양혈(陽穴)인 일혈(日穴)자리에 대해서는 15여 년 넘게 전국 각지를 다니면서 수천 개의 혈자리를 탐사(探査)해사 얻은 수치(數值)이며, 아울러 인터넷을 통해 전국 각지에 있는 수천 개의 혈자리들을 감지(感知)해 얻은 수치들이다.
그러나 우리나라에 있는 모든 혈자리들을 다 조사해 쌍혈명당의 규모를 산출한 것이 아니기 때문에 명당의 규모에 대해서는 앞으로도 계속 조사해 많은 자료들이 수집되어 보완되고 수정 되어야 할 것이다.

(4) 쌍혈명당(雙穴明堂)의 형성(形成) 면적(面積)

• 쌍혈명당이 한 장소에서 천조명당, 지조명당 및 인조명당 순으로 연이어 배열되어 있는 3개 명당을 인터넷으로 제공되는 지도에 의해 측정測定된 면적은 대략 다음과 같다.

〈쌍혈명당의 명당별 형성 면적〉

명 당	형 성 면 적
천조명당(대명당)	5,250㎡(1,588평)-19,600㎡(5,929평)
지조명당(중명당)	3,750㎡(1,134평)-10,000㎡(3,025평)
인조명당(소명당)	2,250㎡(681평) - 3,600㎡(1,089평)
계	11,250㎡(3,403평)-33,200㎡(10,043평)

※위에서 보는 바와 같이 쌍혈명당에서 명당별로 형성된 면적은 하나의 혈처에 두 개의 혈자리가 생성되어 있는 16개의 혈처(穴處)를 혈처별로 음혈(陰穴)인 월혈(月穴)자리를 기준으로 인터넷으로 제공되는 지도에서 3개 명당이 연이어 배열되어 있는 쌍혈명당의 넓이를 측정한 것이다. 그러나 쌍혈명당이 형성된 면적은 명당이 형성되

는 형태(形態)와 유형 (類型) 및 쌍혈명당이 형성되어 있는 장소의 지형적(地形的)인 여건 등에 의해 차이가 날 수 있다.

그러나 명당이 형성되어 있는 현장에 직접가서 명당의 넓이를 측정한다는 것은 매우 어려운 일이다. 즉 명당별로 수백 개의 혈자리를 일일이 확인해 형성된 면적을 조사해야하므로 조사에 따른 수 많은 장애물이 산재해 있고, 명당마다 혈자리 하나하나를 다 확인해야하는 문제 등으로 인해 3개 명당이 연이어 배열되어 있는 면적을 모두 정확하게 조사한다는 것은 거의 불가능한 일이라고 여겨진다.

제 3장
명혈명당

제 3장 명혈명당

1. 명혈명당(明穴明堂)의 형성(形成) 원칙(原則)

- 명혈명당은 한 장소에 혈자리에서 생성生成되는 생기生氣의 역량力量이 유사類似한 74개의 혈자리가 생성되어 있는 명당으로 2개의 혈자리가 생성되어 있는 곳과 72개의 혈자리가 생성되어 있는 곳으로 나누어져 형성되어 있다.

- 명혈명당에서 2개의 혈자리가 생성되어 있는 곳을 일월혈지日月穴地라 하고, 72개의 혈자리가 생성 되어 있는 곳을 성혈지星穴地라 한다.

- 명혈명당의 일월혈지日月穴地에 있는 2개의 혈자리 중 우측에 있는 음혈陰穴을 월혈月穴자리하고, 좌측에 있는 양혈陽穴을 일혈日穴자리라 한다.

- 명혈명당의 성혈지星穴地에는 혈자리에서 생성되는 생기의 역량에 따라 일월혈지의 월혈자리와 일혈자리로부터 5-11m 정도 아래에서 가로로는 한 줄에

8개씩 9개 줄로 72개의 혈자리가 배열配列되어 있다.

- 명혈명당의 일월혈지日月穴地의 땅속 형상形象은 월혈月穴자리와 일혈日穴자리를 형성하는 유형에 따라 다르지만 쌍혈명당 혈자리의 땅속 형상과 같이 입수맥入首脈, 상수맥相水脈, 혈穴자리, 생기보호맥生氣保護脈, 생기저지선生氣沮止線, 혈장穴場 및 수맥水脈 등으로 형성되어 있으며, 월혈자리와 일혈자리의 생기보호맥과 생기저지선은 서로 연결連結되어 있다.

- 명혈명당의 성혈지星穴地의 땅속 형상形象은 가로로 일직선一直線으로 형성된 11개의 입수맥入首脈 통로通路와 세로로 일직선으로 형성된 9개의 입수맥 통로가 상하좌우로 서로 만나 72개의 사각형 방房을 만들고, 방마다 한개씩 모두 72개의 혈자리가 생성되어 있으며, 세로로 난 11번째 입수맥 통로 아래쪽 수맥의 중앙에서 성혈지 밖으로 뻗은 수맥선상水脈線上으로 생기저지선生氣沮止線이 형성되어 있다.

- 명혈명당은 혈자리에서 생성되는 생기의 역량에 따라 천조명당天造明堂, 지조명당地造明堂 및 인조명당人造明堂 등 세 개의 명당으로 구분된다.

- 명혈명당은 한 장소에서 반드시 천조명당, 지조명당 및 인조명당 순順으로 세 개의 명당이 연이어 배열配列되어 있다.

- 명혈명당은 혈자리에서 생성되는 생기의 역량이 유사한 74개의 혈자리가 생성되어 있는 곳을 혈처穴處라 하며, 명혈명당에는 한 장소에 반드시 16개 이상의 혈처가 형성되어 있다.

- 명혈명당은 혈자리에서 생성되는 생기의 역량이 유사한 혈처가 한 장소에 4개 또는 8개 혈처씩 짝을 지어 형성되어 있는 곳을 혈처군穴處群이라 하며, 명혈명당에는 한 장소에 대부분 2개 또는 4개의 혈처군이 형성되어 있다.

- 명혈명당의 혈처와 혈처군의 음양陰陽 구분은 상측 혈처와 혈처군 및 좌측 혈처와 혈처군이 양혈처陽穴處와 양혈처군陽穴處群에 해당되고, 하측 혈처와 혈처군 및 우측 혈처와 혈처군이 음혈처陰穴處와 음혈처군陰穴處群에 해당된다.

- 명혈명당은 천조명당, 지조명당 및 인조명당 순으로 3개 명당이 연이어 배열되는 간격間隔과 명당별로 혈처와 혈처군이 형성되는 간격은 반드시 일정一定한 거리로 형성되어 있다.

- 명혈명당에서 혈자리와 혈처 및 혈처군은 반드시 상하와 좌우로 일직선상一直線上에 형성되어 있으므로 모든 혈자리, 혈처 및 혈처군은 일직선으로 연결連結된다.

- 명혈명당에서 일월혈지日月穴地와 성혈지星穴地가 형성되는 유형類型에는, 입수맥入首脈이 흘러오는 쪽을 등지면서 일월혈지와 성혈지 순으로 명당이 형성되는 유형, 입수맥이 흘러오는 쪽을 등지면서 성혈지와 일월혈지 순으로 명당이 형성되는 유형, 입수맥이 흘러오는 쪽을 보면서 성혈지와 일월혈지 순으로 명당이 형성되는 등 세 가지 유형이 있다.

- 명혈명당이 형성되는 형태形態와 유형類型에는 上下와 左右 일렬一列로 16개 혈처穴處가 형성되어 있는 형태, 上下 일렬로 16개 혈처가 형성되어 있는 형태 및 左右 일렬로 16개 혈처가 형성되어 있는 형태 등 세 가지 형성 형태에 12개의 유형이 있다.

- 명혈명당에는 일월혈지로 들어오는 혈맥穴脈 경로經路와 성혈지로 들어오는 혈맥 경로에는 수십 개의 혈맥 경로가 있다.

- 명혈명당에서 입수맥入首脈이 흘러와 일월혈지日月穴地의 혈자리로 들어오는 거리距里는 수백 미터에서부터 수 백킬로미터 까지 있고, 성혈지星穴地의 혈자리로 들어오는 거리는 수 미터에서부터 수 백미터 까지 있다.

2. 명혈명당(明穴明堂) 혈자리의 생성(生成) 법칙 (法則)

- 명혈명당은 한 장소에 혈자리에서 생성生成되는 생기 生氣의 역량力量이 유사類似한 74개의 혈자리가 생성되어 있는 명당으로 2개의 혈자리가 생성되어 있는 곳과 72개의 혈자리가 생성되어 있는 곳 등 두 곳으로 나누어져 형성되어 있다.

- 명혈명당에서 2개의 혈자리가 생성되어 있는 곳을 일월혈지日月穴地라 하고, 72개의 혈자리가 생성 되어 있는 곳을 성혈지星穴地라 한다.

- 명혈명당의 일월혈지日月穴地에 있는 2개의 혈자리 중 우측에 있는 음혈陰穴을 월혈月穴자리하고, 좌측에 있는 양혈陽穴을 일혈日穴자리라 한다.

- 명혈명당에서 성혈지는 인테넷으로 제공되는 지도상에서 일월혈지의 월혈자리와 일혈자리로부터 천조명당은 11m, 지조명당은 7m, 인조명당은 5m 정도 아래에 가로로는 한 줄에 음혈陰穴자리와 양혈陽穴자리가 각각 4개씩 8개의 혈자리가 9개 줄로 72개의 혈자리가 배열配列되어 있다.

※명혈명당이라고 불리운 것은 우주(宇宙)와 대자연 (大自然)의 이치(理致) 및 음양(陰陽)의 조화(調和)에

의해 땅속에서 만들어진 혈자리가 생기를 모아 땅위로 분출(噴出)시켜 지구상에서 살아가는 모든 생물들이 생기를 받아 활기(活氣)에 찬 밝은 삶을 살도록 해준다는 의미와 함께, 두 개의 혈자리 중 양혈(陽穴)인 일혈(日穴)자리의 일(日)과 음혈(陰穴)인 월혈(月穴)자리의 월(月)을 합(合)한 글자인 밝은 명(明)자를 붙여 명혈명당(明穴明堂)이라 명명(命名)한 것이다. 즉 명혈명당은 한 장소에 74개의 혈자리가 집중적으로 생성되어 있는 곳으로서 항상 강한 생기가 서려 있는 곳으로 지구상(地球上)에 사는 모든 생물들이 가장 활기(活氣) 있게 살아갈 수 있다는 혈자리의 군혈지(群穴地)라 일컷는 명당지(明堂地)라 할 수 있다.

명혈명당은 우주와 대자연의 이치와 음양오행(陰陽五行) 및 천지인(天地人)과는 어떤 관계가 있는지는 알 수가 없다. 그러나 명혈명당이 신비한 우주와 오묘한 대자연의 섭리에 의해 하늘(天)과 땅(地)이 합작해 명혈명당(明穴明堂)을 형성하고 사람(人)이 이를 활용하는 천지인(天地人)의 융합(融合)에 의해 명혈명당이 형성되어 있는 것이 아닌가 하는 상상과 추측을 해 보았다.

명혈명당에서 윗쪽에 두 개의 혈자리가 생성되어 있는 곳, 즉 쌍혈명당이 형성되어 있는 곳을 일월혈지(日月穴地)라 한다. 일월혈지는 간맥(幹脈)이 흘러오다 최종적으로 분맥된 지맥이 입수맥(入首脈)이 되어 음(陰)과 양

(陽)으로된 두 쌍의 혈맥이 구불구불하게 흘러오다 바람
이 주변 보다는 덜타는 곳에 이르러 입수맥이 흐름을 멈
추고 명혈명당의 맨 윗쪽에 두 개의 혈자리가 만들어 지
는 곳을 일월혈지(日月穴地)라 명명(命名) 하였다.

일월혈지에 생성된 두 개의 혈자리를 입수맥을 기준으
로 할 때 좌측에 자리한 양혈(陽穴)을 태양(日)으로 보아
일혈(日穴)자리로 하고, 우측에 자리한 음혈(陰穴)을 달
(月)로 보아 월혈(月穴)자리로 하였으며, 일혈자리와 월
혈자리가 자리한 일(日)과 월(月)을 합쳐서 일월혈지(日
月穴地)라 명명한 것이다.

일월혈지(日月穴地)에 있는 일혈(日穴)자리와 월혈(月
穴)자리는 마치 왕(王)과 왕후(王后)가 옥좌(玉座)에 앉
아서 신하(臣下)들이 모여 왕(王)과 왕후(王侯)에게 알현
(謁見) 하듯이 일월혈지 아래에 생성된 72개의 혈자리를
거느리고 있다.

일월혈지 또는 일월혈지 근처로 흘러가는 간맥(幹脈)에
서 분맥된 혈맥이 입수맥(入首脈)이 되어 일월혈지 아래
로 모여들어 가로로는 한 줄에 음혈(陰穴)자리 4개와 양
혈(陽穴)자리 4개씩 8개의 혈자리가 생성되어 있고, 세로
로는 한 줄에 8개씩 9개 줄에는 72개의 혈자리가 생성되
어 배열(配列)된 곳을 성혈지(星穴地)라 명명한 것이다.
성혈지에 가로로 한 줄에 8개씩 혈자리가 생성되어 배열
되어 있는 것은 우주의 운용(運用) 방법인 하도락서(河圖

洛書)의 8괘인 건乾(하늘), 곤坤(땅), 간艮(산), 태兌(연못), 진震(번개), 손巽(바람), 감坎(물), 리離(불)에 해당하는 8개의 혈자리가 배치 된 것이 아닌가 하는 추측을 해 보았으며, 세로로 9개 줄을 배열시킨 것은 태양을 중심으로 돌고 있는 9개의 행성(行星)인, 수성(水星), 금성(金星), 지구(地球), 화성(火星), 목성(木星), 토성(土星), 천왕성(天王星), 해왕성(海王星), 명왕성(冥王星)을 의미하거나, 또는 풍수지리에서 전해오는 우주 전체의 중심인 북극성(北極星)을 중심으로 운행(運行)하는 북극성(北極星), 탐랑성(貪狼星), 거문성(巨文星), 녹존성(祿存星), 문곡성(文曲星), 염정성(廉貞星), 무곡성(武曲星), 파군성(破軍星), 좌보성(左輔星):무극성 보좌), 우필성(右弼星:파군성 보좌) 등의 9개 성(星)에 따라 배열 된 것이 아닌가하는 추측도 해보았다.

명혈명당에는 한 장소에 혈자리에서 생성되는 생기의 역량(力量)이 유사(類似)한 음혈(陰穴)인 월혈(月穴)자리와 양혈(陽穴)인 일혈(日穴)자리 등 2개의 혈자리가 생성되어 있는 일월혈지(日月穴地)가 형성되어 있는 곳과 일월혈지의 월혈자리와 일혈자리로부터 아래쪽으로 가로로는 음혈(陰穴) 4개, 양혈(陽穴) 4개 등 한 줄에 8개의 혈자리가 생성되어 배열되어 있고, 세로로는 9개 줄에 72개의 혈자리가 생성되어 배열되어 있는 성혈지(星穴地)로 나누어져 형성되어 있다.

명혈명당의 성혈지가 시작되는 곳을 인공위성으로 제공
되는 지도(地圖)에서 엘로드로 거리를 측정(測定)해 보면
월혈자리와 일혈자리에서부터 천조명당인 대명당은 11m
정도, 지조명당인 중명당은 7m 정도, 인조명당인 소명당
은 5m 정도 떨어진 곳에서부터 성혈지의 첫째 줄에 생성
된 8개의 혈자리가 시작되어 9개 줄에 72개의 혈자리가
생성되어 있다.

그러나 명당별로 일월혈지의 월혈자리와 일혈자리로부
터 아래쪽으로 성혈지가 형성되는 거리를 지도상에서 측
정한 거리와 혈자리가 생성된 현장에서 측정한 거리와는
다음과 같이 차이가 나고 있음을 볼 수 있다.

〈명당별 일월혈지의 혈자리로부터 성혈지까지의 거리〉

명 당	지도상에서 측정된 거리	현장에서 측정된 거리
천조명당(대명당)	11m	6-11m
지조명당(중명당)	7m	4-7m
인조명당(소명당)	5m	3-5m

위에서 보는 바와 같이 혈자리가 있는 현장(現場)에 직
접가서 일월혈지의 월혈자리와 일혈자리 아래쪽에 있는
성혈지가 시작되는 곳 까지의 거리를 측정한 거리와 인터
넷으로 제공되는 지도상에서 측정된 거리와는 명당별로

다소 차이가 있음을 볼 수 있다.

명당별로 혈자리가 생성되어 있는 현장에서 측정한 거리를 보면, 즉 입수맥(入首脈)이 양쪽으로 갈라져 혈자리를 만드는 상수맥(相水脈)이 교차(交叉)되어 혈자리가 만들어지는 지점에서부터 수맥선(水脈線)을 따라 줄자 등으로 거리를 측정할 경우에는 천조명당의 경우에는 6-11m 정도, 지조명당의 경우에는 4-7m 정도, 인조명당의 경우에는 3-5m 정도 아래부터 성혈지의 첫째 줄에 생성된 8개의 혈자리가 시작되어지는 것으로 조사되었다.

이와 같이 지도상에서 측정된 거리와 현장에서 측정된 거리와의 차이가 나는 원인들을 보면, 혈자리의 세로로된 직경(直徑)에 따라 차이가 나거나, 월혈자리와 일혈자리 밑에 경사지가 있을 경우거나, 성혈지의 혈자리가 시작되는 곳은 가로로 60cm 간격으로 입수맥(두 줄기 수맥)이 들어오는 통로가 형성되어 있는 것 등에 의해 지도상에서 측정된 거리와 현장에서 측정한 거리와는 수 미터의 차이가 있는 것으로 추정해 볼 수 있다.

예를 들어보면 천조명당 자리의 경우 혈자리의 세로 직경은 대부분 3-5m 정도로 지도에서 측정할 때는 혈자리의 세로 직경의 맨 윗쪽 부분, 중심 부분 또는 맨 아랫 부분에 엘로드 봉을 대고 거리를 측정 했는지에 따라 대개 3-5m 정도의 차이가 있다고 볼 수 있다. 마찬가지로 지조명당과 인조명당 자리의 경우에도 혈자리의 세로 직경이 대부분 2-3m 정도이므로 지도상의 측정 거리와 현장에서의 측정거리와는 대개 2-3m 정도의 차이가 있을 것으로 볼 수 있으며, 아울러 60cm 간격으로 형성된 입수맥 통로 다음에 성혈지의 첫째 줄 혈자리가 시작되는 것 등에 의해서도 차이가 날 수 있다.

　우리나라 전역에 생성되어 있는 혈자리의 개수(個數)는 수 천만개 이상이 될 것으로 추정되며, 이 중에서 쌍혈명당(雙穴明堂)으로 형성된 혈자리는 대략 30% 정도로 추정해 보았으며, 명혈명당(明穴明堂)으로 형성된 혈자리는 대략 70% 정도로 추정해 보았다. 이러한 추정의 근거로는 쌍혈명당은 한 곳에 대부분 두 개의 혈자리가 하나의 혈처를 형성하고 있으나, 명혈명당은 한 곳에 74개의 혈자리가 하나의 혈처를 형성하고 있음을 고려(考慮)한 비율이다.

　혈자리에서 생성되는 생기의 역량에 따라 구분되는 명당별로는 천조명당(天造明堂)인 대명당(大明堂)이 다른 명당에 비해 지형적 여건이 좋은 곳을 선점(先占)해 집중적(集中的)으로 형성되어 있으므로 다른 명당보다는 명당이 형성되는 비율이 높기때문에 대략 40% 정도가 될 것으로 추정해 보았으며, 지조명당(地造明堂)인 중명당(中明堂)이 30% 정도, 인조명당(人造明堂)인 소명당(小明堂)이 30% 정도가 형성되어 있을 것으로 추정해 보았다.

인류(人類)가 살고 있는 지구(地球)에는 수 많은 명당이 형성되어 있고, 사람이 헤아릴 수 없을 정도로 많은 혈자리가 생성되어 있을 것으로 추정된다. 따라서 지구에는 쌍혈명당과 명혈명당이 형성되는 비율과 혈자리가 생성되어 있는 비율 및 천조명당, 지조명당 및 인조명당이 형성되어 있는 비율과 혈자리가 생성되어 있는 비율도 우리나라 전역에 명당이 형성되어 혈자리가 생성되어 있는 비율과 유사할 것으로 추정 된다.

(1) 명혈명당(明穴明堂)의 혈자리 배열도(配列圖)

〈일월혈지〉

月穴   日穴

○(陰)   ○(陽)

〈성혈지〉

○	○	○	○	○	○	○	○	첫째 줄
8	7	6	5	4	3	2	1	
○	○	○	○	○	○	○	○	둘째 줄
8	7	6	5	4	3	2	1	
○	○	○	○	○	○	○	○	셋째 줄
8	7	6	5	4	3	2	1	
○	○	○	○	○	○	○	○	넷째 줄
8	7	6	5	4	3	2	1	
○	○	○	○	○	○	○	○	다섯째 줄
8	7	6	5	4	3	2	1	
○	○	○	○	○	○	○	○	여섯째 츨
8	7	6	5	4	3	2	1	
○	○	○	○	○	○	○	○	일곱째 줄
8	7	6	5	4	3	2	1	
○	○	○	○	○	○	○	○	여덟째 줄
8	7	6	5	4	3	2	1	
○	○	○	○	○	○	○	○	아홉째 줄
8	7	6	5	4	3	2	1	

※1)위의 혈자리 배열도에서 명혈명당의 일월혈지(日月穴地)에는 입수맥을 기준으로 좌측에는 양혈(陽穴)인 일혈(日穴)자리가 배치되어 있고, 우측에는 음혈(陰穴)인 월혈(月穴)자리가 배치되어 있으며, 성혈지(星穴地)에는 일월혈지의 월혈자리와 일혈자리로부터 혈지리에서 생성되는 생기의 역량에 따라 5-11m 정도 떨어진 곳에 가로로 한 줄에 8개씩 세로로는 9개 줄로 72개의 혈자리가 배열되어 있다.

2)성혈지의 음양의 배열을 보면 입수맥을 기준으로 좌측부터 혈자리에 번호를 부여할 때 1, 3, 5, 7번에 배치된 혈자리는 양혈(陽穴)이고 2, 4, 6, 8번에 배치된 혈자리는 음혈(陰穴)이다.

명혈명당의 혈자리 배열도를 보면 그동안 인류가 과학기술(科學技術)과 IT 기술의 발달 등으로 인해 자연의 법칙과 음양의 조화를 어느정도 이해하고 있다고는 하지만 자연이 명혈명당의 혈자리들의 배열을 이 정도까지 정교(精巧)하게 설계(設計)를 해서 배치한 것임을 볼 수 있다. 그야말로 신비한 대자연의 이치(理致)와 음양의 조화(調和)에 감탄을 하지 않을 수가 없다.

명혈명당의 성혈지의 혈자리들은 일월혈지의 양옆으로 흘러가는 간맥(幹脈)에서 분맥(分脈)된 입수맥(入首脈)이 명혈명당의 일월혈지 또는 일월혈지의 좌측 및 우측 또는 성혈지 아래로 돌아 들어와 한 줄에 8개씩 아홉 줄로 72개의 혈자리들이 질서정연(秩序整然)하게 들어와 배열되어 있다. 즉 성혈지로 들어오는 입수맥들은 각각 몇째 줄의 몇 번째 혈자리로 들어가 배열 될 것인지를 미리 인지(認知)를 했거나, 아니면 일월혈지의 월혈자리나 일혈자리로부터 사전에 명령을 받았거나, 또는 간맥(幹脈)에서 입수맥으로 분맥될 때 간맥으로부터 명령을 받아 72개의 입수맥들이 성혈지의 72개의 사각형 방(房)으로 찾아 들어가 자리잡고 있으라는 명령을 받아서 수행(遂行)하고 있는지는 알 수가 없으나 명혈명당의 혈자리들의 배치되는 현상들은 인간이 도저히 상상할 수가 없을 정도로 정교(精巧)해서 혈맥들이 혈자리를 생성하는 지능(知能)이 인간의 지적(知的) 수준을 능가하고 있다고 보아야 할 것 같다.

(2) 명혈명당(明穴明堂)의 혈자리 명당도(明堂圖)

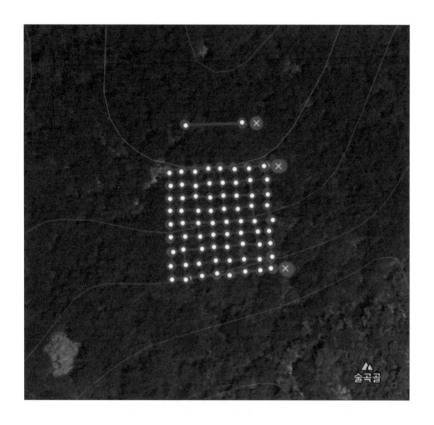

　※1)위의 명당도에서 위쪽에 두 개의 붉은 원(圓)으로 표시된 곳이 일월혈지(日月穴地)에 배열된 월혈(月穴)자리와 일혈(日穴)자리이며, 아래쪽에 가로로 한 줄에 8개씩 세로로는 9개 줄에 72개의 혈자리가 붉은 원으로 표시된 곳이 성혈지(星穴地)이다. ×표는 혈자리를 표시하기 위한 과정에서 생겨난 무의미한 표시이다.

　2)명혈명당의 일월혈지(日月穴地)에는 2개의 혈자리가

배열되어 있는 곳으로 사진상으로 볼 때 좌측에 붉은 원으로 표시된 곳이 월혈(月穴)자리이고 우측에 붉은 원으로 표시된 곳이 일혈(日穴)자리이다.

3)위의 명당도는 천조명당인 대명당도로서 성혈지는 일월혈지의 월혈(月穴)과 일혈(日穴)에서 아래로 11m 정도 떨어진 곳에서부터 첫째 줄이 시작되어 가로로 한 줄에 8개씩 세로로는 9개 줄로 72개의 혈자리가 배열(配列)되어 있다.

4)위의 명당도에서 보는 바와 같이 명혈명당에서 혈자리들이 배열(配列)된 것을 보면 일월혈지에는 2개의 혈자리가 항상 가로로 나란히 일직선상에 배열되어 있고, 성혈지에도 가로로는 한 줄에 8개의 혈자리들이 일렬로 일직선상에 배열되어 있으며, 세로로도 혈자리들이 아홉 줄에 일렬로 일직선상에 배열되어 있음을 볼 수 있다.

(3) 명혈명당(明穴明堂)의 혈자리 음양(陰陽)

• 명혈명당의 일월혈지日月穴地에서는 입수맥을 기준으로 우측 혈자리가 음혈陰穴로 월혈月穴자리이며, 좌측 혈자리가 양혈陽穴로 일혈日穴자리이다.

• 명혈명당의 성혈지星穴地에서는 입수맥을 기준으로 첫째 줄에서 아홉째 줄 까지 줄마다 좌측부터 1, 3, 5, 7번째의 홀수 혈자리 4개는 양혈陽穴이고 2, 4, 6, 8번째의 짝수 혈자리 4개는 음혈陰穴 이다.

※명혈명당에서의 음양(陰陽)은 명당이 자리한 위치적(位置的)인 관점(觀點)에서 음양(陰陽)을 구분 한 것으로서 우측에 위치한 혈자리는 음(陰)에 해당되고, 좌측에 위치한 혈자리는 양(陽)에 해당된다. 또한 상측에 위치한 혈자리는 양(陽)에 해당되고, 하측에 위치한 혈자리는 음(陰)에 해당된다.

　음양(陰陽)은 우주의 원리(原理)이자 근원(根源)으로서 독립되고 구별되는 개념(槪念)이 아니다. 또한 서로 대립(對立)되는 것이 아니고 서로 의존(依存)하고 있다. 즉 음(陰)에서도 양(陽)이 존재(存在)하고 양(陽)에서도 음(陰)이 존재한다.

　사람이 살아 있을 때는 좌측이 남성이고 우측이 여성이나, 죽어서는 좌측이 여성이고 우측이 남성이다. 그러나 음택지(陰宅地)에서 반드시 여자가 양혈(陽穴)에 들어가야 하고 남자가 반드시 음혈(陰穴)에 들어가야 한다는 법칙은 없다. 따라서 모든 명당은 쌍혈명당으로 구성되어 있으므로 혈자리를 음택지(陰宅地)로 활용할 때는 지형과 지질 및 사격 등을 감안하여 음혈과 양혈에 구애 받지 않고 활용성(活用性)이 좋은 혈자리를 우선적으로 활용하는 것이 좋을 것이다. 그러나 부부 묘를 동시에 조성할 때는 가급적이면 음양의 조화에 따라 음혈은 남성자리로 양혈은 여성자리로 활용하는 것이 바람직할 것이다.

〈명혈명당의 혈자리 음양도〉

일월혈지

月혈(右)　　　日혈(左)

②　　　　　①

○(陰)　　　○(陽)

성혈지

⑧	⑦	⑥	⑤	④	③	②	①
○	○	○	○	○	○	○	○
陰	陽	陰	陽	陰	陽	陰	陽
⑧	⑦	⑥	⑤	④	③	②	①
○	○	○	○	○	○	○	○
陰	陽	陰	陽	陰	陽	陰	陽
⑧	⑦	⑥	⑤	④	③	②	①
○	○	○	○	○	○	○	○
陰	陽	陰	陽	陰	陽	陰	陽
⑧	⑦	⑥	⑤	④	③	②	①
○	○	○	○	○	○	○	○
陰	陽	陰	陽	陰	陽	陰	陽
⑧	⑦	⑥	⑤	④	③	②	①
○	○	○	○	○	○	○	○
陰	陽	陰	陽	陰	陽	陰	陽
⑧	⑦	⑥	⑤	④	③	②	①
○	○	○	○	○	○	○	○
陰	陽	陰	陽	陰	陽	陰	陽
⑧	⑦	⑥	⑤	④	③	②	①
○	○	○	○	○	○	○	○
陰	陽	陰	陽	陰	陽	陰	陽
⑧	⑦	⑥	⑤	④	③	②	①
○	○	○	○	○	○	○	○
陰	陽	陰	陽	陰	陽	陰	陽

※ 1)명혈명당의 혈자리 음양도(陰陽圖)는 입수맥을 뒤로하고 혈자리를 보고 있을 때를 기준으로 한 것이다.

2)일월혈지(日月穴地)에는 우측에 있는 월혈(月穴)자리가 음혈(陰穴)이고 좌측에 있는 일혈(日穴)자리기 양혈(陽穴)이다.

3)성혈지(星穴地)에는 줄마다 1, 3, 5, 7번째 혈자리가 홀수 자리로 양혈(陽穴)이고 2, 4, 6, 8번째 혈자리가 짝수 자리로 음혈(陰穴)이다.

3. 명혈명당(明穴明堂) 혈자리의 땅속 형상(形象)

- 명혈명당에서 일월혈지日月穴地의 땅속 형상 중 입수맥入首脈을 뒤로하고 안산案山을 향해 형성되는 유형의 땅속 형상에는 입수맥入首脈, 상수맥相水脈, 혈穴자리, 생기보호맥生氣保護脈, 생기저지선生氣沮止線, 혈장穴場 및 수맥水脈 등이 쌍혈명당의 땅속 형상과 유사하게 형성되어 있고, 월혈月穴자리와 일혈日穴자리의 생기보호맥과 생기저지선은 서로 연결連結되어 있다.

- 명혈명당에서 성혈지星穴地의 땅속 형상은 가로로 일직선으로 형성된 11개의 입수맥入首脈 통로通路와 세로로 일직선으로 형성된 9개의 입수맥 통로가 상하좌우로 서로 만나 72개의 사각형 방房을 만들

고, 방마다 하나씩 모두 72개의 혈자리가 생성되어 있으며, 세로로 된 11번째 입수맥 통로 아래쪽 수맥의 중앙에서 성혈지 밖으로 뻗은 수맥선상水脈線上에 생기저지선生氣沮止線이 형성되어 있다.

※명혈명당의 땅속 형상(形象)은 입수맥(入首脈)이 일월혈지(日月穴地)로 흘러와 어떤 유형으로 월혈(月穴)자리와 일혈(日穴)자리가 생성되는지에 따라 세 가지 유형으로 분류할 수 있으며, 세 가지 유형 중에서 입수맥이 흘러와 안산(案山)을 향해서 일월혈지와 성혈지 순(順)으로 형성되는 유형의 땅속 형상은 쌍혈명당의 땅속 형상과 같이 입수맥(入首脈), 상수맥(相水脈), 혈(穴)자리, 생기보호맥(生氣保護脈), 생기저지선(生氣沮止線), 혈장(穴場) 및 수맥(水脈) 등이 있으며, 월혈자리와 일혈자리의 생기보호맥과 생기저선은 서로 연결(連結)되어 있다. 따라서 쌍혈명당의 땅속 형상에 대해서는 이미 상세하게 설명한 바가 있으므로 여기서는 설명을 생략하고자 한다. 그러나 일월혈지의 다른 두 가지 땅속 형성 유형(類型)에 대해서는 현재까지 탐지하지 못했다.

명혈명당의 성혈지(星穴地)의 땅속 형상은 두 줄기 수맥이 60cm 정도의 간격으로 한 쌍을 이루어 흘러가는 입수맥(入首脈)이 가로로 일직선(一直線)으로 11개의 입수맥 통로(通路)가 형성되어 있고, 세로로도 일직선으로 9개의 입수맥 통로가 형성되어 있어 가로와 세로로 모두 20개의 입수맥 통로가 일직선상(一直線上)에서 서로 만나 72개의 사각형(四角形) 방(房)을 만들고, 방마다 한 개씩의 입수맥이 들어와 혈자리를 생성해 가로로 한 줄에 8개씩 세로로는 9개 줄에 72개의 혈자리가 생성되어 배열되어 있으며, 72개의 혈자리 마다 상하좌우로 사각형의 입수맥 통로가 형성되어 있어 혈자리의 생기가 외부로 새 나가지 못하도록 생기보호맥(生氣保護脈)과 생기저지선(生氣沮止線)의 역할도 하고 있다.

성혈지의 맨 위쪽에 첫 번째로 가로로 일직선으로 나 있는 입수맥의 맨 위쪽 수맥선(水脈線)은 일월혈지에서 생성된 월혈(月穴)자리와 일혈(日穴)자리에서 일직선으로 뻗은 수맥선을 통해 내보는 물이 합수(合水)되는 수맥선이며, 이 수맥선은 일월혈지의 월혈자리와 일혈자리의 생기보호맥과 생기저지선의 역할도 하고 있다.

성혈지에서 9번 째 입수맥(入首脈) 통로 아래쪽의 수맥선으로부터 천조명당은 4m 정도, 지조명당은 2m 정도, 인조명당은 1m 정도 아래에는 성혈지의 10번째 입수맥 통로(성혈지의 맨 아래쪽 입수맥)가 형성되어 있으며, 이 입수맥 통로 아래쪽 수맥선(성혈지의 맨 끝에 있는 수맥선)의 가운데 지점에서 아래쪽으로 수맥선이 뻗어 있는데, 이 수맥선상(水脈線上)으로 천조명당인 대명당은 9

겹, 지조명당인 중명당은 6겹, 인조명당인 소명당은 5겹
으로 생기저지선(生氣沮止線)이 형성되어 있다.

　명혈명당의 땅속 형상을 위와 같이 개괄적(概括的)으로
설명을 했지만 명혈명당에는 천조명당, 지조명당 및 인조
명당 등 3개의 명당으로 구분되어 한 장소에서 3개 명당
이 연이어 배열되어 있고, 명당마다 16개 이상의 혈처가
형성되어 있으며, 입수맥이 일월혈지로 입수하는 유형과
명당이 형성되는 형태 등에 따라 수십 가지의 땅속 형상
이 형성되어 있을 것으로 추정되므로 우리 인간이 명혈명
당의 땅속 형상을 모두 탐지해 밝혀 내는 데에는 거의 불
가능할 것으로 여겨진다.

　아래의 그림은 명혈명당 중에서 천조명당인 대명당의
땅속 형상으로 명혈명당이 형성되는 유형 중에서 일월혈
지가 입수맥이 흘러오는 쪽을 등지고 안산(案山)을 바라
보면서 형성되는 유형 중 상하 일렬로 좌우측에 형성되는
형태의 좌측 상혈처(上穴處)의 땅속 형상을 예(例)로 들
었다.

명혈명당의 땅속 형상

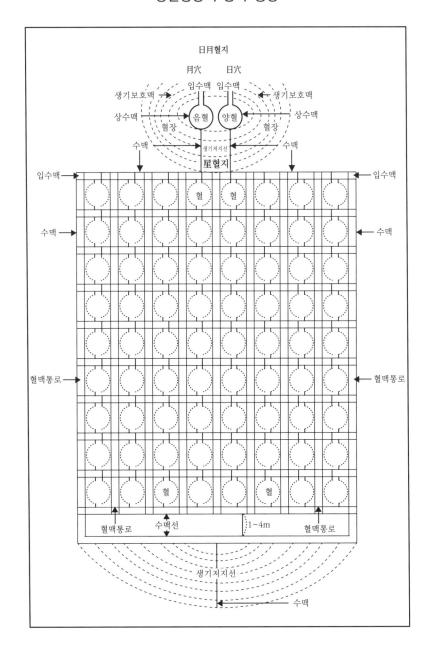

※1)위의 그림은 명혈명당의 땅속 형상(形象)으로 일월혈지에는 입수맥을 기준으로 우측이 음혈(陰穴)로 월혈(月穴)자리이고 좌측이 양혈(陽穴)로 일혈(日穴)자리이다. 혈자리 주위로는 생기보호맥(生氣保護脈)이 형성되어 있는데 우측 월혈자리의 입수맥과 좌측 일혈자리의 입수맥이 서로 연결되어 형성되어 있으며, 혈자리 밑으로 일직선으로 뻗어 있는 수맥선상으로는 생기저지선(生氣沮止線)이 형성되어 있는데 우측 월혈자리의 생기저지선과 좌측 일혈자리의 생기저지선도 서로 연결되어 있다.

　2)성혈지의 세로로는 9개의 입수맥(入首脈) 통로(通路)가 형성되어 있으며, 가로로도 11개의 입수맥 통로가 형성되어 있는데 입수맥 통로 첫 번째 통로의 위쪽 수맥선(水脈線)은 일월혈지의 월혈자리와 일혈자리 밑으로 뻗은 수맥선을 따라 나온 물이 합수(合水)되는 수맥선이며, 입수맥 통로 중 10번째 입수맥 통로 아래쪽으로 혈자리에서 생성되는 생기의 역량에 따라 1m, 2m, 4m 정도 밑에는 11번째 입수맥 통로가 형성되어 있고, 이 입수맥 통로 아래쪽 수맥선의 중앙 부분에서 성혈지 밖으로 생기저지선이 형성되어 있다.

　3)성혈지에는 가로로 일직선으로 형성된 입수맥과 세로로 일직선으로 형성된 입수맥이 서로 만나는 곳마다 사각형으로 된 72개의 방(房)이 만들어져 있고, 72개의 방마다 입수맥이 들어와 한 개씩의 혈자리가 생성되어, 가로로는 한 줄에 8개씩, 세로로는 9개 줄에 모두 72개의 혈

자리가 생성되어 세로와 가로로 일렬(一列)로 배열(配列)되어 있다.

4. 명혈명당의 구분과 배열(配列)

(1) 명혈명당(明穴明堂)의 구분(區分)

> • 명혈명당은 혈자리에서 생성生成되는 생기生氣의 역량力量에 따라 천조명당天造明堂, 지조명당地造明堂 및 인조명당人造明堂 등 세 개의 명당으로 구분된다.

※ 명혈명당(明穴明堂)에서도 쌍혈명당(雙穴明堂)과 같이 혈자리에서 생성되는 생기의 역량에 따라 천조명당인 대명당, 지조명당인 중명당, 인조명당인 소명당 등 세 가지 명당으로 구분된다.

명혈명당에서는 일월혈지(日月穴地)에 생성된 두 개의 혈자리인 월혈(月穴)자리와 일혈(日穴)자리가 어떤 역량의 혈자리가 들어와서 자리를 잡느냐에 따라 일월혈지 아래로 들어와 형성되는 72개의 혈자리들의 역량(力量)이 결정된다고 할 수 있다. 즉 일월혈지의 혈자리가 천조명당(天造明堂)이면 일월혈지 아래로 들어온 72개의 모든 혈자리도 천조명당인 대명당(大明堂)의 역량과 유사한 역량을 가진 혈자리들로 배열되며, 일월혈지의 혈자리가 지조명당(地造明堂)이면 일월혈지 아래로 들어온 72개의 혈자리도 지조명당인 중명당(中明堂)의 역량과 유사한 역량을 가진 혈자리들로 배열되고, 일월혈지가 인조명당(人造明堂)이면 일월혈지 아래로 들어온 72개의 혈자리도 인조명당인 소명당(小明堂)의 역량과 유사한 역량을 가진 혈자리들로 배열된다는 것이다.

1) 천조명당(天造明堂)의 기준(基準)

- 천조명당은 반드시 일월혈지日月穴地의 월혈月穴자리와 일혈日穴자리 및 성혈지星穴地 세 곳의 생기 저지선生氣沮止線이 각각 9겹으로 형성되어 있어야 한다.
- 천조명당은 반드시 일월혈지의 월혈자리와 일혈자리에서부터 11m 정도 아래에 성혈지가 형성되어 있어야 한다.
- 천조명당은 혈처穴處 간의 거리가 반드시 50m 정도의 일정한 간격間隔으로 형성되어 있어야 한다.

※ 명혈명당에서 천조명당(天造明堂)으로 구분할 수 있는 첫 번째 기준(基準)으로 일월혈지의 월혈자리와 일혈

자리 밑으로 뻗은 수맥선상에 형성된 생기저지선과 성혈지의 입수맥 통로 맨 아래쪽 수맥에서 밑으로 뻗은 수맥선상에 형성된 생기저지선(生氣沮止線) 등 세 곳에 각각 9겹씩으로 생기저지선이 형성되어 있어야 천조명당인 대명당으로 판단(判斷)할 수 있다.

명혈명당에서는 생기저지선이 일월혈지와 성혈지 등 세 곳에 형성되어 있다. 두 곳은 일월혈지의 월혈자리와 일혈자리의 중심 부분에서부터 아래쪽으로 인터넷으로 제공되는 지도상의 직선거리로 11m 정도 떨어져 있는 성혈지가 있는 곳까지 일직선으로 뻗어있는 수맥선상(水脈線上)에 생기저지선이 9겹으로 형성되어 있으며, 다른 한 곳은 성혈지 맨 아래쪽에 가로로 일직선으로 뻗은 수맥선의 중앙 지점에서부터 아래쪽으로 일직선으로 인터넷으로 제공되는 지도상으로 11m 정도 뻗은 수맥선상에 생기저지선이 9겹으로 형성되어 있다.

그러나 생기저지선이 있는 세 곳을 모두 확인해서 판단하는 것이 아니라 일월혈지나 성혈지 어느 한 곳의 생기저지선이 9겹으로 형성되어 있는지만 확인되면 천조명당인 대명당으로 판단할 수 있다. 즉 천조명당은 일월혈지나 성혈지 세 곳 다 반드시 생기저지선이 9겹으로 형성되어 있기 때문이다.

생기저지선의 겹 수를 확인하려면 혈자리가 있는 현장에 직접 가서 엘로드로 확인할 수 밖에는 없다. 따라서 혈자리를 찾아서 일월혈지의 월혈자리 또는 일혈자리의 상수맥이 교차하는 지점에서 밑으로 뻗어있는 6-11m 정도의 수맥선을 따라가면서 혈자리를 만드는 상수맥(相水脈)을 포함해 엘로드가 아홉 번 돌아가면 천조명당으로 판단할 수 있으며, 아울러 성혈지 맨 밑의 혈맥 통로에서 아래로 뻗어 있는 6-11m 정도의 수맥선을 따라가면서 성혈지 맨 아래쪽 수맥선을 포함해 엘로드가 아홉 번 돌아가면 천조명당으로 판단할 수 있다.

명혈명당에서 천조명당으로 구분할 수 있는 두 번째 기준으로는 일월혈지에 생성된 월혈자리 또는 일혈자리에서부터 아래쪽으로 11m 정도 떨어진 곳에서 혈자리가 발견되면 천조명당인 대명당으로 판단할 수 있다. 다시 설명하면 천조명당인 대명당은 일월혈지의 월혈자리나 일혈자리로부터 인터넷으로 제공되는 지도상의 직선거리로 11m 정도 아래쪽에 가로로 한 줄에 8개씩의 혈자리가 생성되어 배열되어 있고 세로로는 9개 줄에 72개의 혈자리가 생성되어 배열되어 있는 성혈지(星穴地)가 반드시 형성되어 있어야 명혈명당이라 판단할 수 있다.

일월혈지의 월혈자리나 일혈자리 아래에 혈자리가 있는지를 확인하는 방법에는 다음의 두 가지가 있다. 하나는 혈자리가 있는 현장에 직접 가서 일월혈지의 월혈자리나 일혈자리의 상수맥(相水脈)이 교차하는 지점에서부터 아래쪽으로 줄자 또는 걸음걸이로 거리를 측정해서 6-11m 정도 아래 지점에서 엘로드에 혈자리가 탐지(探知) 되면 천조명당인 대명당이라고 판단할 수 있다.

　다른 방법으로는 컴퓨터에 의해 인터넷으로 제공되는 지도에서 원하는 곳의 월혈자리 또는 일혈자리로 부터 11m 정도 아래 어느 한 지점에서 여러 개의 혈자리를 찾게되면 천조명당인 대명당으로 판단할 수 있다.

　명혈명당에서 천조명당으로 구분할 수 있는 세 번째 기준으로서 혈처(穴處)가 형성되는 간격(間隔)이 반드시 50m 정도의 일정한 거리로 형성되어 있으면 천조명당이라고 판단할 수 있다. 모든 명혈명당에는 반드시 일정한 간격으로 16개 이상의 혈처가 형성되어 있으므로 혈처간의 거리를 측정해서 A혈처와 B혈처와의 간격이 50m 정도의 거리를 두고 형성되어 있다면 천조명당인 대명당으로 판단할 수 있다.

　명혈명당에서 천조명당으로 구분할 수 있는 세 번째 기준에 의해 천조명당으로 판단하는 방법에는 두 가지가 있다. 하나는 혈자리가 있는 현장(現場)에 직접 가서 줄자나 걸음걸이 등으로 일직선상의 거리를 측정해서 50m 정도 떨어진 곳에 두 개의 혈자리를 발견하였다면 천조명당인 대명당으로 판단하는 방법이다. 그러나 혈자리가 있는 현장에 직접 가서 일직선상으로 50m 정도 떨어진 거리를 측정한다는 것은 지형상의 여건과 여러 장애물 등으로 인해 현실적으로는 많은 애로가 따르기 때문에 정확하게 혈처 간의 거리를 측정해 천조명당으로 판단하는 데에는 한계가 있다. 다른 하나는 컴퓨터에서 인터넷으로 제공되는 지도에 의해 엘로드로 혈자리를 확인해 지도상(地圖上)에서 일직선상에 형성된 혈처 간의 거리를 측정해 50m 간격으로 월혈자리 또는 일혈자리를 찾게된다면 천조명당인 대명당으로 판단할 수 있다.

명혈명당에서는 혈자리를 감싸고 도는 생기보호맥(生氣保護脈)의 개수를 확인하는 방법으로는 명당을 구분할 수가 없다. 왜냐하면 명혈명당에서 입수맥이 흘러와 월혈자리와 일혈자리로 입수해서 명당이 형성되는 유형에는 세 가지 유형이 있으며, 세 가지 유형 중 입수맥이 흘러가 입수맥을 뒤로하고 안산(案山)을 향해서 일월혈지와 성혈지가 형성되는 유형의 혈자리의 땅속 형상에 대해서는 탐지된 바가 있으나, 다른 두 가지 유형에 대해서는 혈자리의 땅속 형상에 대한 탐지가 이루어지지 않아 생기보호맥이 어떻게 형성되었는지를 확인 할 수가 없기때문에 생기보호맥의 개수 확인만으로는 명혈명당을 구분 할 수가 없다.

2) 지조명당(地造明堂)의 기준(基準)

> • 지조명당은 일월혈지日月穴地의 월혈月穴자리와 일혈日穴자리의 생기저지선生氣沮止線과 성혈지星穴地의 생기저지선은 반드시 6겹으로 형성되어 있어야 한다.

- 지조명당은 반드시 일월혈지의 월혈자리와 일혈자리로부터 7m 정도 아래에 성혈지가 형성되어 있어야 한다.
- 지조명당은 혈처穴處 간의 거리가 반드시 40m 정도의 일정한 간격間隔으로 형성되어 있어야 한다.

※지조명당(地造明堂)으로 구분할 수 있는 첫 번째 기준(基準)으로는 일월혈지의 월혈자리와 일혈자리에 형성된 생기저지선과 성혈지에 형성되어 있는 생기저지선(生氣沮止線)은 반드시 6겹으로 형성 되어 있어야 지조명당인 중명당으로 판단할 수 있다.

생기저지선을 확인하는 방법으로는 혈자리가 있는 현장에 가서 일월혈지의 월혈자리와 일혈자리로부터 아래쪽으로 4-7m 정도의 길이로 일직선으로 뻗어있는 수맥선상(水脈線上)에 혈자리를 만드는 상수맥(相水脈)을 포함해 6겹으로 생기저지선이 형성되어 있는지를 엘로드에 의해 확인하거나, 또는 성혈지 맨 아래쪽에 가로로 된 수맥선의 가운데 지점을 찾아서 아래쪽으로 4-7m 정도의 길이로 일직선으로 뻗어있는 수맥선상에 가로로 뻗은 수맥선을 포함해 6겹으로 생기저지선이 형성되어 있는지를 엘로드에 의해 확인해서 지조명당인 중명당으로 판단할 수 있다.

지조명당으로 구분할 수 있는 두 번째 기준으로는 일월혈지에 생성된 월혈자리 또는 일혈자리의 중심 부분에서부터 아래쪽으로 인터넷 지도상에서 7m 정도 떨어진 곳에서 여러개의 혈자리가 발견되어 성혈지로 확인되면 지조명당인 중명당으로 판단할 수 있다.

지조명당으로 판단하는 하나의 방법으로는 혈자리가 있는 현장에 직접 가서 일월혈지의 월혈자리 또는 일혈자리의 상수맥이 교차하는 지점으로부터 아래쪽으로 4-7m 정도 떨어진 지점에서 엘로드에 의해 혈자리가 탐지되면 지조명당인 중명당으로 판단하는 방법이 있다.

다른 하나의 방법으로는 혈자리가 있는 현장에 가지 않고 컴퓨터에서 인터넷으로 제공되는 지도에서 원하는 곳의 혈자리를 찾아 월혈자리 또는 일혈자리로부터 아래로 7m 정도 떨어진 곳에 엘로드를 대서 혈자리가 감지(感知)되면 지조명당인 중명당으로 판단하는 방법이다.

지조명당으로 구분할 수 있는 세 번째 기준으로는 혈처(穴處)가 형성되는 간격(間隔)이 반드시 40m 정도의 일정한 거리로 형성되어 있으면 지조명당이라고 판단할 수 있다. 모든 명혈명당에는 반드시 한 장소에 일정한 간격으로 16개 이상의 혈처가 형성되어 있으므로 혈처 간의 거리를 측정해서 혈처가 형성되어 있는 간격이 40m 정도의 일정(一定)한 거리로 형성되어 있다면 지조명당인 중명당으로 판단할 수 있다.

지조명당으로 판단하는 방법에는 혈자리가 있는 현장에 직접 가서 수백 미터를 다니면서 거리를 측정해서 혈자리를 찾는 방법인데 이와 같은 방법으로 혈자리를 찾는다는 것은 현실적으로 매우 어렵고 정확성을 기할 수가 없다. 따라서 컴퓨터에서 인터넷으로 제공되는 지도에 의해 엘로드로 혈자리를 확인해 지도상(地圖上)에서 혈처 간의 거리를 측정해 명당을 구분하는 방법이 가장 정확하고 용이하게 명당을 구분할 수 있는 방법이라 할 수 있다.

3) 인조명당(人造明堂)의 기준(基準)

- 인조명당은 일월혈지의 월혈자리와 일혈자리의 생기저지선 과 성혈지의 생기저지선生氣沮止線이 반드시 5겹으로 형성되어 있어야 한다.
- 인조명당은 반드시 일월혈지의 월혈자리와 일혈자리로부터 5m 정도 아래에 성혈지가 형성되어 있어야 한다.
- 인조명당은 혈처穴處 간의 거리가 반드시 30m 정도의 일정한 간격間隔으로 형성되어 있어야 한다.

※인조명당(地造明堂)으로 구분할 수 있는 첫 번째 기준(基準)으로는 일월혈지의 월혈자리와 일혈자리의 생기저지선 및 성혈지에 형성되어 있는 생기저지선(生氣沮止

線)이 반드시 5겹으로 형성 되어 있어야 인조명당인 소명당으로 판단할 수 있다.

생기저지선을 확인하는 방법으로는 혈자리의 현장에 가서 일월혈지의 월혈자리와 일혈자리로부터 아래쪽으로 3-5m 정도의 길이로 일직선으로 뻗어있는 수맥선상(水脈線上)에 혈자리를 만드는 상수맥(相水脈)을 포함해 5겹으로 생기저지선이 형성되어 있는지를 엘로드에 의해 확인하거나, 또는 성혈지 맨 아래쪽에 가로로 된 수맥선의 가운데 지점을 찾아서 아래쪽으로 3-5m 정도의 길이로 일직선으로 뻗어있는 수맥선상에 가로로 뻗은 수맥선을 포함해 5겹으로 생기저지선이 형성되어 있는지를 엘로드에 의해 확인해서 인조명당인 소명당으로 판단할 수 있다.

인조명당으로 구분할 수 있는 두 번째 기준으로는 혈자리가 있는 현장에 직접 가서 일월혈지의 월혈자리 또는 일혈자리의 상수맥이 교차하는 지점로부터 아래쪽으로 3-5m 정도 떨어진 지점에서 엘로드에 의해 혈자리가 탐지되면 인조명당인 소명당으로 판단할 수 있으며, 혈자리가 있는 현장에는 직접 가지 않고 컴퓨터에서 인터넷으로 제공되는 지도에서 원하는 곳의 혈자리를 찾아 월혈자리 또는 일혈자리의 중심 부분으로부터 아래로 5m 정도 떨어진 곳에 엘로드를 대서 혈자리가 감지되면 인조명당인 소명당으로 판단할 수 있다.

인조명당으로 구분할 수 있는 세 번째 기준으로는 혈처(穴處)가 형성되는 간격이 반드시 30m 정도의 일정(一定)한 거리로 형성되어 있으면 인조명당인 소명당이라고 판단할 수 있다.

인조명당으로 판단하기 위해 혈자리가 있는 현장에 직접 가서 수십 미터를 다니면서 거리를 측정해서 혈자리를 찾는다는 것은 현실적으로는 어렵고 정확성을 기할 수가 없다. 따라서 컴퓨터에서 인터넷으로 제공되는 지도에 의해 엘로드로 혈자리를 확인해 지도상(地圖上)에서 혈처 간의 거리를 측정해 구분하는 것이 정확하고 용이하게 명당을 구분할 수 있는 방법이라 할 수 있다.

(2) 명혈명당(明穴明堂)의 배열(配列)

> • 명혈명당은 한 장소에 반드시 천조명당天造明堂, 지조명당地造明堂 및 인조명당人造明堂 순서으로 세 개의 명당이 연이어 배열配列되어 있다.

※명혈명당은 한 장소에서 반드시 천조명당인 대명당, 지조명당인 중명당 및 인조명당인 소명당 순으로 일정한 간격으로 3개 명당이 연이어 배열되어 있는 것이 명혈명당의 형성 원칙이다.

명혈명당은 한 장소에서 천조명당인 대명당이 한 곳에 최소한 16개 혈처에 1,184개의 혈자리가 생성되어 있으며, 지조명당인 중명당이 한 곳에 16개 혈처에 1,184개의 혈자리가 생성되어 있고, 인조명당인 소명당도 한 곳에 16개 혈처에 1,184개의 혈자리가 생성되어 있으므로 3개의 명당이 한 장소에서 연이어 배열되어있는 최소한의 혈자리는 모두 3,552개 이상이다. 따라서 어느 한 곳에서 명혈명당 혈자리를 발견 했다면 주변에서 최소한 3,552개 이상의 혈자리가 모여있는 혈자리의 군혈지(群穴地)를 찾을 수 있다.

특히 천조명당은 방풍(防風)이 잘되어 있고 지형이 넓은 지역에서는 지조명당이나 인조명당의 2배 또는 4배가 되는 혈자리가 집중적(集中的)으로 생성되어 있다. 예를 들어보면 서울의 경복궁과 정부서울청사 주변에는 천조명당이 지조명당과 인조명당의 혈자리보다 4배가 많은 4,736개의 혈자리가 생성되어 있어 지조명당과 인조명당의 혈자리까지 모두 7,104개의 혈자리가 생성되어 있는 혈자리의 군혈지(群穴地)라 할 수 있는 곳이다.

명혈명당애서 천조명당, 지조명당 및 인조명당 순으로 3개 명당이 연이어 배열되어 있는 형태를 보면 가로로 우측에서 좌측으로 천조명당, 지조명당 및 인조명당 순으로 배열되어 있는 형태, 좌측에서 우측으로 천조명당, 지조명당 및 인조명당 순으로 배열되어 있는 형태, 세로로 상측에서 하측으로 천조명당, 지조명당 및 인조명당 순으로 배열되어 있는 형태, 세로로 하측에서 상측으로 천조명당, 지조명당 및 인조명당 순으로 배열되어 있는 형태 등 네 가지의 형태가 있으며, 명당이 배열되어 있는 배열도 (配列圖)와 명당도(明堂圖)의 예(例)를 들면 다음과 같다

〈세 개의 명당이 가로로 우측에서 좌측으로 일렬로 형성된 배열도〉

천조명당   지조명당   인조명당

○   ○   ○

〈세 개의 명당이 가로로 좌측에서 우측으로 일렬로 형성된 배열도〉

인조명당   지조명당   천조명당

○   ○   ○

〈세 개의 명당이 세로로 상측에서 하측으로 일렬로 형성된 배열도〉

천조명당
○
지조명당
○
인조명당
○

〈세 개의 명당이 세로로 하측에서 상측으로 일렬로 형성된 배열도〉

인조명당
○
지조명당
○
천조명당
○

〈세 개의 명당이 가로로 상측에서 하측으로 일렬로 형성된 명당도〉

　※1)위의 명혈명당도에서 사진상으로 볼 때 우측에서
좌측으로 일렬로 천조명당인 대명당, 지조명당인 중명당
및 인조명당인 소명당 순으로 3개 명당이 연이어 배열되
어 있는 천조명당도이다.

　2)붉은 원(圓)으로 표시된 곳이 일월혈지의 월혈자리
이며 월혈자리를 기준으로 명당마다 16개 혈처가 직선으
로 연결되어 있으며, 한 장소에 천조명당이 16개 혈처에
1,184개의 혈자리가 생성되어 있고, 지조명당이 16개 혈
처에 1,184개의 혈자리가 생성되어 있으며, 인조명당이
16개 혈처에 1,184개의 혈자리가 생성되어 있어 3개 명

당이 연이어 배열되어 있는 혈자리는 모두 3,552개가 생성되어 있는 명당도이다.

5. 명혈명당(明穴明堂)의 혈처(穴處)와 혈처군(穴處群)

- 명혈명당은 혈자리에서 생성生成되는 생기生氣의 역량力量이 유사類似한 74개의 혈자리가 생성되어 있는 곳을 혈처穴處라 하며, 명혈명당에서는 한 장소에 반드시 16개 이상의 혈처가 형성形成되어 있다.

- 명혈명당은 혈자리에서 생성되는 생기의 역량이 유사한 혈처가 한 장소에 4개 또는 8개 혈처씩 짝을 지어 형성되어 있는 곳을 혈처군穴處群이라 하며, 명혈명당에서는 한 장소에 대부분 2개 또는 4개 이상의 혈처군이 형성되어 있다.

- 명혈명당의 혈처와 혈처군의 음양陰陽 구분은 상측上側 혈처와 혈처군 및 좌측左側 혈처와 혈처군이 양혈처陽穴處와 양혈처군陽穴處群에 해당되고, 하측下側 혈처와 혈처군 및 우측右側 혈처와 혈처군이 음혈처陰穴處와 음혈처군陰穴處群에 해당된다.

※ 명혈명당에서는 한 곳에 74개의 혈자리가 모여 하나

의 혈처(穴處)를 형성하고 4개 또는 8개의 혈처가 한 장소에 모여서 하나의 혈처군(穴處群)을 형성하므로 명혈명당은 한 장소에서 최소 16개 이상의 혈처와 2개 이상의 혈처군이 형성되어 있다. 다만 명혈명당이 형성되는 형태 중에서 16개 혈처가 가로 또는 세로로 한 줄로 형성되어 있는 명당에서는 혈처군이 형성되어 있지 않다.

명혈명당은 쌍혈명당과 같이 혈자리에서 생성되는 생기의 역량에 따라 천조명당인 대명당, 지조명당인 중명당 및 인조명당인 소명당 등 세 가지 명당으로 구분되며, 명당마다 16개 이상의 혈처에 1,184개 이상의 혈자리가 생성되어 있어, 한 장소에는 모두 3개 명당에 48개 이상의 혈처에서 3,552개 이상의 혈자리가 생성되어 있다.

그러나 혈처가 형성되는데 필요한 최적의 지형적(地形的)인 여건을 갖춘 곳에서는 천조명당이 한 장소에서 32개 또는 64개 혈처가 집중적(集中的)으로 형성되어 있는 곳도 있다. 즉 명당이 형성되는데 적정한 지형적 여건을 갖춘 곳에서는 명당끼리 서로 좋은 장소를 차지하려고 경쟁을 하고 있음을 볼 수 있다. 따라서 천조명당이 지조명당과 인조명당보다는 가장 좋은 지형적인 여건을 갖춘 곳을 선점(先占)해 형성되어 있다. 현재까지 천조명당인 대명당이 한 장소에서 32개 또는 64개 혈처가 집중되어 형성되어 있는 곳은 발견 할 수 있었으나, 지조명당인 중명당과 인조명당인 소명당은 한 장소에서 16개 혈처 이상이 집중적으로 형성되어 있는 곳은 찾지 못했다.

명혈명당에서는 반드시 한 장소에 천조명당인 대명당, 지조명당인 중명당 및 인조명당인 소명당 순으로 3개 명당이 연이어서 배열되어 있다. 따라서 한 장소에서 명당별로 혈자리와 혈처가 최소한으로 형성되어 있는 혈자리와 혈처의 개수(個數)를 보면 다음과 같다.

명혈명당의 명당별 혈자리 및 혈처의 개수

(단위:개)

명 당	혈자리	혈처
천조명당(대명당)	1,184	16
지조명당(중명당)	1,184	16
인조명당(소명당)	1,184	16
계	3,552	48

명혈명당이 형성되는 지형적(地形的)인 여건 즉 사격(砂格)이 명당으로 부는 바람을 막아주는 곳에서는 천조명당인 대명당이 32개 혈처에 2,368개의 혈자리가 집중되어 형성된 곳도 있고, 64개 혈처에 4,736개의 혈자리가 집중적으로 형성되어 있는 곳도 있어, 3개 명당이 연이어 배열되어 있는 곳에서는 최대 96개 혈처에 7,104개의 혈자리가 형성되어 있는 곳도 있다.

명혈명당에서 혈처의 음양(陰陽) 구분은 음양의 질서와 조화에 의해 쌍혈명당에서와 같이 상측 혈처(穴處)와 상측 혈처군(穴處群)은 양혈처(陽穴處)에 해당되고, 좌측 혈처와 좌측 혈처군도 양혈처(陽穴處)에 해당된다. 또한 하측 혈처와 하측 혈처군은 음혈처(陰穴處)에 해당되고, 우측 혈처와 우측 혈처군도 음혈처(陰穴處)에 해당된다.

6. 명혈명당(明穴明堂)의 형성(形成) 간격(間隔)

• 명혈명당은 천조명당, 지조명당 및 인조명당 순으로 연이어 배열配列되는 간격과 명당별로 혈처穴處가 형성되는 간격 및 혈처군穴處群이 형성되는 간격은 다음과 같이 반드시 일정한 거리로 형성되어 있다.

명 당	명당별간격	혈처별간격	혈처군별간격
천조명당(대명당)	50m	50m	100m
지조명당(중명당)	50m	40m	80m
인조명당(소명당)	50m	30m	60m

• 명혈명당에서 혈자리와 혈처 및 혈처군은 반드시 상하와 좌우로 일직선상一直線上에 형성되어 있으므로 모든 혈자리와 혈처 및 혈처군은 일직선一直線으로 연결 된다.

※명혈명당에서 천조명당, 지조명당 및 인조명당 순으로 3개 명당이 연이어 배열되어 있는 간격과 각 명당의 혈처가 형성되는 간격 및 혈처군이 형성되는 간격을 인터넷으로 제공되는 지도에서 각 명당의 일월혈지(日月穴地)의 우측(右側) 혈자리인 월혈(月穴)자리 또는 좌측(左側) 혈자리인 일혈(日穴)자리를 기준으로 3개 명당이 연이어 배열되면서 형성되는 간격을 엘로드로 거리를 측정하거나, 또는 현장에 가서 측정 도구를 통해 3개 명당이 연이어 배열되는 간격을 측정해보면 반드시 일정한 거리를 두고 명당과 혈처 및 혈처군이 형성되어 있다.

그러나 혈자리가 있는 현장에 가서 거리를 직접 측정 할 경우에는 명당마다 수십 미터씩 거리를 두고 16개씩의 혈처가 형성되어 있고, 아울러 넓은 지역에 걸쳐 3개 명당이 연이어 배열되어 형성되어 있으므로 측정 대상 지역 안에는 바위나 절벽 등 여러 장애물(障碍物) 등으로 인해 현장 접근이 어려운 경우가 많아 정확한 거리를 측정할 수가 없다. 특히 능선이나 분지 등이 있는 곳에서는 지도상으로 측정한 거리와 현장에서 측정한 거리가 수십 미터 이상의 차이가 날 수가 있기 때문에 명당과 혈처 및 혈처군과의 거리를 측정할 때는 컴퓨터상의 지도를 이용해 측정하는 것이 가장 정확하게 거리를 측정할 수 있는 방법이라고 할 수 있다.

각 명당별로 혈처 및 혈처군이 형성되는 간격은 일월혈

지(日月穴地)에 생성된 혈자리에서 생성되는 생기의 역량이 큰 혈자리일수록 간격이 넓고 생기의 역량이 작은 혈자리일수록 간격이 좁다.

예를 들면 천조명당의 혈처가 형성되는 간격은 반드시 50m 정도의 거리로 형성되어 있으며, 혈처군과의 간격은 반드시 혈처가 형성되는 간격의 배(倍)인 100m 정도의 거리로 형성되어 있고, 지조명당의 혈처가 형성되는 간격은 반드시 40m 정도의 거리로 형성되어 있으며, 혈처군과의 간격은 반드시 혈처가 형성되는 간격의 배(倍)인 80m 정도의 거리로 형성되어 있고, 인조명당의 혈처가 형성되는 간격은 반드시 30m 정도의 거리로 형성되어 있으며, 혈처군과의 간격은 반드시 혈처와의 간격의 배(倍)인 60m 정도의 거리로 형성되어 있다.

그러나 천조명당, 지조명당 및 인조명당이 한 장소에서 연이어 형성되어 배열되어 있는 간격은 일월혈지에 있는 혈자리의 생기의 역량에 관계없이 일률적으로 반드시 50m 정도의 일정한 거리로 형성되어 있다. 즉 천조명당과 지조명당과의 간격은 반드시 50m 정도의 거리로 형성되어 있고, 지조명당과 인조명당과의 간격도 반드시 50m 정도의 거리를 두고 형성되어 있다. 그러나 천조명당과 천조명당이 연달아 형성되는 경우에도 대부분 50m 정도의 일정한 간격으로 형성되어 있으나. 지형적인 여건상 50m 내외의 간격으로도 형성되어 있는 곳도 있다.

천조명당, 지조명당 및 인조명당에는 각각 한 장소에서 16개 이상의 혈처가 형성되어 있고, 16개 혈처는 대부분 2개 또는 4개의 혈처군으로 나누워져 형성되어 있는데, 각 명당의 일월혈지의 월혈자리 또는 일혈자리를 기준으로 명당별로 16개 혈처와 2개 또는 4개의 혈처군을 일직선으로 선(線)을 그어보면 모든 혈처와 혈처군은 일직선(一直線)으로 연결되어 있다.

7. 명혈명당(明穴明堂)의 일월혈지(日月穴地)와 성혈지(星穴地)가 형성(形成)되는 유형(類型)

- 명혈명당에서 일월혈지와 성혈지가 형성되는 유형에는 입수맥入首脈이 흘러오는 쪽을 등지면서 일월혈지日月穴地와 성혈지星穴地 순順으로 명당이 형성되어 있는 유형, 입수맥이 흘러오는 쪽을 등지면서 성혈지星穴지와 일월혈日月穴地지 순으로 명당이 형성되어 있는 유형, 입수맥이 흘러오는 쪽을 보면서 성혈지星穴地와 일월혈지日月穴地 순으로 명당이 형성되어 있는 유형 등이 있다.

(1) 입수맥(入首脈)이 흘러오는 쪽을 등지면서 일월혈지(日月穴地)와 성혈지(星穴地) 순(順)으로 명당이 형성되어 있는 유형(類型)

• 두 개의 입수맥入首脈이 흘러가다 입수맥이 흘러오는 쪽을 등지고 일월혈지日月穴地의 월혈月穴자리와 일혈日穴자리로 입수해 일월혈지를 만들고, 일월혈지의 양편으로 흘러가는 혈맥으부터 분맥된 입수맥이 일월혈지 아래로 모여 들어 72개 혈자리로 입수해 성혈지星穴地가 만들어져, 입수맥이 흘러가는 쪽에서부터 일월혈지와 성혈지 순順으로 명혈명당이 형성되어 있는 유형이다.

※입수맥(入首脈)이 흘러오는 쪽을 등지면서 일월혈지와 성혈지 순으로 명당이 형성되어 있는 유형으로는, 두 개의 입수맥이 구불구불 흘러가다 보국(保局)이 갖추어진 곳에 이르러 입수맥이 흘러온 방향을 등지고 안산(案山) 쪽을 향해 혈자리로 입수해 풍수지리에서 전해오는 직룡입수(直龍入首) 형태로 월혈자리와 일혈자리를 만들어 일월혈지를 형성하고, 일월혈지의 좌측과 우측의 양편으로 흘러가는 혈맥에서 분맥된 72개의 입수맥이 월혈자리와 일혈자리로부터 아래로 인터넷으로 제공되는 지도상에서 직선거리로 천조명당인 대명당은 11m 정도, 지조명당인 중명당은 7m 정도, 인조명당인 소명당은 5m 정도 떨어진 곳에 가로로는 한 줄에 8개씩 세로로는 9개 줄로

모두 72개의 혈자리를 만들어 성혈지를 형성해 입수맥이 흘러가는 방향에서 볼 때 일월혈지와 성혈지 순으로 명혈 명당이 형성되어 있는 유형이며, 이와 같은 유형의 명당 도(明堂圖)의 예를 들면 아래와 같다.

〈입수맥이 흘러오는 쪽을 등지면서 일월혈지와 성혈지 순으로 형성되어 있는 명당도〉

※1)위의 명당도에서 노랑 선으로 표시된 선(線)이 혈맥 (입수맥)이고, 붉은 원(圓)으로 표시된 곳이 혈자리이다.

2)위쪽에 가로로 2개의 붉은 원이 표시된 곳이 일월혈
지의 월혈자리(사진상 좌측)와 일혈자리(사진상 우측)이
며, 일월혈지 아래로 한 줄에 8개씩 9개 줄로 72개의 붉
은 원이 표시된 곳이 성혈지의 혈자리이다.

(2) 입수맥(入首脈)이 흘러오는 쪽을 등지면서 성혈지(星穴地)와 일월혈지(日月穴地) 순(順)으로 명당이 형성되어 있는 유형(類型)

• 두 개의 입수맥入首脈이 흘러가다 두 번을 꺾은 후 입
수맥이 흘러오는 쪽을 등지고 월혈月穴자리와 일혈日
穴자리로 입수해 일월혈지日月穴地를 만들고, 일월혈
지의 양편으로 흘러가는 혈맥으로부터 분맥된 입수맥
이 일월혈지 아래로 모여 들어 72개 혈자리로 입수해
성혈지星穴地가 만들어져, 입수맥이 흘러가는 쪽에서
부터 성혈지와 일월혈지 순順으로 명혈명당이 형성되
는 유형이다.

※입수맥(入首脈)이 흘러오는 쪽을 등지면서 일월혈지
와 성혈지 순으로 명당이 형성되는 유형으로, 두 개의 입
수맥이 구불구불 흘러가다 보국(保局)이 갖추어진 곳에
이르러 입수맥이 흘러온 방향을 등지고 안산(案山) 쪽을
향해 혈자리로 입수해 직룡입수(直龍入首) 형태로 월혈
자리와 일혈자리를 만들어 일월혈지를 형성하며, 일월혈

지의 좌측과 우측의 양편으로 흘러가는 혈맥에서 분맥된 72개의 입수맥이 월혈자리와 일혈자리로부터 아래로 인터넷으로 제공되는 지도상 거리로 천조명당인 대명당은 11m 정도, 지조명당인 중명당은 7m 정도, 인조명당인 소명당은 5m 정도 떨어진 곳에 가로로는 한 줄에 8개씩 세로로는 9개 줄로 모두 72개의 혈자리를 만들어 성혈지가 형성되어져 입수맥이 흘러가는 방향에서 볼 때 일월혈지와 성혈지 순으로 명혈명당이 형성되어 있는 유형이며, 이와 같은 유형의 명당도(明堂圖)의 예를 들면 다음과 같다.

〈입수맥이 흘러오는 쪽을 등지면서 성혈지와 일월혈지 순으로
명당이 형성되어 있는 명당도〉

※1)위의 명당도에서 노랑 선으로 표시된 선(線)이 혈맥(입수맥)이고, 붉은 원(圓)으로 표시된 곳이 혈자리이다.

2)사진상으로 볼 때 우측에 가로로 한 줄에 2개의 붉은 원이 표시된 곳이 일월혈지의 월혈자리와 일혈자리며, 일월혈지 아래로 한 줄에 8개씩 9개 줄로 72개의 붉은 원이 표시된 곳이 성혈지의 혈자리이다.

(3) 입수맥(入首脈)이 흘러오는 쪽을 보면서 성혈지(星穴地)와 일월혈지(日月穴地) 순(順)으로 명당이 형성되어 있는 유형(類型)

• 두 개의 입수맥入首脈이 흘러가다 좌우로 두 번을 꺽은 후 입수맥이 흘러오는 쪽을 보면서 월혈月穴자리와 일혈日穴자리를 만들어 일월혈지日月穴地를 형성하고, 일월혈지의 양편으로 흘러가는 혈맥으부터 분맥된 입수맥이 일월혈지 아래로 모여 들어 72개의 혈자리로 입수해 성혈지星穴地가 만들어져, 입수맥이 흘러가는 쪽에서부터 성혈지와 일월혈지 순으로 명혈명당이 형성되어 있는 유형이다.

※입수맥(入首脈)이 흘러오는 쪽을 보면서 일월혈지와 성혈지 순으로 명당이 형성되어 있는 유형으로, 2개의 입수맥이 구불구불 흘러가다 방풍(防風)이 비교적 잘 되는 곳에 이르러 좌측 입수맥은 우측으로 꺽어 흘러가다 곧바로 위쪽으로 다시 꺽어 입수맥이 흘러오는 쪽을 바라보고

풍수지리서에서 전해오는 회룡고조혈(回龍高祖穴) 형태로 일혈자리를 만들고, 우측 입수맥은 좌측으로 꺽어 흘러가다 곧바로 위쪽으로 다시 꺽어 입수맥이 흘러오는 쪽을 바라보고 회룡고조혈 형태로 월혈자리를 만들어 일월혈지를 형성하며, 일월혈지의 좌측과 우측의 양편으로 흘러가는 혈맥에서 분맥된 72개의 입수맥이 흘러가 월혈자리와 일혈자리에서 생성되는 생기의 역량에 따라 월혈자리와 일혈자리에서부터 인터넷으로 제공되는 지도상의 거리로 천조명당은 11m 정도, 지조명당은 7m 정도, 인조명당은 5m 정도 아래에 가로로는 한 줄에 8개씩 세로로는 9개 줄로 모두 72개의 혈자리를 만들어 성혈지를 형성해 입수맥이 흘러오는 방향에서 볼 때 성혈지와 일월혈지 순으로 명혈명당이 형성되어 있는 유형이며, 이와 같은 유형의 명당도(明堂圖)의 예를 보면 아래와 같다.

〈입수맥이 흘러오는 쪽을 보면서 성혈지와 일월혈지 순으로
형성되어 있는 명당도〉

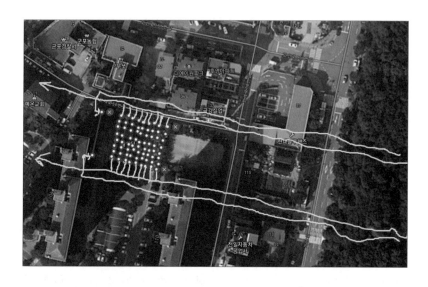

 ※ 1) 위의 명당도에서 노랑 선으로 표시된 선(線)이
혈맥(입수맥)이고, 붉은 원(圓)으로 표시된 곳이 혈자
리이다.

 2) 사진상으로 볼 때 좌측에 가로로 한 줄에 2개의 붉은
원이 표시된 곳이 일월혈지의 월혈자리(사진상 좌측)와
일혈자리(사진상 우측)이며, 일월혈지 아래로 한 줄에 8
개씩 9개 줄로 72개의 붉은 원이 표시된 곳이 성혈지의
혈자리이다.

8. 명혈명당(明穴明堂)의 형성 형태(形態)와 유형(類型)

> • 명혈명당이 형성되는 형태와 유형에는 上下와 左右 일렬一列로 16개의 혈처穴處가 형성되어 있는 형태, 上下 일렬로 16개 혈처가 형성되어 있는 형태 및 左右 일렬로 16개 혈처가 형성되어 있는 형태 등 세 가지 형태에 12개의 형성 유형類型이 있다.

※명혈명당이 형성되는 첫 번째 형태로는 명당이 上下와 左右 일렬(一列)로 16개 혈처(穴處)가 형성되어 있는 형태(形態)로서 다음과 같이 두 개의 유형(類型)이 발견되어 있다.

①명혈명당이 上下와 左右 일렬로 16개 혈처가 4개 혈처씩 짝을지어 정사각형 형태의 혈처군(穴處群)을 네 곳에 형성해, 좌측(左側)에서 우측(右側)으로 또는 우측(右側)에서 좌측(左側)으로 천조명당, 지조명당 및 인조명당 순으로 3개의 명당이 배열되는 유형이다.

②명혈명당이 上下와 左右 일렬로 16개 혈처가 4개 혈처씩 짝을지어 정사각형 형태의 혈처군을 네 곳에 형성해, 상측(上側)에서 하측(下側)으로 또는 하측(下側)에서 상측(上側)으로 천조명당, 지조명당 및 인조명당 순으로 3개의 명당이 연이어 배열되어 있는 유형이다.

명혈명당이 형성되는 두 번째 형태로는 명당이 上下 일렬(一列)로 16개 혈처가 형성되어 있는 형태(形態)로서 다음과 같이 여섯 개의 유형(類型)이 발견되어 있다.

①명혈명당이 上下 일렬로 16개 혈처가 한 줄에 8개 혈처씩 4개 혈처로 나누어져 두 줄로 좌측(左側)에서 우측(右側)으로 또는 우측(右側)에서 좌측(左側)으로 3개 명당이 연이어 배열되어 있는 유형이다.

②명혈명당이 上下 일렬로 16개 혈처가 한 줄에 8개 혈처씩 4개 혈처로 나누어져 두 줄에 16개 혈처가 상측(上側)애서 하측(下側)으로 또는 하측(下側)에서 상측(上側)으로 3개 명당이 연이어 배열되어 있는 유형이다.

③명혈명당이 上下 일렬로 16개 혈처가 한 줄에 8개씩 두 줄로 좌측(左側)에서 우측(右側)으로 또는 우측(右側)에서 좌측(左側)으로 3개 명당이 연이어 배열되어 있는 유형이다.

④명혈명당이 上下 일렬로 한 줄에 16개의 혈처가 8개씩 나누어져 좌측(左側)에서 우측(右側)으로 또는 우측(右側)에서 좌측(左側)으로 3개 명당이 연이어 배열되어 있는 유형이다.

⑤명혈명당이 上下 일렬로 16개 혈처가 한 줄로 좌측(左側)에서 우측(右側)으로 또는 우측(右側)애서 좌측(左側)으로 3개 명당이 연이어 배열되어 있는 유형이다.

⑥명혈명당이 上下 일렬로 16개 혈처가 한 줄로 상측(上側)에서 하측(下側)으로 또는 하측(下側)에서 상측

(上側)으로 3개 명당이 연이어 배열되어 있는 유형이다.

　명혈명당이 형성되는 세 번째 형태로는 명당이 左右 일렬(一列)로 16개 혈처(穴處)가 형성되는 형태(形態)로서 다음과 같이 네 개의 유형이 발견 되어 있다.
　①명혈명당이 左右 일렬로 16개 혈처가 한 줄에 8개 혈처씩 4개 혈처로 나누어져 두 줄로 좌측(左側)에서 우측(右側)으로 또는 우측(右側)에서 좌측(左側)으로 3개 명당이 연이어 배열되어 있는 유형이다.
　②명혈명당이 左右 일렬로 16개의 혈처가 한 줄에 8개씩 두 줄로 상측(上側)에서 하측(下側)으로 또는 하측(下側)에서 상측(上側)으로 3개 명당이 연이어 배열되어 있는 유형이다.
　③명혈명당이 左右 일렬로 16개 혈처가 8개 혈처씩 나누어져 한 줄로 상측(上側)애서 하측(下側)으로 또는 하측(下側)애서 상측(上側)으로 3개 명당이 연이어 배열되어 있는 유형이다.
　④명혈명당이 左右 일렬로 16개 혈처가 한 줄로 상측(上側)에서 하측(下側)으로 또는 하측(下側)에서 상측(上側)으로 3개 명당이 연이어 배열되어 있는 유형이다.

　※명혈명당이 형성되어 있는 형태별(形態別) 유형(類型)에 대해서는 별도의 장(章)에서 좀더 상세하게 설명하고자 한다.

9. 명혈명당의 입수맥(入首脈) 경로(經路)와 이동(移動) 거리(距離)

- 명혈명당에는 일월혈지日月穴地로 들어오는 혈맥穴脈 경로經路와 성혈지星穴地로 들어오는 혈맥 경로 등 수십 개의 입수맥 경로가 있다.
- 명혈명당에서 입수맥이 흘러와 일월혈지日月穴地의 혈자리로 들어오는 거리는 수백 미터에서부터 수 백킬로미터 정도가 있고, 성혈지星穴地의 혈자리로 들어오는 거리는 수 미터에서부터 수 백미터 정도가 있다.

(1) 명혈명당(明穴明堂)의 입수맥(入首脈) 경로(經路)

- 입수맥이 명혈명당의 일월혈지日月穴地로 들어오는 유형에는 세 가지 유형이 있고, 명혈명당이 형성되는 형태와 유형에도 세 가지 형태에 12개의 유형이 있는 등 일월혈지로 입수하는 입수맥 경로는 매우 다양多樣할 것으로 추정된다.

- 입수맥이 명혈명당의 성혈지星穴地로 들어오는 입수맥의 경로에는 일월혈지의 가운데와 좌측 및 우측으로 2-4개의 입수맥이 들어오는 경로, 성혈지의 좌측으로 72개의 입수맥이 들어오는 경로, 성혈지의 우측으로 72개의 입수맥이 들어오는 경로, 성혈지의 좌측으로

한 줄에 4개씩 9개 줄에 36개의 입수맥이 들어오는 경로, 성혈지의 우측으로 한 줄에 4개씩 9개 줄에 36개가 들어오는 경로가 있는 등 성혈지로 들어오는 입수맥의 경로는 매우 다양할 것으로 추정된다.

※명혈명당으로 입수맥이 흘러 들어오는 경로는 우주(宇宙)를 창조하신 창조주(創造主)의 정교(精巧)한 설계(設計)에 의해 어떤 초능력자(超能力者)의 명령을 받아서 일사불란(一絲不亂)하게 들어오고 있다는 생각을 떨칠 수가 없을 정도로 입수맥들의 인지(認知) 능력은 인간의 능력을 능가하고 있다고 볼 수 있다. 다시 설명하면 과연 입수맥을 만들어낸 창조주(創造主)가 누구이며 누가 이렇게 정교하게 입수맥의 경로를 설계를 할 수 있었던 것인지, 누구의 명령에 따라 명혈명당의 일월혈지로 흘러오는 입수맥이나 명혈명당의 근처로 흘러가는 혈맥에서 분맥된 72개의 입수맥들이 5m 정도에서부터 2km 정도의 거리를 흘러와 일월혈지와 성혈지의 좌측이나 우측 또는 아래쪽으로 돌아 입수해 72개 혈자리를 만들어 내고 있는 것을 보면 자연의 능력은 그야말로 위대(偉大)하다고 할 수 밖에 없다.

또한 입수맥이 명혈명당으로 흘러오는 과정(過程)을 보면 입수맥 하나 하나에 GPS 내비게이션 장치를 해 놓은 것도 아닐 텐데 어떻게 이렇게 일사불란하게 움직여 어느 입수맥이 어느 명혈명당의 어느 혈처 및 어느 혈처군으로 흘러가 어느 성혈지의 어느 줄 몇 번째 음혈(陰穴)자리 또는 양혈(陽穴)자리로 들어갈 것인지를 미리 인지(認知)하고 성혈지의 좌측이나 우측 등 다양한 경로로 흘러들어 72개의 혈자리를 만들어 내고 있는지 자연의 신비스러운 현상에 경의(敬意)를 표할 뿐이다.

(2) 명혈명당(明穴明堂)의 입수맥(入首脈) 이동 거리(距離)

- 간맥幹脈이 흘러가다 어느 한 지점에서 두 개의 입수맥入首脈으로 분맥되어 멀게는 수백 킬로미터에서 가깝게는 수백 미터를 구불구불 흘러오다 방풍防風이 되는 곳에 이르러 우측으로 흘러온 음혈陰穴 입수맥은 월혈月穴자리를 만들고 좌측으로 흘러온 양혈陽穴 입수맥은 월혈月穴자리를 만들어 일월혈지日月穴地를 형성한다. 따라서 명혈명당의 일월혈지의 월혈자리와 일혈자리는 같은 혈맥에서 함께 분맥되어 음과 양의 입수맥으로 흘러와 두 개의 혈자리를 만들기 때문에 입수맥의 이동 거리도 같고 혈자리의 넓이도 유사하고 생기보호맥과 생기저지선도 서로 연결되어 있으므로 혈자리에서 생성되는 생기의 역량도 유사할 것으로 추정된다.

- 명혈명당에서 성혈지星穴地의 72개 혈자리로 들어오는 입수맥들은 대부분 명혈명당의 일월혈지日月穴地 근처로 흘러가는 간맥幹脈에서 분맥된 입수맥이 대략

수 미터에서 수 킬로미터 정도를 흘러와 혈자리를 만들었으므로 혈자리에서 생성되는 생기의 역량도 유사할 것으로 추정된다.

※간맥(幹脈)에서 지맥(支脈)으로 분맥된 혈맥이 입수맥(入首脈)이 되어 천조명당(天造明堂)인 대명당(大明堂)의 일월혈지(日月穴地)에 자리한 월혈(月穴)자리와 일혈(日穴)자리로 들어오는 입수맥의 이동(異動)거리를 인터넷 지도상에서 직선거리를 측정한 바로는 짧게는 대략 오백여 미터부터 길게는 수백 여킬로미터 이상을 흘러와 혈자리를 만들고 있는 것으로 조사되었다. 그러나 지조명당인 중명당과 인조명당인 소명당에 대한 입수맥의 이동 거리에 대해서는 현재까지 조사하지 못했다.

혈맥이 입수맥으로 분맥되어 실지로 흘러온 경로(經路)는 산의 능선, 산봉우리, 분지, 구릉, 들판, 강, 바다 등을 거쳐서 구불구불하게 흘러왔을 것으로 추정되므로 인터넷 지도상(地圖上)의 직선거리(直線距離)와 실지로 입수맥이 혈자리로 흘러온 거리와는 상당한 차이가 있을 것으로 추정된다.

명혈명당의 성혈지(星穴地)에 생성된 72개의 혈자리로 들어온 입수맥은 일월혈지(日月穴地)로 들어오는 두 개의 혈맥에서 분맥이 되어 흘러온 입수맥도 있지만 대부분의 입수맥은 명혈명당의 혈처가 형성되어 있는 곳으로부터 가장 가깝게 흘러가는 간맥(幹脈)으로부터 분맥한 혈맥이 입수맥으로 흘러들어 성혈지의 72개의 혈자리를 만들고 있으므로 성혈지의 혈자리들은 일월혈지 보다는 훨씬 가까운 곳에서 입수맥이 흘러와 혈자리를 생성하고 있는 것으로 추정된다.

그러나 성혈지로 흘러온 혈맥도 분맥을 시킨 모혈맥(母穴脈)이 먼 거리를 흘러오면서 생기와 물을 충분히 공급받은 상태에서 분맥을 실시(實施)한 혈맥이 입수맥이 되어 성혈지의 혈자리들을 만드는 경우에는 일월혈지의 혈자리와 유사한 생기의 역량을 가진 혈자리를 생성시킬 수 있을 것으로 추정되므로 모든 성혈지의 혈자리가 일월혈지의 월혈(月穴)자리와 일혈(日穴)자리보다는 생기의 역량이 작다고 할 수 없을 것이다.

10. 명혈명당(明穴明堂)의 규모(規模)

(1) 명혈명당 일월혈지(日月穴地)의 혈자리 넓이

• 명혈명당明穴明堂에서의 일월혈지에 형성된 월혈月穴자리와 일혈日穴자리의 직경과 넓이는 대략 다음과 같이 조사되었다.

명혈명당의 명당별 일월혈지의 혈자리 직경과 넓이

명 당	혈자리 직경	혈자리 넓이
천조명당(대명당)	2.0-6.5m	3.1㎡(0.9평)-33.2㎡(10평)
지조명당(중명당)	1.8-2.5m	2.5㎡(0.9평)-4.9㎡(1.5평)
인조명당(소명당)	1.4-2.4m	1.5㎡(0.5평)-4.5㎡(1.4평)

※명혈명당의 일월혈지에 생성된 명당별 혈자리의 직경 및 넓이는 현재까지의 수천 개의 혈자리를 대상으로 혈자리의 가로와 세로 직경을 조사해 혈자리가 둥그스럼하게 원형으로 생성되었다는 것을 전제로 가로와 세로 직경의 평균치를 월혈자리와 일혈자리의 직경으로 계산한 넓이 이므로 타원형의 혈자리에 의한 넓이와는 약간의 차이가 있을 수 있다.

아울러 현장에서 혈자리의 가로와 세로 직경을 조사해 보면 대부분 세로 직경이 가로 직경보다는 길었으며, 또한 월혈자리보다는 일혈자리의 직경이 긴 경우가 많아 음 혈자리 보다는 양혈자리의 넓이가 큰 것으로 조사되었으 며, 쌍혈명당과 명혈명당에서의 혈자리의 넓이는 대부분 유사한 것으로 조사 되었다.

명혈명당에서의 혈자리의 넓이는 생기의 역량이 가장 큰 천조명당의 혈자리가 가장 크게 생성 되어 있었으며, 지조명당과 인조명당 혈자리 순으로 넓이가 적어진 것으로 조사되었다. 아울러 일월혈지에 자리한 월혈자리와 일혈자리의 넓이는 성혈지의 혈자리보다 대부분이 배 이상 큰 것으로 조사되었으며 명혈명당의 성혈지 혈자리는 쌍혈명당의 혈자리보다는 작은 것도 있다.

그러나 생기의 역량이 유사한 혈자리라 하더라도 혈자리가 생성되어 있는 지형적인 여건, 입수맥이 흘러온 거리 등에 의해서도 혈자리의 크기가 달라 질수도 있으므로 반드시 생기의 역량에 의해 혈자리의 넓이가 결정되는 것은 현재로서는 단정할 수가 없다.

명혈명당에서 일월혈지의 월혈자리와 일혈자리에 대해 현재까지 발견된 혈자리의 넓이 중 가장 크게 생성된 혈자리는 충청남도 태안군 소원면과 전라북도 남원시 산내면에 있는 천조명당 자리로 입수맥이 동쪽에서 서쪽으로 30km 정도와 20km 정도 이상 흘러와 혈자리의 직경이 6.5m에 혈자리의 넓이는 33.2㎡(10평) 정도의 매우 큰 혈자리가 생성되어 있었다. 그러나 명당별로 위의 표에 있는 혈자리보다 더 큰 혈자리가 어딘가에 숨어 있을 수도 있고, 더 작은 혈자리도 있을 수 있을 것이다. 또한 위의 표에 의한 명당별 혈자리의 직경과 넓이는 조사 지역에 따라 달라질 수도 있다.

(2) 명혈명당(明穴明堂) 성혈지(星穴地)의 혈자리 넓이

• 명혈명당明穴明堂에서 명당별로 성혈지星穴地에 생성된 혈자리의 직경과 넓이는 대략 다음과 같다.

명혈명당의 명당별 성혈지의 혈자리 직경 및 넓이

명 당	혈자리 직경	혈자리 넓이
천조명당(대명당)	2.0-2.4m	3.1㎡(0.9평)-4.5㎡(1.4평)
지조명당(중명당)	1.8-2.0m	2.5㎡(0.8평)-3.1㎡(0.9평)
인조명당(소명당)	1.4-1.6m	1.5㎡(0.5평)-2.0㎡(0.6평)

※명혈명당의 성혈지(星穴地)에 생성된 혈자리의 넓이는 혈자리에서 생성되는 생기의 역량에 따라 구분되는 천조명당인 대명당, 지조명당인 중명당 및 인조명당인 소명당에 따라 다르지만 생기의 역량이 유사한 명당인 경우 성혈지에 생성된 혈자리들의 넓이는 대부분 유사하다.

성혈지(星穴地)에 생성된 명당별 혈자리의 직경은 혈자리가 둥그스럼하게 형성된 혈자리라는 전제(前提)에 의한 길이이며, 성혈지 혈자리의 넓이는 상하좌우에 있는 두 줄기 수맥으로 이루어진 60cm 정도의 입수맥 통로의 면적을 제외한 수치(數値)이다.

(3) 명혈명당(明穴明堂) 성혈지(星穴地)의 형성 면적(面積)

• 명혈명당明穴明堂에서 72개의 혈자리들이 생성되어 있는 성혈지의 명당별로 형성되어 있는 면적은 대략 다음과 같다.

명혈명당의 명당별 성혈지의 형성 면적

명 당	가로길이	세로길이	넓 이
천조명당(대명당)	21-24m	27-31m	567㎡(172평)-744㎡(225평)
지조명당(중명당)	19-21m	24-25m	456㎡(138평)-525㎡(159평)
인조명당(소명당)	16-18m	19-21m	304㎡(92평)-378㎡(114평)

※명혈명당의 성혈지(星穴地)에는 가로로는 한 줄에 8개의 혈자리가 생성되어 있고, 세로로는 9개 줄로 모두 72개의 혈자리가 생성되어 있으므로 이들 72개의 혈자리가 형성되어 있는 성혈지의 면적을 조사한 바로는 천조명당인 대명당이 가장 넓게 형성된 성혈지는 가로 24m 정도, 세로 31m 정도로 넓이는 744㎡(225평) 정도로 형성되어 있으며, 지조명당인 중명당이 가장 넓게 형성된 성혈지는 가로 21m 정도, 세로 25m 정도에 넓이는 525㎡(159평) 정도로 형성되어 있고, 인조명당인 소명당이 가장 넓게 형성된 성혈지는 가로 18m 정도, 세로 21m 정도

에 넓이는 378㎡(114평) 정도로 형성되어 있었다. 따라서 천조명당의 경우 성혈지에 형성된 72개의 혈자리를 모두 활용하고자 할 때에는 최소 172평에서 최대 225평 정도의 땅이 필요하다고 할 것이다.

성혈지에 형성된 72개의 면적 산출은 혈자리의 가로와 세로 길이가 동일하다는 전제하에 평균을 산출한 가로와 세로의 길이이며, 세로의 길이에는 성혈지의 9번째 줄 밑에 형성된 10번째 혈맥 통로와의 거리를 천조명당은 4m, 지조명당은 2m, 인조명당은 1m 정도를 더한 길이이다. 그러나 성혈지의 현장에서 혈자리의 가로와 세로 길이를 조사해보면 가로 길이보다는 세로 길이가 긴 혈자리가 많았다.

(4) 명혈명당(明穴明堂)의 혈장(穴張) 넓이

• 명혈명당에서 74개의 혈자리에서 생성된 생기를 보호하기 위해 미세한 수맥인 생기보호맥生氣保護脈과 생기저지선生氣沮止線이 형성된 혈장의 넓이는 천조명당, 지조명당 및 인조명당에 따라 각각 다르며, 현재까지 조사된 천조명당의 혈장 넓이는 최소 10,056㎡ (3,042평)에서 최대 27,574㎡(8,341평) 정도의 넓이로 형성되어 있다.

※명혈명당의 일월혈지와 성혈지가 형성되는 유형에는

세 가지 유형이 있다. 그러나 명혈명당의 혈장의 넓이는 세 가지 유형 중에서 입수맥이 흘러오는 쪽을 등지면서 일월혈지와 성혈지 순으로 천조명당인 대명당이 형성되는 혈장의 넓이에 대해서만 조사 되었을 뿐 다른 두 가지 유형과 지조명당인 중명당과 인조명당인 소명당이 형성된 혈장의 넓이에 대해서는 현재까지 조사하지 못했다.

(5) 명혈명당(明穴明堂)의 생기저지선(生氣沮止線) 길이

• 명혈명당의 혈자리에 형성된 생기저지선은 일월혈지日月穴地의 월혈月穴자리와 일혈日穴자리 밑에 형성된 생기저지선과 성혈지星穴地의 72개 혈자리 밑에 형성된 생기저지선 등 세 곳에 형성되어 있다. 따라서 일월혈지와 성혈지 두 곳에 형성된 생기저지선의 길이를 합合한 수치가 명혈명당의 생기저지선의 총길이가 되며, 현재까지 명당별로 조사한 생기저지선의 길이는 대략 다음과 같다.

명혈명당의 명당별 생기저지선의 길이

명 당	일월혈지	성혈지	계
천조명당(대명당)	6-11m	6-11m	12-22m
지조명당(중명당)	4-7m	4-7m	8-14m
인조명당(소명당)	3-5m	3-5m	6-10m

※명혈명당에서의 생기저지선(生氣沮止線)은 일월혈지의 월혈자리와 일혈자리 밑으로 형성된 두 곳의 생기저지선과 성혈지 밑으로 형성된 생기저지선 등 모두 세 곳에 생기저지선이 형성되어 있다. 그러나 일월혈지의 월혈자리와 일혈자리의 생기저지선은 서로 연결되어 있고 성혈지의 맨 위쪽 혈맥통로의 수맥선과도 연결되어 있으므로 일월혈지에 형성된 생기저지선을 하나로 간주하였다.

따라서 명혈명당의 생기저지선의 길이는 일월혈지의 월혈자리와 일혈자리 아래로 뻗은 수맥선상(水脈線上)에서 명당에 따라 대략 3-11m 정도의 길이로 형성되어 있고, 성혈지(星穴地)에서도 맨 아래쪽 혈맥 통로 아래 줄의 수맥선의 가운데 지점에서 밑으로 뻗은 수맥선상에서 명당에 따라 3-11m 정도의 길이로 형성되어 있다.

그러므로 명혈명당에서의 생기저지선의 길이는 일월혈지의 월혈자리 또는 일혈자리에서 형성된 생기저지선과 성혈지에서 형성된 생기저지선을 합한 길이가 명혈명당에서의 생기저지선의 총 길이가 되어 명혈명당에서는 명당에 따라 최소 6m에서 최대 22m 정도의 생기저지선이 형성되어 있다고 할 수 있다.

(6) 명혈명당(明穴明堂)의 형성 면적(面積)

- 명혈명당에서는 한 장소에 천조명당, 지조명당 및 인조명당 순으로 3개 명당이 연이어 배열되어 형성되어

있는 면적은 대략 다음과 같다.

명혈명당의 명당별 형성 면적

명 당	형 성 면 적
천조명당(대명당)	40,000㎡(12,100평) - 67,500㎡(20,418평)
지조명당(중명당)	25,600㎡(7,744평) - 43,200㎡(13,068평)
인조명당(소명당)	14,400㎡(4,356평) - 24,300㎡(7,351평)
계	80,000㎡(24,200평)-135,000㎡(40,837평)

※명혈명당은 명당이 형성되는 원칙과 명당이 형성되어 있는 형태와 유형 등에 의해 한 장소에서 반드시 천조명당인 대명당, 지조명당인 중명당 및 인조명당인 소명당 순으로 3개 명당이 연이어 배열되어 형성되어 있다. 따라서 3개 명당이 한 장소에서 연이어 배열된 면적을 조사한 바에 의하면 위의 표에서 보는 바와 같이 작게는 80,000㎡(24,200평)에서부터 크게는 135,000㎡(40,833평) 정도의 넓이로 형성되어 있었으며, 쌍혈명당에서 3개 명당이 연이어 형성된 면적보다는 명혈명당에서 3개 명당이 연이어 형성된 면적이 4-7배 정도의 넓은 지역에서 형성되어 있었다.

11. 천조명당(天造明堂)의 혈자리 간(間) 거리에 의한 등급(等級)

- 쌍혈명당雙穴明堂과 명혈명당明穴明堂에서 천조명당의 일월혈지日月穴地의 월혈月穴자리와 일혈日穴자리 간의 거리에 의해 혈자리의 크기를 다음과 같이 세 등급等級으로 분류分類하였다.

- 명혈명당의 성혈지星穴地에 생성된 72개의 혈자리 간의 거리는 60cm 정도이므로 혈자리의 크기는 모두 유사類似하다.

천조명당의 등급별 월혈자리와 일혈자리와 크기 추정

구 분	혈자리 간 거리	혈자리의 직경 추정	혈자리의 크기 추정
1등급	23-25m	5m이상	19.6㎡(5.9평)이상
2등급	17-19m	4m이상 5m	12.6㎡(3.8평)이상 19.6㎡(5.9평)
3등급	7-9m	3m이상 4m	7.1㎡(2.1평)이상 12.6㎡(3.8평)

※ 명혈명당과 쌍혈명당에서 음혈(陰穴)인 월혈(月穴)자리와 양혈(陽穴)인 일혈(日穴)자리 간의 거리를 인터넷 지도(地圖)에 의해 측정(測定)해 월혈자리와 일혈자리의

크기를 추정해 볼 수 있다.

명당에서 월혈자리와 일혈자리 간의 거리가 멀리 떨어져 있을수록 혈자리가 크게 형성되어 있었고, 혈자리 간의 거리가 가까울수록 혈자리가 작게 형성되어 있었다. 따라서 혈자리가 생성된 현장에 직접 가서 혈자리의 크기를 확인 하지 않더라도 인터넷으로 제공되는 지도상에서 엘로드로 월혈자리와 일혈자리 간의 거리를 측정해서 혈자리의 크기를 예측(豫測) 할 수 있다.

명혈명당의 성혈지에 생성된 72개의 혈자리의 크기는 월혈자리와 일혈자리의 크기에 의해 좌우되므로 월혈자리와 일혈자리 간의 거리를 측정해보면 성혈지에 생성된 혈자리들의 크기도 어느 정도 측정될 수 있다. 따라서 일월혈지의 혈자리가 크게 생성되어 있으면 성혈지의 혈자리들도 크게 생성되어 있고, 일월혈지의 혈자리가 작게 생성되어 있으면 성혈지의 혈자리들도 작게 생성되어 있으므로 성혈지의 혈자리 간의 거리에 의해 혈자리의 크기를 분류하는 것은 무의미(無意味)하다고 할 수 있다.

혈자리의 구분 중에서 천조명당인 대명당 자리로 구분되는 혈자리라 하더라도 월혈자리와 일혈자리 간의 거리에 따라 혈자리의 크기가 세가지 패턴으로 조사되었다. 때문에 월혈자리와 일혈자리 간의 거리에 의해 혈자리의 등급을 세 가지로 분류한 것은 혈자리에 의한 생기의 역량과 명당발복의 발현 등에 참고하고자 한 것이다. 그러나 지조명당인 중명당과 인조명당인 소명당에 대한 조사는 하지 못해 혈자리의 등급을 분류하지 못했다.

월혈자리와 일혈자리 간의 거리를 혈자리가 생성되는 패턴에 의해 세 등급으로 분류한 것은 인터넷으로 제공되는 지도에 의해 수 많은 혈자리를 찾아서 혈자리 간의 거리를 측정해 본 결과 월혈자리와 일혈자리 간의 거리가 현재까지는 세 개의 패턴에 의해서만 생성되어 있음을 확인 할 수 있었다. 즉 월혈자리와 일혈자리 간의 거리가 1등급으로 분류한 혈자리의 생성 패턴의 경우 월혈자리와 일혈자리 간의 거리가 23m에서 25m 정도로 측정되었으며, 2등급으로 분류한 혈자리의 생성 패턴의 경우 월혈자리와 일혈자리 간의 거리가 17m에서 19m 정도로 측정되었고, 3등급으로 분류한 혈자리의 생성 패턴의 경우 월혈자리와 일혈자리 간의 거리가 7m에서 9m 정도로 측정되었다. 그러나 이와 같은 세 가지 패턴 외에 아직 발견되지 못한 다른 다른 패턴이 있을 수도 있을 것이다.

월혈자리와 일혈자리 간의 거리에 의한 등급별(等級別) 혈자리의 크기에 대해서 혈자리가 있는 현장에 직접 가서 조사해 본 결과 인터넷으로 제공되는 지도에서 1등급으로 분류된 혈자리 간의 거리가 23m, 24m 및 25m로 측정된 경우 월혈자리와 일혈자리의 직경은 5m 이상으로 조사되었고, 2등급으로 분류된 혈자리 간의 거리가 17m, 18m 및 19m로 측정된 경우 현재까지 확인된 월혈자리와 일혈자리의 직경은 4m에서부터 5m 정도로 조사 되었으며, 3등급으로 분류된 혈자리 간의 거리가 7m, 8m 및 9m로 측정된 경우 현재까지 월혈자리와 일혈자리의 직경은 3m에서부터 4m 정도로 조사되었다. 즉 같은 천조명당인 대명당 자리라 하더라도 월혈자리와 일혈자리 간의 거리에 따라 혈자리의 크기, 즉 혈자리의 넓이가 다른 것으로 조사되었으므로, 앞으로 혈자리를 찾아 활용하는데 참고가 되었으면 하는 바람으로 혈자리 간의 거리에 의한 혈자리의 크기를 세 등급으로 분류(分類)해 본 것이다.

　명혈명당의 성혈지(星穴地)에 생성된 혈자리 간의 거리는 　60cm 정도 내외로 72개의 혈자리의 대부분이 유사(類似)하다. 즉 성혈지에 생성된 모든 혈자리의 상하좌우에는 60cm 정도로 흘러가는 두 줄기의 수맥으로 이루어진 입수맥(入首脈) 통로(通路)가 형성되어 있으므로 성혈지에서 생성된 모든 혈자리 간의 거리는 대부분 60cm 정도 내외의 일정한 간격으로 형성 되어있기 때문이다.

　월혈자리와 일혈자리 간의 거리에 의한 등급마다 세 개의 길이로 적은 것은 월혈자리와 일혈자리 간의 거리를 측정할 때 마다 대부분 다른 길이로 측정되었기 때문이다. 예를 들어 1등급으로 분류된 혈자리 간의 거리가

23m, 24m 및 25m로 측정되게 된 원인을 보면 혈자리의 어느 지점에다 엘로드 봉을 대고 측정했느냐에 따라 측정 거리가 달라졌기 때문이다. 즉 월혈자리의 좌측과 일혈자리의 우측 끝 지점에 엘로드 봉을 대서 측정할 때는 25m 정도의 거리로 측정되었고, 월혈자리와 일혈자리의 가운데 지점에 엘로드 봉을 대고 측정할 때는 24m 정도의 거리로 측정되었으며, 월혈자리 우측과 일혈자리의 좌측 끝 지점에 엘로드 봉을 대고 측정할 때는 23m 정도의 거리로 측정되었으므로 엘로드 봉을 대는 위치에 따라 월혈자리와 일혈자리 와의 거리에 차이가 있어서 세 개의 수치를 적은 것이다. 아울러 2등급과 3등급으로 분류된 혈자리 간의 거리도 1등급으로 분류된 혈자리와 같은 방법으로 엘로드 봉을 대고 측정해서 등급마다 세 가지의 측정 거리가 나온 것이다.

　명혈명당과 쌍혈명당에서 월혈자리와 일혈자리 간의 거리는 인터넷으로 제공되는 지도(地圖)에 의해 측정(測定)한 거리로서 혈자리가 있는 현장에 가서 월혈자리와 일혈자리 간의 거리를 측정한 거리와는 작게는 -2미터 정도에서부터 크게는 14 미터 정도의 차이가 있는 것으로 조사되고 있다. 이와 같은 차이가 나게된 것을 보면 월혈(月穴)자리와 일혈(日穴)자리 간의 거리를 컴퓨터 지도상에서 측정한 대부분의 지점은 월혈자리와 일혈자리의 직경(直徑)의 좌우 끝 지점에 엘로드 봉을 대고 측정한 거리일 수도 있어 혈자리의 직경에 따라 측정한 거리의 차이가 있을 수 있으며, 또한 두 개의 혈자리가 위치한 곳 중간에는 작은 능선이나 경사 및 골짜기 등으로 인해 지도상의 직선거리와는 수 미터의 차이가 날 수도 있을 것으로 추정된다. 즉 지도상에서는 앞에서 언급한 바와 같이 엘로드봉을 혈자리의 좌측 끝 지점에 대느냐 우측 끝 지점에 대느냐 또는 혈자리의 가운데 지점에 대고 측정했는지 등에 따라 혈자리 현장에서 월혈자리와 일혈자리 간의 거리에 차이가 날 수 있다는 것이다.

천조명당에서 혈자리의 등급별(等級別)로 월혈자리와 일혈자리 간의 거리를 지도상에서 측정한 거리와 현장에서 측정한 거리와의 차이를 보면 대략 다음과 같다.

〈천조명당의 등급별 월혈자리와 일혈자리와의 거리 및 간격〉

등급	혈자리직경	월혈과 일혈간격	지도상 거리(A)	현장에서 거리(B)	차이 (A-B)
1등급	5m	1-4m	23-25m	11-14m	9-14m
2등급	4m	1-4m	17-19m	9-12m	5-10m
3등급	3m	1-4m	7-9m	7-10m	3--2m

위에서 보는 바와 같이 천조명당인 대명당 자리를 등급별로 일월혈지의 월혈자리와 일혈자리 간의 거리가 인터넷으로 제공되는 지도상에서 측정된 거리와 현장에 가서

혈자리 간의 거리를 줄자 등으로 측정한 거리와는 상당한 차이가 있음을 알 수 있다. 즉 1등급 혈자리의 경우 혈자리 직경을 5m 정도로 추정하고, 월혈자리와 일혈자리 사이의 간격을 1-4m 정도로 보았을 때 지도상으로 월혈자리와 일혈자리 간의 거리가 엘로드 봉을 댄 지점에 따라 23m, 24m, 25m 정도로 측정되었을 때를 기준으로 혈자리가 생성된 현장에서 줄자 등으로 측정을 해 보면 11m에서부터 14m 정도로 측정되고 있다. 따라서 지도상에서 측정된 거리와 현장에서 측정된 거리와는 작게는 9m 정도에서부터 크게는 14m 정도까지 차이가 나고 있음을 볼 수 있다. 또한 2등급 혈자리의 경우에는 혈자리의 직경이 4m 정도로 추정하고, 월혈자리와 일혈자리 사이의 간격을 1-4m 정도로 보았을 때 지도상으로 월혈자리와 일혈자리 간의 거리가 엘로드 봉을 댄 지점에 따라 17m, 18m, 19m 정도로 측정되었을 때를 기준으로 혈자리가 있는 현장에서 줄자 등으로 측정을 해 보면 9-12m 정도로 측정되고 있어, 지도상에서 측정된 거리와 현장에서 측정된 거리와는 작게는 5m 정도에서부터 크게는 10m 정도까지 차이가 나고 있음을 볼 수 있다.

아울러 3등급의 혈자리의 경우에도 혈자리의 직경을 3m 정도로 추정하고, 월혈자리와 일혈자리 사이의 간격을 1-4m 정도로 보았을 때 지도상으로 월혈자리와 일혈자리 간의 거리가 엘로드 봉을 댄 지점에 따라 7m, 8m, 9m 정도로 측정되었을 때를 기준으로 혈자리가 생성된 현장에서 줄자 등으로 측정을 해보면 7-10m 정도로 측정되고 있어. 지도상에서 측정된 거리와 현장에서 측정된 거리와는 크게는 3m 정도에서부터 작게는 거리가 2m 정도 줄어든 경우가 발생하고 있음을 볼 수 있다.

따라서 지도상으로 측정된 거리와 현장에서 측정된 거리와의 차이가 나는 원인을 규명(糾明)하고자 국토지리정보원(國土地理情報院)이나 카카오맵에 질의를 해보았으나 시원한 답변을 들을 수가 없어 의문점(疑問點)을 해결하지 못한 것이 아쉬웠다.

천조명당의 혈자리라 할지라도 월혈자리와 일혈자리 간의 거리에 의해 혈자리의 크기가 어느 정도 결정된다고 할 때, 이에 따라 혈자리에서 생성되는 생기의 역량도 혈자리의 크고 작음에 의해 영향을 받을 것으로 추정해 볼 수 있다. 또한 명당발복도 혈자리 간의 거리에의해 분류한 혈자리의 등급에 따라 영향을 받을 것으로 추론(推論)은 되지만 아직까지 이에 대한 연구와 통계 자료가 거의 없어 혈자리의 크고 작음에 따라 명당발복이 어떻게 발현되는지 등에 대해서는 현재까지 입증(立證)할만한 근거가 빈약하다.

대한민국의 역대 대통령들의 조상 묘와 생가지(生家地), 우리나라의 글로벌 기업을 창업(創業)한 분들의 조상 묘와 생가지를 조사 한 바로는 기이(奇異)하게도 모두 천조명당의 1등급으로 분류된 혈자리에서 명당발복이 발현된 것으로 조사되었으며, 아울러 대한민국의 역대 국무총리를 역임한 분들의 조상 묘와 생가지 및 오늘날 우리나라에서 재벌이라고 불리는 대기업(大企業)을 창업한 분들의 조상 묘와 생가지에는 신기(神奇)하게도 천조명당의 2등급으로 분류된 혈자리에서 명당발복이 발현된 것으로 조사되었다.

그러나 혈자리의 등급에 의한 명당발복의 발현에 대해서는 아직은 입증할 만한 조사와 통계 자료가 빈약해 단정할 수가 없으므로 앞으로 많은 조사가 이루어져 신빙성(信憑性) 있는 통계 자료 등에 의해 입증(立證)되어야 할 과제이기도 하다.

제 4장
명당의
형성 형태

제 4장 명당의 형성 형태

1. 명당(明堂)의 형성 형태(形態)와 유형(類型)

- 명당에는 반드시 한 장소에서 천조명당天造明堂, 지조명당地造明堂 및 인조명당人造明堂 순서으로 세 개의 명당이 연連이어 배열配列되어 있고, 각 명당마다 16개 이상의 혈처穴處가 형성되어 있으므로 세 개의 명당에는 48개 이상의 혈처가 형성되어 있다.

- 명당이 형성되는 지형적地形的 여건이 좋은 곳에서는 천조명당의 혈처가 지조명당과 인조명당 보다는 16개 이상의 혈처가 더 많이 형성되어 있다.

- 명당마다 일월혈지日月穴地의 월혈月穴자리 또는 일혈日穴자리를 기준으로 혈처와 혈처군穴處群은 일직선一直線으로 연결 된다.

- 명당이 한 장소에서 천조명당, 지조명당 및 인조명당 순으로 연이어 배열되어 있는 형태形態에는 좌측左側에서 우측右側으로, 우측에서 좌측으로 또는 상측

上側에서 하측下側으로, 하측에서 상측으로 배열되어 있는 형태가 있다.

- 명당이 형성되는 형태에는 上下와 左右 일렬一列로 혈처穴處가 형성되어 있는 형태, 上下 일렬로 혈처가 형성되어 있는 형태, 左右 일렬로 혈처가 형성되어 있는 형태 등 세 가지 형태에 12개의 형성 유형類型이 있다.

(1) 명당이 上下와 左右 일렬(一列)로 16개 혈처(穴處)가 형성되어 있는 형태(形態)

1) 명당이 上下와 左右 일렬(一列)로 16개 혈처가 4개 혈처(穴處)씩 짝을지어 정사각형 형태의 혈처군(穴處群)을 네 곳에 형성해, 좌측(左側)에서 우측(右側)으로 또는 우측에서 좌측으로 천조명당(天造明堂), 지조명당(地造明堂) 및 인조명당(人造明堂) 순(順)으로 3개의 명당이 연이어 배열(配列)되어 있는 유형(類型)

- 쌍혈명당雙穴明堂과 명혈명당明穴明堂이 혈자리에서 생성되는 생기의 역량이 유사類似한 16개 혈처穴處가 上下 일렬로 나란히 2개씩 형성되고, 左右로도 일렬로 나란히 2개씩 형성되어 4개 혈처가 한 곳에 모여 하나의 정사각형 형태의 혈처군穴處群을 네 곳에 형성해 좌측左側에서 우측右側으로 또는 우측에서 좌측으

로 천조명당 16개 혈처, 지조명당 16개 혈처 및 인조 명당 16개 혈처 순으로 3개 명당이 연이어서 48개 혈처가 형성되어 있는 유형類型이다.

- 이와 같은 유형에서는 어느 하나의 혈처에서 일월혈지日月穴地의 월혈月穴자리 또는 일혈日穴자리를 기준基準으로 명당마다 네 개의 혈처(하나의 혈처군)를 직선直線으로 연결하면 작은 정사각형 형태가 되며, 네 곳의 혈처군을 직선으로 연결하면 큰 정사각형 형태가 된다.

- 이러한 유형은 주로 나란히 뻗은 넓은 양쪽의 능선稜線, 넓은 분지盆地, 야산野山 및 평야平野 등지에서 형성되는 형태로서 우리나라의 대분의 명당은 이와 같은 유형으로 형성되어 있을 것으로 추정된다.

- 이와 같이 명당이 형성되는 형태는 4천여 년 전 고대 중국의 문왕文王이 하늘과 땅 사이에서 일어나고 있는 만물의 생성生成과 소멸消滅의 순환循環 이치理致를 밝힌 낙서洛書의 구궁도九宮圖에서 가리키는 건곤간 손乾坤艮巽의 방향과 공교롭게도 일치一致하게 혈처가 형성되어 있으며, 이러한 유형의 쌍혈명당도雙穴明堂圖와 명혈명당도明穴明堂圖의 예例는 다음과 같다.

〈쌍혈명당도〉

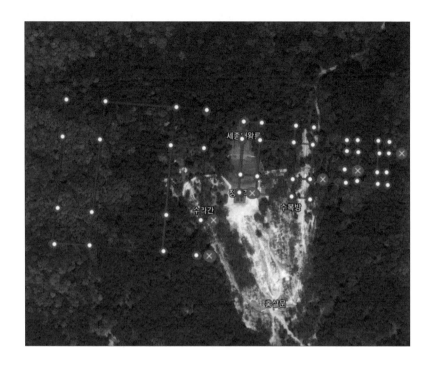

※ 1) 위의 명당도는 경기도 여주시 세종대왕릉이 조성된 곳으로서 명당이 上下와 左右 일렬로 16개 혈처가 형성되는 형태로서, 입수맥(入首脈)이 흘러온 방향에서 볼 때는 우측(右側)에서 좌측(左側)으로 3개 명당이 연이어 배열된 쌍혈명당도(雙穴明堂圖)이며, 명당도상으로 볼 때 좌측(左側)부터 첫 번째가 천조명당인 대명당도, 두 번째가 지조명당인 중명당도, 세 번째가 인조명당인 소명당도이다.

2) 위의 쌍혈명당도에서 붉은 원(圓)으로 표시 된 곳이 각 명당의 각 혈처의 일월혈지(日月穴地)의 월혈(月穴)

자리이며, 각 명당마다 16개 혈처가 4개 혈처군(穴處群)으로 나누어져 형성되어 있고, 각 혈처마다 2개씩의 혈자리가 생성되어 있으며, 명당마다 32개씩의 혈자리가 생성되어 있어, 3개 명당에는 모두 96개의 혈자리가 생성되어 있으며, 각 명당별로 혈처와 혈처군을 일직선(一直線)으로 연결하면 크고 작은 정사각형과 직사각형이 만들어 진다.

3)쌍혈명당도가 형성된 이 곳에는 천조명당이 19,600㎡(약 5,929평) 정도의 넓이로 형성되어 있고, 지조명당이 10,000㎡(약 3,025평) 정도의 넓이로 형성되어 있으며, 인조명당이 3,600㎡(약 1,089평) 정도의 넓이로 형성되어 있어서, 3개 명당은 33,200㎡(약 10,043평) 정도의 넓이로 형성되어 있다.

4)천조명당인 대명당과 지조명당인 중명당 및 인조명당인 소명당과의 간격은 반드시 50m의 일장한 거리로 3개 명당이 연이어 배열되어 있다.

5)천조명당인 대명당도에서 작은 사각형으로 연결되어 있는 혈처와의 간격은 반드시 35m의 일정한 거리로 형성되어 있고, 4개의 혈처가 모여있는 큰 사각형으로 연결된 혈처군과의 간격은 반드시 혈처와의 간격의 배의 거리인 70m의 일정한 간격으로 형성되어 있다.

6)지조명당인 중명당도에서 작은 사각형으로 연결되어 있는 혈처와의 간격은 반드시 25m의 일정한 거리로 형성되어 있고, 4개의 혈처가 모여있는 큰 사각형으로 연결된

혈처군과의 간격은 반드시 혈처와의 간격의 배의 거리인 50m의 일정한 간격으로 형성되어 있다.

7)인조명당인 소명당도에서 작은 사각형으로 연결되어 있는 혈처와의 간격은 반드시 15m의 일정한 거리로 형성되어 있고, 4개의 혈처가 모여있는 큰 사각형으로 연결된 혈처군과의 간격은 반드시 혈처와의 간격의 배의 거리인 30m의 일정한 간격으로 형성되어 있다.

〈명혈명당도〉

※1)위의 명당도는 경기도 안양시 동안구 평촌동으로 명당이 上下와 左右 일렬로 16개 혈처(穴處)가 형성되어 있는 형태이며, 입수맥(入首脈)이 흘러온 방향에서 볼 때는 좌측(左側)에서 우측(右側)으로 3개 명당이 연이어 배

열된 명혈명당도(明穴明堂圖)로서, 명당도상으로 볼 때 좌측(左側)부터 첫 번째가 천조명당인 대명당도, 두 번째가 지조명당인 중명당도, 세 번째가 인조명당인 소명당도이다.

2)위의 명혈명당도에서 붉은 원(圓)으로 표시 된 지점이 각 명당별 각 혈처의 일월혈지(日月穴地)의 월혈(月穴)자리이며, 각 명당마다 16개 혈처가 4개 혈처군(穴處群)으로 나누어져 형성되어 있고, 각 혈처마다 74개씩의 혈자리가 생성되어 있어, 각 명당마다 1,184개의 혈자리가 생성되어 있으므로 3개 명당에는 모두 3,552개의 혈자리가 생성되어 있다. 각 명당별로 혈처와 혈처군을 일직선(一直線)으로 연결하면 크고 작은 정사각형과 직사각형이 만들어 진다.

3)명혈명당도가 표시된 이 지역에는 천조명당이 62,500㎡(약 18,906평) 정도의 넓이로 형성되어 있고, 지조명당이 40,000㎡(약 12,100평) 정도의 넓이로 형성되어 있으며, 인조명당이 22,500㎡(약 6,806평) 정도의 넓이로 형성되어 있으므로, 3개 명당은 125,000㎡(약 37,812평) 정도의 넓이로 형성되어 있다.

4)천조명당인 대명당과 지조명당인 중명당 및 인조명당인 소명당과의 간격은 반드시 50m의 일정한 거리로 3개 명당이 연이어 배열되어 있다.

5)천조명당인 대명당도에서 작은 사각형으로 연결되어 있는 혈처와의 간격은 반드시 50m의 일정한 거리로 형성

되어 있고, 4개의 혈처가 모여있는 큰 사각형으로 연결된 혈처군과의 간격은 반드시 혈처와의 간격의 배의 거리인 100m의 일정한 간격으로 형성되어 있다.

6)지조명당인 중명당도에서 작은 사각형으로 연결되어 있는 혈처와의 간격은 반드시 40m의 일정한 거리로 형성되어 있고, 3개의 혈처가 모여있는 큰 사각형으로 연결된 혈처군과의 간격은 반드시 혈처와의 간격의 배의 거리인 80m의 일정한 간격으로 형성되어 있다.

7)인조명당인 소명당도에서 작은 사각형으로 연결되어 있는 혈처와의 간격은 반드시 30m의 일정한 거리로 형성되어 있고, 4개의 혈처가 모여있는 큰 사각형으로 연결된 혈처군과의 간격은 반드시 혈처와의 간격의 배의 거리인 60m의 일정한 간격으로 형성되어 있다.

2) 명당이 上下와 左右 일렬(一列)로 16개 혈처가 4개 혈처 (穴處)씩 짝을지어 정사각형 형태의 혈처군(穴處群)을 네 곳에 형성해, 상측(上側)에서 하측(下側)으로 또는 하측에서 상측으로 천조명당, 지조명당 및 인조명당 순으로 3개 명당이 연이어 배열(配列)되어 있는 유형(類型)

- 쌍혈명당과 명혈명당이 혈자리에서 생성되는 생기의 역량이 유사한 16개 혈처穴處가 上下 일렬一列로 나란히 2개씩 형성되고, 左右로도 일렬로 나란히 2개씩 형성되어, 한 곳에 4개 혈처가 하나의 혈처군穴處群을 이루어 네 곳에서 16개 혈처가 4개 혈처군을 형성해

서 상측上側에서 하측下側으로 또는 하측에서 상측으로 천조명당 16개 혈처, 지조명당 16개 혈처 및 인조명당 16개 혈처 순으로 3개 명당에 48개 혈처가 연이어 형성되어 있는 유형類型이다.

- 이와 같은 유형에서는 어느 하나의 혈처에서 일월혈지日月穴地의 월혈月穴자리 또는 일혈日穴자리를 기준으로 명당마다 네 개씩의 혈처(하나의 혈처군)를 직선으로 연결하면 작은 정사각형 형태가 되며, 정사각형 모서리마다 한 개씩의 혈처가 형성되어 있어 네 곳의 혈처군을 직선으로 연결하면 큰 정사각형 형태가 된다.

- 이러한 유형은 주로 나란히 뻗은 넓은 양쪽의 능선稜線, 넓은 분지盆地, 야산野山 및 평야平野 등지에서 형성되는 형태로서 우리나라의 대분의 명당은 이와 같은 유형으로 형성되어 있을 것으로 추정된다.

- 이와 같이 명당이 형성되는 형태는 4천여 년 전 고대 중국의 문왕文王이 하늘과 땅 사이에서 일어나고 있는 만물의 생성生成과 소멸消滅의 순환循環 이치理致를 밝힌 낙서洛書의 구궁도九宮圖에서 가리키는 건곤간손乾坤艮巽의 방향과 공교롭게도 일치一致하게 혈처가 형성되어 있으며, 이러한 유형의 쌍혈명당도雙穴明堂圖와 명혈명당도明穴明堂圖의 예例를 보면 다음과 같다.

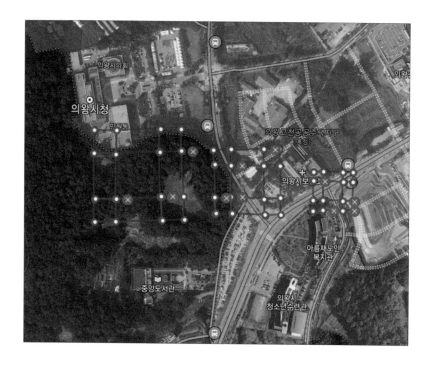

 ※ 1)위의 명당도는 경기도 의왕시 오봉산 기슭에 있는 조선팔대명당(朝鮮八代明堂)이라고 알려진 안동(安東) 권씨(權氏) 할머니 묘소와 주변으로 명당이 上下와 左右 일렬로 16개 혈처(穴處)가 형성되는 형태로서, 입수맥(入首脈)이 흘러온 방향에서 볼 때는 상측(上側)에서 하측(下側)으로 3개 명당이 연이어 배열되면서 형성된 쌍혈명당도(雙穴明堂圖)이며, 명당도상으로 볼 때는 좌측(左側)부터 첫 번째가 천조명당인 대명당도, 두 번째가 지조명당인 중명당도, 세 번째가 인조명당인 소명당도이다.

 2)위의 쌍혈명당도에서 붉은 원(圓)으로 표시 된 곳이

각 명당의 각 혈처의 일월혈지(日月穴地)의 월혈(月穴)자리이며, 각 명당마다 16개 혈처가 4개 혈처군으로 나누어져 형성되어 있고, 각 혈처마다 2개씩의 혈자리가 생성되어 있어, 각 명당마다 32개씩의 혈자리가 생성되어 있으므로, 3개 명당에는 모두 96개의 혈자리가 생성되어 있으며, 각 명당별로 혈처와 혈처군을 일직선(一直線)으로 연결하면 크고 작은 정사각형과 직사각형이 만들어 진다.

3) 쌍혈명당도가 표시된 이 지역에는 천조명당이 19,600㎡(약 5,929평) 정도 넓이로 형성되어 있으며, 지조명당이 10,000㎡(약 3,025평) 정도 넓이로 형성되어 있고, 인조명당이 3,600㎡(약 1,089평) 정도 넓이로 형성되어 있으므로, 3개 명당은 33,200㎡(약 10,043평) 정도의 넓이로 형성되어 있다.

4) 천조명당인 대명당과 지조명당인 중명당 및 인조명당인 소명당과의 간격은 반드시 50m의 일정한 거리로 3개 명당이 연이어 배열되어 있다.

5) 천조명당인 대명당도에서 작은 사각형으로 연결되어 있는 혈처와의 간격은 반드시 35m의 일정한 거리로 형성되어 있고, 4개 혈처가 모여있어 큰 사각형으로 연결된 혈처군과의 간격은 반드시 혈처와의 간격의 배의 거리인 70m의 일정한 간격으로 형성되어 있다.

6) 지조명당인 중명당도에서 작은 사각형으로 연결되어 있는 혈처와의 간격은 반드시 25m의 일정한 거리로 형성되어 있고, 4개 혈처가 모여있어 큰 사각형으로 연결된

혈처군과의 간격은 반드시 혈처와의 간격의 배의 거리인 50m의 일정한 간격으로 형성되어 있다.

7)인조명당인 소명당도에서 작은 사각형으로 연결되어 있는 혈처와의 간격은 반드시 15m의 일정한 거리로 형성되어 있고, 4개 혈처가 모여있어 큰 사각형으로 연결된 혈처군과의 간격은 반드시 혈처와의 간격의 배의 거리인 30m의 일정한 간격으로 형성되어 있다.

〈명혈명당도〉

※1)위의 명당도는 경상북도 구미시 박정희 대통령 생가와 그 주변으로 上下와 左右 일렬로 혈처(穴處)가 형성되는 형태로서, 입수맥이 흘러온 방향에서 볼 때는 상측(上側)에서 하측(下側)으로 3개 명당이 연이어 배열된 명혈명당도(明穴明堂圖)이며, 명당도상으로 볼 때 는 상측(上側)부터 첫 번째가 천조명당인 대명당도, 두 번째가 지조명당인 중명당도, 세 번째가 인조명당인 소명당도이다.

2)위의 명혈명당도에서 붉은 원(圓)이 표시 된 지점이 각 명당별 각 혈처의 일월혈지(日月穴地)의 월혈(月穴)자리이며, 각 명당마다 16개 혈처가 4개 혈처군(穴處群)으로 나누어져 형성되어 있고, 각 혈처마다 74개씩의 혈자리가 생성되어 있으며, 각 명당마다 1,184개의 혈자리가 생성되어 있으므로, 3개 명당에는 모두 3,552개의 혈자리가 생성되어 있다. 각 명당별로 혈처와 혈처군을 일직선(一直線)으로 연결하면 크고 작은 정사각형과 직사각형이 만들어 진다.

3)명혈명당도가 표시된 이 곳에는 천조명당이 62,500㎡(약 18,906평) 정도 넓이로 형성되어 있으며, 지조명당이 40,000㎡(약 12,100평) 정도 넓이로 형성되어 있고, 인조명당이 22,500㎡(약 6,806평) 정도 넓이로서 형성되어 있어, 3개 명당은 125,000㎡(약 37,812평) 정도의 넓이로 형성되어 있다.

4)천조명당인 대명당과 지조명당인 중명당 및 인조명당인 소명당과의 간격은 반드시 50m의 일정한 거리로 3개

명당이 연이어 배열되어 있다.

5)천조명당인 대명당도에서 작은 사각형으로 연결되어 있는 혈처와의 간격은 반드시 50m의 일정한 거리로 형성되어 있고, 4개 혈처가 모여있는 큰 사각형으로 연결된 혈처군과의 간격은 반드시 혈처 간격의 배의 거리인 100m의 일정한 간격으로 형성되어 있다.

6)지조명당인 중명당도에서 작은 사각형으로 연결되어 있는 혈처와의 간격은 반드시 40m의 일정한 거리로 형성되어 있고, 3개 혈처가 모여있는 큰 사각형으로 연결된 혈처군과의 간격은 반드시 혈처 간격의 배의 거리인 80m의 일정한 간격으로 형성되어 있다.

7)인조명당인 소명당도에서 작은 사각형으로 연결되어 있는 혈처와의 간격은 반드시 30m의 일정한 거리로 형성되어 있고, 4개 혈처가 모여있는 큰 사각형으로 연결된 혈처군과의 간격은 반드시 혈처 간격의 배의 거리인 60m의 일정한 간격으로 형성되어 있다.

(2) 명당이 上下 일렬(一列)로 16개 혈처(穴處)가 형성(形成)되어 있는 형태(形態)

1) 명당이 上下 일렬로 16개 혈처가 한 줄에 8개 혈처씩 4개 혈처로 나누어져 두 줄로 좌측(左側)에서 우측(右側)으로 또는 우측에서 좌측으로 3개 명당이 연이어 배열(配列)되어 있는 유형(類型)

- 쌍혈명당과 명혈명당이 혈자리에서 생성되는 생기의 역량이 유사한 혈처穴處와 혈처군穴處群이 한 장소에서 8개 혈처(2개의 혈처군)가 上下 일렬一列로 한 줄에 4개씩(1개의 혈처군) 나누어져 두 줄로 형성되고, 일정한 간격을 두고 다른 줄에서도 혈자리에서 생성된 생기의 역량이 유사한 혈처와 혈처군이 한 장소에서 8개 혈처(2개의 혈처군)가 上下 일렬로 한 줄에 4개씩(1개의 혈처군) 나누어져 두 줄로 형성되어 모두 16개 혈처(4개의 혈처군)가 한 장소에서 좌측左側에서 우측右側으로 또는 우측에서 좌측으로 천조명당, 지조명당 및 인조명당 순으로 3개 명당이 모두 48개 혈처가 연이어 형성되어 있는 유형이다.

- 이와 같은 유형으로 형성되는 명당은 대부분이 산 아래의 넓은 분지盆地 및 평야平野 등지에서 형성되는 형태로서 이러한 유형의 쌍혈명당도와 명혈명당도의 예例는 다음과 같다.

〈쌍혈명당도〉

　※1)위의 명당도는 서울특별시 중구 명동 지역으로서 명당이 上下 일렬로 16개 혈처(穴處)가 두 줄로 형성되어 있는 형태이며, 입수맥(入首脈)이 흘러오는 방향에서 볼 때는 우측(右側)에서 좌측(左側)으로 3개 명당이 연이어 형성되어 배열되어 있는 쌍혈명당도(雙穴明堂圖)로서, 명당도상으로 볼 때 는 좌측(左側)부터 첫 번째가 천조명당인 대명당도, 두 번째가 지조명당인 중명당도, 세 번째가 인조명당인 소명당도이다.

　2)위의 쌍혈명당도에서 붉은 원(圓)으로 표시 된 곳이

각 명당의 각 혈처의 일월혈지(日月穴地)의 월혈(月穴)자리이며, 각 명당마다 한 줄에 8개 혈처가 2개 혈처군(穴處群)으로 나누어져 두 줄로 16개 혈처가 4개 혈처군으로 나누어져 형성되어 있고, 각 혈처마다 2개씩의 혈자리가 생성되어 명당마다 32개씩의 혈자리가 생성되어 있으며, 3개 명당에는 모두 96개의 혈자리가 생성되어 있다. 각 명당별로 혈처와 혈처군을 일직선(一直線)으로 연결하면 세로로 된 직사각형이 만들어 진다.

3)쌍혈명당도가 표시된 이 곳에는 천조명당이 19,600㎡(약 5,929평) 정도 넓이로 형성되어 있으며, 지조명당이 10,000㎡(약 3,025평) 정도 넓이로 형성되어 있고, 인조명당이 3,600㎡(약 1,089평) 정도 넓이로 형성되어 있어, 3개 명당에는 33,200㎡(약 10,043평) 정도의 면적으로 형성되어 있다.

4)천조명당인 대명당과 지조명당인 중명당 및 인조명당인 소명당과의 간격은 반드시 50m의 일정한 거리로 3개 명당이 연이어 배열되어 있다.

5)천조명당인 대명당도에서 작은 사각형으로 연결되어 있는 혈처와의 간격은 반드시 35m의 일정한 거리로 형성되어 있고, 4개 혈처가 모여있어 큰 사각형으로 연결된 혈처군과의 간격은 반드시 혈처 간격의 배의 거리인 70m의 일정한 간격으로 형성되어 있다.

6)지조명당인 중명당도에서 작은 사각형으로 연결되어 있는 혈처와의 간격은 반드시 25m의 일정한 거리로 형성

되어 있고, 4개 혈처가 모여있어 큰 사각형으로 연결된 혈
처군과의 간격은 반드시 혈처 간격의 배의 거리인 50m의
일정한 간격으로 형성되어 있다.

  7)인조명당인 소명당도에서 작은 사각형으로 연결되어
있는 혈처와의 간격은 반드시 15m의 일정한 거리로 형성
되어 있고, 4개 혈처가 모여있어 큰 사각형으로 연결된 혈
처군과의 간격은 반드시 혈처 간격의 배의 거리인 30m의
일정한 간격으로 형성되어 있다.

〈명혈명당도〉

※1)위의 명당도는 충청남도 아산시에 있는 남연군 묘와 그 주변으로 명당이 上下 일렬로 16개 혈처가 두 줄로 형성되어 있는 형태이며, 입수맥(入首脈)이 흘러오는 방향에서 볼 때는 좌측(左側)에서 우측(右側)으로 3개 명당이 연이어 형성되어 있는 명혈명당도(明穴明堂圖)로서, 명당도상으로 볼 때는 우측(右側)부터 첫 번째가 천조명당인 대명당도, 두 번째가 지조명당인 중명당도, 세 번째가 인조명당인 소명당도이다.

2)위의 명혈명당도에서 붉은 원(圓)으로 표시 된 곳이 각 명당의 각 혈처의 일월혈지(日月穴地)의 월혈(月穴)자리이며, 각 명당마다 한 줄에 8개 혈처가 2개 혈처군(穴處群)으로 나누어져 두 줄로 16개의 혈처가 4개 혈처군으로 나누어져 형성되어 있고, 각 혈처마다 74개씩의 혈자리가 생성되어 명당마다 1,184개씩의 혈자리가 생성되어 있으므로 3개 명당에는 모두 3,552개의 혈자리가 생성되어 있다. 각 명당별로 혈처와 혈처군을 일직선(一直線)으로 연결하면 세로로 된 직사각형이 만들어 진다.

3)명혈명당도가 표시된 이 지역에는 천조명당이 67,500㎡(약 20,418평) 정도 넓이로 형성되어 있으며, 지조명당이 43,200㎡(약 13,068평) 정도 넓이로 형성되어 있고, 인조명당이 24,300㎡(약 7,351평) 정도 넓이로 형성되어 있어, 3개 명당은 135,000㎡(약 40,837평) 정도의 넓이로 형성되어 있다.

4)천조명당인 대명당과 지조명당인 중명당 및 인조명당

인 소명당 등 각 명당과의 간격은 반드시 50m의 일정한 거리로 3개 명당이 연이어 배열되어 있다.

5) 천조명당인 대명당도에서 혈처와의 간격은 반드시 50m의 일정한 거리로 형성되어 있고, 4개 혈처씩 나누어져 형성된 혈처군과의 간격은 반드시 혈처와의 간격의 배의 거리인 100m의 일정한 간격으로 형성되어 있다.

6) 지조명당인 중명당도에서 혈처와의 간격은 반드시 40m의 일정한 거리로 형성되어 있고, 4개의 혈처씩 짝을 지어 형성된 혈처군과의 간격은 반드시 혈처와의 간격의 배의 거리인 80m의 일정한 간격으로 형성되어 있다.

7) 인조명당인 소명당도에서 혈처와의 간격은 반드시 30m의 일정한 거리로 형성되어 있고, 4개 혈처씩 짝을 지어 형성된 혈처군과의 간격은 반드시 혈처와의 간격의 배의 거리인 60m의 일정한 간격으로 형성되어 있다.

2) 명당이 上下 일렬(一列)로 16개 혈처(穴處)가 한 줄에 8개 혈처씩 4개 혈처로 나누어져 두 줄에 16개 혈처가 상측(上側)애서 하측(下側)으로 또는 하측에서 상측으로 3개 명당이 연이어 배열되어 있는 유형(類型)

- 쌍혈명당과 명혈명당이 혈자리에서 생성되는 생기의 역량이 유사한 8개 혈처가 上下 일렬로 한 줄에 4개씩 나누어져 형성되고, 일정한 간격을 두고 다른 곳에서도 혈자리에서 생성되는 생기의 역량이 유사한 8개 혈

처가 상하 일렬로 한 줄에 4개씩 나누어져 좌측과 우측 두 줄로 모두 16개 혈처가 형성되어 한 장소에서 상측上側에서 하측下側으로 또는 하측에서 상측으로 천조명당, 지조명당 및 인조명당 순으로 3개 명당에 모두 48개 혈처가 연이어 배열되어 있는 유형이다.

• 이와 같은 유형으로 형성되는 대부분의 명당은 길게 뻗은 능선稜線이나 넓은 분지盆地 및 평야平野 등지에서 형성되며, 이러한 유형의 쌍혈명당도와 명혈명당도의 예例는 다음과 같다.

〈쌍혈명당도〉

※ 1)위의 명당도는 경상남도 함양군 삼봉산 연봉(蓮峯)

인 금대봉 아래의 금대암 부근으로 명당이 上下 일렬로 16개 혈처(穴處)가 한 줄에 8개 혈처씩 두 줄로 형성되는 형태로서, 입수맥(入首脈)이 흘러오는 방향에서 볼 때는 상측(上側)에서 하측(下側)으로 3개 명당이 연이어 형성되어 배열되어 있는 쌍혈명당도(雙穴明堂圖)이며, 명당도상으로 볼 때 는 우측(右側)부터 첫 번째가 천조명당인 대명당도, 두 번째가 지조명당인 중명당도, 세 번째가 인조명당인 소명당도이다.

2)위의 쌍혈명당도에서 붉은 원(圓)으로 표시 된 곳이 각 명당의 각 혈처의 일월혈지(日月穴地)의 월혈(月穴)자리이며, 각 명당마다 한 줄에 8개 혈처가 2개 혈처군(穴處群)으로 나누어져 두 줄로 16개 혈처가 4개 혈처군으로 나누어져 형성되어 있고, 각 혈처마다 2개씩의 혈자리가 생성되어 명당마다 32개씩의 혈자리가 생성되어 있으므로, 3개 명당에는 모두 96개의 혈자리가 생성되어 있다. 각 명당별로 혈처와 혈처군을 일직선(一直線)으로 연결하면 세로로 된 직사각형이 만들어 진다.

3)쌍혈명당도가 표시된 이 곳에는 천조명당이 19,600 ㎡(약 5,929평) 정도 넓이로 형성되어 있으며, 지조명당이 10,000㎡(약 3,025평) 정도 넓이로 형성되어 있고, 인조명당이 3,600㎡(약 1,089평) 정도 넓이로 형성되어 있어, 3개 명당은 33,200㎡(약 10,043평) 정도의 면적에 형성되어 있다.

4)천조명당인 대명당과 지조명당인 중명당 및 인조명당

인 소명당 등 각 명당과의 간격은 반드시 50m의 일정한 거리로 3개 명당이 연이어 배열되어 있다.

5)천조명당인 대명당도에서 혈처와의 간격은 반드시 35m의 일정한 거리로 형성되어 있고, 4개의 혈처씩 나누어져 형성된 혈처군과의 간의 간격은 반드시 혈처 간격의 배의 거리인 70m의 일정한 간격으로 형성되어 있다.

6)지조명당인 중명당도에서 혈처와의 간격은 반드시 25m의 일정한 거리로 형성되어 있고, 4개의 혈처씩 나누어져 형성된 혈처군과의 간격은 반드시 혈처 간격의 배의 거리인 50m의 일정한 간격으로 형성되어 있다.

7)인조명당인 소명당도에서 혈처와의 간격은 반드시 15m의 일정한 간격으로 형성되어 있고, 4개의 혈처씩 나누어져 형성된 혈처군과의 간격은 반드시 혈처 간격의 배의 거리인 30m의 일정한 간격으로 형성되어 있다.

〈명혈명당도〉

※1)위의 명당도는 서울특별시 중구 장충동 및 신당동 지역으로 명당이 上下 일렬로 된 16개 혈처가 한 줄에 8개 혈처씩 두 줄로 형성되어 있는 형태로서, 입수맥(入首脈)이 흘러오는 방향에서 볼 때는 상측(上側)에서 하측(下側)으로 3개 명당이 연이어 형성되어 배열된 명혈명당도(明穴明堂圖)이며, 명당도상으로 볼 때 는 좌측(左側)부터 첫 번째가 천조명당인 대명당도, 두 번째가 지조명당인 중명당도, 세 번째가 인조명당인 소명당도이다.

2)위의 명혈명당도에서 붉은 원(圓)으로 표시 된 곳이 각 명당의 각 혈처의 일월혈지(日月穴地)의 월혈(月穴)자리이며, 각 명당마다 한 줄에 8개 혈처가 2개 혈처군(穴處群)으로 나누어져 두 줄로 16개 혈처가 4개 혈처군으로 나누어져 형성되어 있고, 각 혈처마다 74개씩의 혈자리가 생성되어 명당마다 1,184개씩의 혈자리가 생성되어 있으므로, 3개 명당에는 모두 3,552개의 혈자리가 생성되어 있다. 각 명당별로 혈처와 혈처군을 일직선(一直線)으로 연결하면 세로로 된 직사각형이 만들어 진다.

3)명혈명당도가 표시된 이 곳에는 천조명당이 67,500㎡(약 20,418평) 정도 넓이로 형성되어 있으며, 지조명당이 43,200㎡(약 13,068평) 정도 넓이로 형성되어 있고, 인조명당이 24,300㎡(약 7,351평) 정도 넓이로 형성되어 있어, 3개 명당은 135,000㎡(약 40,837평) 정도의 면적으로 형성되어 있다.

4)천조명당인 대명당과 지조명당인 중명당 및 인조명당인 소명당 등 각 명당과의 간격은 반드시 50m의 일정한 거리로 3개 명당이 연이어 배열되어 있다.

5)천조명당인 대명당도에서 혈처와의 간격은 반드시 50m의 일정한 거리로 형성되어 있고, 4개 혈처씩 나누어져 형성된 혈처군과의 간격은 반드시 혈처와의 간격의 배인 100m의 일정한 거리를 두고 형성되어 있다.

6)지조명당인 중명당도에서 혈처와의 간격은 반드시 40m의 일정한 거리로 형성되어 있고, 4개 혈처씩 짝을

지어 형성된 혈처군과의 간격은 반드시 혈처와의 간격의 배인 80m의 일정한 거리를 두고 형성되어 있다.

7)인조명당인 소명당도에서 혈처와의 간격은 반드시 30m의 일정한 거리로 형성되어 있고, 4개 혈처씩 짝을 지어 형성된 혈처군과의 간격은 반드시 혈처와의 간격의 배인 60m의 일정한 거리를 두고 형성되어 있다.

3) 명당이 上下 일렬(一列)로 16개 혈처(穴處)가 한 줄에 8개씩 두 줄로 좌측(左側)에서 우측(右側)으로 또는 우측에서 좌측으로 3개 명당이 연이어 배열(配列)되어 있는 유형(類型)

- 쌍혈명당과 명혈명당이 혈자리에서 생성되는 생기의 역량이 유사한 혈처가 한 장소에서 上下 일렬로 한 줄에 8개 혈처가 형성되고, 일정한 간격을 두고 다른 곳에서도 혈자리에서 생성되는 생기의 역량이 유사한 혈처가 상하 일렬로 한 줄에 8개 혈처가 형성되어 좌측과 우측에 두 줄로 모두 16개 혈처가 한 장소에서 좌측左側에서 우측右側으로 또는 우측에서 좌측으로 천조명당, 지조명당 및 인조명당 순으로 3개 명당에 모두 48개 혈처가 연이어 형성되어 있는 유형이다.

- 이와 같은 유형의 명당은 길게 뻗은 능선稜線, 분지盆地, 야산野山 및 평야平野 등지에서 발견되고 있으며, 이러한 유형의 쌍혈명당도와 명혈명당도의 예例는 다음과 같다.

〈쌍혈명당도〉

　※1)위의 명당도는 경기도 남양주시 광릉의 세조 왕릉 묘역으로 명당이 上下 일렬로 16개 혈처가 한 줄에 8개 혈처씩 두 줄로 형성되어 있는 형태로서, 입수맥(入首脈)이 흘러오는 방향에서 볼 때는 우측(右側)에서 좌측(左側)으로 3개 명당이 연이어 배열되어 형성된 쌍혈명당도 (雙穴明堂圖)이며, 명당도상으로 볼 때는 좌측(左側)부터 첫 번째가 천조명당인 대명당도, 두 번째가 지조명당인 중명당도, 세 번째가 인조명당인 소명당도이다.

　2)위의 쌍혈명당도에서 붉은 원(圓)으로 표시 된 곳이 각 명당의 각 혈처의 일월혈지(日月穴地)의 월혈(月穴)자

리이며, 각 명당마다 한 줄에 8개 혈처가 하나의 혈처군(穴處群)을 형성해 두 줄로 16개 혈처에 2개 혈처군이 형성되어 있고, 각 혈처마다 2개씩의 혈자리가 생성되어 명당마다 32개씩의 혈자리가 생성되어 있으므로, 3개 명당에는 모두 96개의 혈자리가 생성되어 있다. 각 명당별로 혈처와 혈처군을 일직선(一直線)으로 연결하면 세로로 된 직사각형이 만들어 진다.

3)쌍혈명당도가 표시된 이 곳에서는 천조명당이 17,150㎡(약 5,188평) 정도 넓이로 형성되어 있으며, 지조명당이 8,750㎡(약 2,647평) 정도 넓이로 형성되어 있고, 인조명당이 3,150㎡(약 953평) 정도 넓이로 형성되어 있어, 3개 명당에는 29,050㎡(약 8,788평) 정도의 넓이로 형성되어 있다.

4)천조명당인 대명당과 지조명당인 중명당 및 인조명당인 소명당 등 각 명당과의 간격은 반드시 50m의 일정한 거리로 3개 명당이 연이어 배열되어 있다.

5)천조명당인 대명당도에서 혈처와의 간격은 반드시 35m의 일정한 거리로 형성되어 있고, 좌측 혈처군과 우측 혈처군과의 간격은 반드시 혈처와의 간격의 배의 거리인 70m의 일정한 간격으로 형성되어 있다.

6)지조명당인 중명당도에서 혈처와의 간격은 반드시 25m의 일정한 거리로 형성되어 있고, 좌측 혈처군과 우측 혈처군과의 간격은 반드시 혈처와의 간격의 배의 거리인 50m의 일정한 간격으로 형성되어 있다.

7)인조명당인 소명당도에서 혈처와의 간격은 반드시 15m의 일정한 거리로 형성되어 있고, 좌측 혈처군과 우측 혈처군과의 간격은 반드시 혈처와의 간격의 배의 거리인 30m의 일정한 간격으로 형성되어 있다.

〈명혈명당도〉

※1)위의 명혈명당도(明穴明堂圖)는 전라북도 남원시 인월면 성산 지역으로 명당이 上下 일렬로 16개의 혈처가 한 줄에 8개 혈처씩 두 줄로 형성되어 있는 형태로서, 입수맥(入首脈)이 흘러오는 방향에서 볼 때는 우측(右側)에서 좌측(左側)으로 3개 명당이 연이어 형성되어 배

열된 명혈명당도(明穴明堂圖)이며, 명당도상으로 볼 때
는 우측(右側)부터 첫 번째가 천조명당인 대명당도, 두
번째가 지조명당인 중명당도, 세 번째가 인조명당인 소
명당도이다.

 2)위의 명혈명당도에서 붉은 원(圓)으로 표시 된 곳이
각 명당의 각 혈처의 일월혈지(日月穴地)의 월혈(月穴)자
리이며, 각 명당마다 한 줄에 8개 혈처가 1개 혈처군(穴
處群)을 형성해 두 줄로 16개 혈처가 2개 혈처군으로 형
성되어 있고, 각 혈처마다 74개씩의 혈자리가 생성되어
각 명당마다 1,184개씩의 혈자리가 생성되어 있으므로, 3
개 명당에는 모두 3,552개의 혈자리가 생성되어 있다. 각
명당별로 혈처와 혈처군을 일직선(一直線)으로 연결하면
세로로 된 직사각형이 만들어 진다.

 3)명혈명당도가 표시된 이 곳에는 천조명당이 60,000
㎡(약 18,150평) 정도 넓이로 형성되어 있고, 지조명당이
38,400㎡(약 11,616평) 정도 넓이로 형성되어 있으며,
인조명당이 21,600㎡(약 6,534평) 정도 넓이로 형성되어
있어, 3개 명당에는 120,000㎡(약 36,300평) 정도의 넓
이로 형성되어 있다.

 4)천조명당인 대명당과 지조명당인 중명당 및 인조명당
인 소명당 등 각 명당과의 간격은 반드시 50m의 일정한
거리로 3개 명당이 연이어 배열되어 있다.

 5)천조명당인 대명당도에서 혈처와의 간격은 반드시
50m의 일정한 거리로 형성되어 있고, 좌측 혈처군과 우

측 혈처군과의 간격은 반드시 혈처와의 간격의 배의 거리
인 100m의 일정한 간격으로 형성되어 있다.

6) 지조명당인 중명당도에서 혈처와의 간격은 반드시
40m의 일정한 거리로 형성되어 있고, 좌측 혈처군과 우
측 혈처군과의 간격은 반드시 혈처와의 간격의 배의 거리
인 80m의 일정한 간격으로 형성되어 있다.

7) 인조명당인 소명당도에서 혈처와의 간격은 반드시
30m의 일정한 거리로 형성되어 있고 좌측 혈처군과 우측
혈처군과의 간격은 반드시 혈처와의 간격의 배의 거리인
60m의 일정한 간격으로 형성되어 있다.

4) 명당이 上下 일렬(一列)로 한 줄에 16개 혈처(穴處)가 8개씩 나누어져 좌측(左側)에서 우측(右側)으로 또는 우측에서 좌측으로 3개 명당이 연이어 배열(配列)되어 있는 유형(類型)

- 쌍혈명당과 명혈명당이 혈자리에서 생성되는 생기의
  역량이 유사한 16개 혈처穴處가 한 장소에서 上下 일
  렬一列로 한 줄에 8개 혈처씩 2개 혈처군穴處群으로
  나누어져 한 장소에서 좌측左側에서 우측右側으로 또
  는 우측에서 좌측으로 천조명당, 지조명당 및 인조명
  당 순으로 3개 명당에 모두 48개 혈처가 연이어 형성
  되어 있는 유형이다

- 이와 같은 유형의 명당은 길고 넓게 뻗은 능선稜線, 분
  지盆地, 야산野山 및 평야平野 등지에서 형성되어 있

으며, 이러한 유형의 쌍혈명당도와 명혈명당도의 예例
는 다음과 같다.

〈쌍혈명당도〉

※1)위의 명당도는 전라북도 남원시 인월면 상우 지역
으로 명당이 上下 일렬로 한 줄에 16개 혈처(穴處)가 8개
혈처씩 나누어져 형성되어 있는 형태로서, 입수맥(入首
脈)이 흘러온 방향에서 볼 때는 좌측(左側)에서 우측(右
側)으로 3개 명당이 연이어 배열된 쌍혈명당도(雙穴明堂

圖)이며, 사진상으로 볼 때 좌측(左側)부터 첫 번째 줄이
천조명당인 대명당도, 두 번째 줄이 지조명당인 중명당
도, 세 번째 줄이 인조명당인 소명당도이다.

2)위의 명혈명당도에서 붉은 원(圓)으로 표시 된 곳이
각 명당의 각 혈처(穴處)의 일월혈지(日月穴地)의 월혈
(月穴)자리이며, 각 명당마다 한 줄로 16개 혈처가 8개
혈처씩 2개 혈처군(穴處群)으로 나누어져 형성되어 있고,
각 혈처마다 2개씩의 혈자리가 생성되어 각 명당마다 32
개씩의 혈자리가 생성되어 있어, 3개 명당에는 모두 96개
의 혈자리가 생성되어 있다. 각 명당별로 16개 혈처를 연
결하면 일직선이 된다.

3)쌍혈명당도가 표시된 이 곳에는 천조명당이 5,600㎡
(약 1,694평) 정도의 넓이로 형성되어 있으며, 지조명당
이 4,000㎡(약 1,210평) 정도의 넓이로 형성되어 있고,
인조명당이 2,400㎡(약 726평) 정도의 넓이로 형성되어
있어, 3개 명당에는 12,000㎡(약 3,630평) 정도의 면적
에 형성되어 있다.

4)천조명당인 대명당과 지조명당인 중명당 및 인조명당
인 소명당 등 각 명당과의 간격은 반드시 50m의 일정한
거리로 3개 명당이 연이어 배열되어 있다.

5)천조명당인 대명당도에서 8개 혈처와의 간격은 반드
시 35m의 일정한 거리로 형성되어 있으며, 8개 혈처씩 나
누어져 형성된 혈처군과의 간격은 반드시 혈처와의 간격
의 배의 거리인 70m의 일정한 간격을로 형성되어 있다.

6)지조명당인 중명당도에서 8개 혈처와의 간격은 반드시 25m의 일정한 거리로 형성되어 있으며, 8개 혈처씩 나누어져 형성된 혈처군과의 간격은 반드시 혈처와의 간격의 배의 거리인 50m의 일정한 간격으로 형성되어 있다.

7)인조명당인 소명당도에서 8개 혈처와의 간격은 반드시 15m의 일정한 거리로 형성되어 있으며, 8개 혈처씩 나누어져 형성된 혈처군과의 간격은 반드시 혈처와의 간격의 배의 거리인 30m의 일정한 간격으로 형성되어 있다.

〈명혈명당도〉

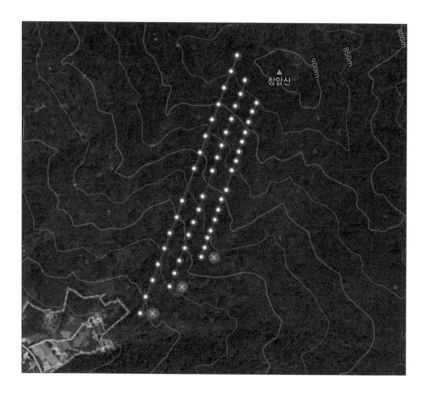

※ 1)위의 명당도는 경상남도 함양군 마천면 창암산으로, 명당이 上下 일렬(一列)로 한 줄로 16개 혈처(穴處)가 8개 혈처씩 나누어져 형성되어 있는 형태로서, 입수맥(入首脈)이 흘러온 방향으로 볼 때는 명당이 우측(右側)에서 좌측(左側)으로 3개 명당이 연이어 배열된 명혈명당도(明穴明堂圖)이며, 사진상으로 볼 때 우측(右側)부터 첫 번째 줄이 천조명당인 대명당도, 두 번째 줄이 지조명당인 중명당도, 세 번째 줄이 인조명당인 소명당도이다.

2)위의 명혈명당도에서 붉은 원(圓)으로 표시 된 곳이 각 명당의 각 혈처(穴處)의 일월혈지(日月穴地)의 월혈(月穴)자리이며, 각 명당마다 한 줄로 16개 혈처가 8개 혈처씩 2개의 혈처군(穴處群)으로 나누어져 형성되어 있고, 각 혈처마다 74개씩의 혈자리가 생성되어 명당마다 1,184개씩의 혈자리가 생성되어 있으므로, 3개 명당에는 모두 3,552개의 혈자리가 생성되어 있다. 각 명당별로 16개 혈처를 연결하면 일직선이 된다.

3)명혈명당도가 표시된 이 곳에는 천조명당이 40,000㎡(약 12,100평) 정도 넓이로 형성되어 있으며, 지조명당이 25,600㎡(약 7,744평) 정도의 넓이로 형성되어 있고, 인조명당이 14,400㎡(약 4,356평) 정도의 넓이로 형성되어 있어, 3개 명당에는 80,000㎡(약 24,200평) 정도의 면적으로 형성되어 있다.

3)천조명당인 대명당과 지조명당인 중명당 및 인조명당인 소명당 등 각 명당과의 간격은 반드시 50m의 일정한

거리로 3개 명당이 연이어 배열되어 있다.

　5)천조명당인 대명당도에서 8개 혈처씩 연달아 형성된 혈처와의 간격은 반드시 50m의 일정한 거리로 형성되어 있으며, 8개 혈처씩 나누어져 형성된 혈처군과의 간격은 반드시 혈처와의 간격의 배의 거리인 100m의 일정한 간격으로 형성되어 있다.

　6)지조명당인 중명당도에서 8개 혈처씩 연달아 형성된 혈처와의 간격은 반드시 40m의 일정한 거리로 형성되어 있으며, 8개 혈처씩 나누어져 형성된 혈처군과의 간격은 반드시 혈처와의 간격의 배의 거리인 80m의 일정한 간격으로 형성되어 있다.

　7)인조명당인 소명당도에서 8개 혈처씩 연달아 형성된 혈처와의 간격은 반드시 30m의 일정한 거리로 형성되어 있으며, 8개 혈처씩 나누어져 형성된 혈처군과의 간격은 반드시 혈처와의 간격의 배의 거리인 60m의 일정한 간격으로 형성되어 있다.

　5) 명당이 上下 일렬(一列)로 16개 혈처(穴處)가 한 줄로 좌측(左側)에서 우측(右側)으로 또는 우측애서 좌측으로 3개 명당이 연이어 배열(配列)되어 있는 유형(類型)

　• 쌍혈명당과 명혈명당이 혈자리에서 생성되는 생기의 역량이 유사한 혈처가 한 장소에서 上下 일렬一列로 16개 혈처가 한 줄로 형성되어 좌측左側에서 우측右

側으로 또는 우측에서 좌측으로 천조명당, 지조명당 및 인조명당 순으로 3개 명당에 48개 혈처가 연이어 형성되어 있는 유형이다.

- 이와 같은 유형의 명당은 길고 넓게 형성된 분지盆地나 평야平野 등지에서 드물게 형성되어 있으며, 이러한 유형의 쌍혈명당도와 명혈명당도의 예例를 보면 다음과 같다.

〈쌍혈명당도〉

※1)위의 명당도는 경기도 화성시 매송면 야목 지역으로 명당이 上下 일렬(一列)로 한 줄로 16개의 혈처(穴處)가 형성되어 있는 형태로서, 입수맥(入首脈)이 흘러온 방향에서 볼 때 우측(右側)에서 좌측(左側)으로 3개 명당이 연이어 배열된 쌍혈명당도(雙穴明堂圖)이며, 사진상으로 볼 때 우측(右側)부터 첫 번째 줄이 천조명당인 대명당도, 두 번째 줄이 지조명당인 중명당도, 세 번째 줄이 인조명당인 소명당도이다.

2)위의 쌍혈명당도에서 붉은 원(圓)으로 표시 된 지점이 각 명당별 각 혈처의 일월혈지(日月穴地)의 월혈(月穴)자리이며, 각 명당마다 上下 일렬(一列)로 한 줄에 16개의 혈처가 연이어 형성되어 있고, 각 혈처마다 2개씩의 혈자리가 생성되어 명당마다 32개씩의 혈자리가 생성되어 있으므로, 3개 명당에는 모두 96개의 혈자리가 생성되어 있다. 각 명당별로 16개의 혈처를 연결하면 일직선이 된다.

3)쌍혈명당도가 표시된 이 곳에는 천조명당이 5,250㎡(약 1,588평) 정도의 넓이로 형성되어 있으며, 지조명당이 3,750㎡(약 1,134평) 정도의 넓이로 형성되어 있고, 인조명당이 2,250㎡(약 681평) 정도의 넓이로 형성되어 있어, 3개 명당은 11,250㎡(약 3,403평) 정도의 면적으로 형성되어 있다.

4)천조명당인 대명당과 지조명당인 중명당 및 인조명당인 소명당 등 각 명당과의 간격은 반드시 50m의 일정한

거리로 3개 명당이 연이어 배열되어 있다.

　5)천조명당인 대명당도에서 16개 혈처와의 간격은 반
드시 35m로 일정한 거리로 형성되어 있다.

　6)지조명당인 중명당도에서 16개 혈처와의 간격은 반
드시 25m로 일정한 거리로 형성되어 있다.

　7)인조명당인 소명당도에서 16개 혈처와의 간격은 반
드시 15m로 일정한 거리로 형성되어 있다.

〈명혈명당도〉

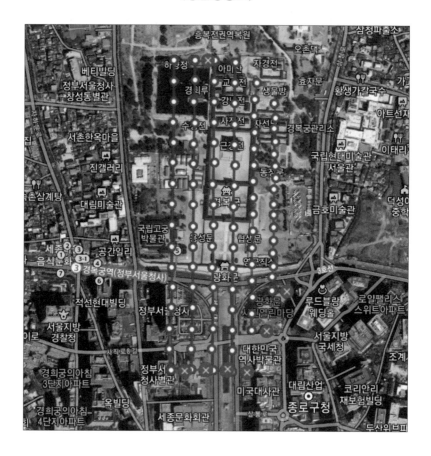

※1)위의 명당도는 경복궁과 광화문 주변 지역으로, 명당이 上下 일렬(一列)로 한 줄로 16개 혈처(穴處)가 형성되어 있는 형태로서, 입수맥(入首脈)이 흘러온 방향에서 볼 때 우측(右側)에서 좌측(左側)으로 3개 명당이 연이어 배열되어 있는 명혈명당도(明穴明堂圖)이며, 명당도상으로 볼 때 좌측(左側)의 첫 번째 줄에서부터 네 번째 줄까지가 천조명당인 대명당도, 다섯 번째 줄이 지조명당인 중명당도, 여섯 번째 줄이 인조명당인 소명당도이다.

　2)위의 명혈명당도에서 붉은 원(圓)으로 표시 된 지점이 각 명당별 각 혈처(穴處)의 일월혈지(日月穴地)의 월혈(月穴)자리이며, 각 혈처마다 74개의 혈자리가 생성되어 있고, 천조명당인 대명당이 한 줄에 16개 혈처씩 4개 줄에 64개 혈처가 형성되어서 4,736개의 혈자리가 생성되어 있고, 지조명당인 중명당이 한 줄로 16개 혈처에 1,184개의 혈자리가 생성되어 있으며, 인조명당인 소명당이 한 줄로 16개 혈처에 1,184개의 혈자리가 생성되어 있으므로, 3개 명당에는 모두 96개 혈처에 7,104개의 혈자리가 생성되어 있다. 각 명당별로 16개의 혈처를 연결하면 일직선이 된다.

　3)명혈명당도가 표시된 이 곳에는 천조명당이 160,000㎡(약 48,400평) 정도의 넓이로 형성되어 있으며, 지조명당이 25,600㎡(약 7,744평) 정도 넓이로 형성되어 있고, 인조명당은 14,400㎡(약 4,356평) 정도 넓이로 형성되어 있으므로, 3개 명당은 200,000㎡(약 60,500평) 정도의

면적에서 집중적으로 형성되어 있어 명당의 보고처(寶庫處)라 할 수 있는 지역이다.

　4)천조명당인 대명당과 지조명당인 중명당 및 인조명당인 소명당의 간격은 반드시 50m의 일정한 거리로 3개 명당이 연이어 배열되어 있다.

　5)천조명당인 대명당도에서 16개 혈처와의 간격은 반드시 50m로 일정한 간격으로 형성되어 있으며, 네 개 줄로 형성된 천조명당인 대명당의 줄과 줄과의 간격도 50m로 일정한 거리로 형성되어 있다.

　6)지조명당인 중명당도에서 혈처와의 간격은 반드시 40m로 일정한 거리로 형성되어 있다.

　7)인조명당인 소명당도에서 혈처와의 간격은 반드시 30m로 일정한 거리로 형성되어 있다.

　6) 명당이 上下 일렬(一列)로 16개 혈처(穴處)가 한 줄로 상측(上側)에서 하측(下側)으로 또는 하측에서 상측으로 3개 명당이 연이어 배열(配列)되어 있는 유형(類型)

• 쌍혈명당과 명혈명당이 혈자리에서 생성되는 생기의 역량이 유사한 혈처穴處가 일정한 간격으로 上下 일렬一列로 한 줄에 16개 혈처가 한 장소에서 상측上側에서 하측下側으로 또는 하측에서 상측으로 천조명당, 지조명당 및 인조명당 순으로 3개 명당에 모두 48개 혈처가 연이어 형성되어 있는 유형이다.

• 이와 같은 유형의 명당은 능선稜線이 길게 뻗은 곳이
거나 길고 넓게 형성된 분지盆地나 평야平野 등지에
서 드물게 형성되고 있으며, 이러한 유형의 쌍혈명당
도와 명혈명당도의 예例는 다음과 같다.

〈쌍혈명당도〉

※ 1) 위의 명당도는 성남시 남서울파크힐 지역으로, 명
당이 上下 일렬(一列)로 16개 혈처(穴處)가 한 줄로 형성
되어 있는 형태로서, 입수맥(入首脈)이 흘러온 방향에서
볼 때는 상측(上側)에서 하측(下側)으로 3개 명당이 연이
어 배열되어 있는 쌍혈명당도(雙穴明堂圖)이며, 사진상으
로 볼 때는 좌측(左側) 부터 첫 번째가 천조명당인 대명
당도, 두 번째가 지조명당인 중명당도, 세 번째가 인조명

당인 소명당도이다.

2)위의 쌍혈명당도에서 붉은 원(圓)으로 표시 된 지점이 각 명당별 각 혈처의 일월혈지(日月穴地)의 월혈(月穴)자리이며, 각 명당마다 상하 일렬로 한 줄에 16개의 혈처가 연이어 형성되어 있고, 각 혈처마다 2개씩의 혈자리가 생성되어 있어, 각 명당마다 32개씩의 혈자리가 생성되어 있으므로, 3개 명당에는 48개 혈처에 모두 96개의 혈자리가 생성되어 있다. 3개 명당의 모든 혈처는 한 줄로 일직선으로 연결된다.

3)쌍혈명당도가 표시된 이곳에서는 천조명당이 40,000㎡(약 12,100평) 정도의 넓이로 형성되어 있으며, 지조명당은 25,600㎡(약 7,744평) 정도 넓이로 형성되어 있고, 인조명당은 14,400㎡(약 4,356평) 정도의 넓이로 형성되어 있어, 3개 명당은 80,000㎡(약 24,200평) 정도의 면적에 형성되어 있다.

4)천조명당인 대명당과 지조명당인 중명당 및 인조명당인 소명당과의 간격은 반드시 50m의 일정한 거리로 3개 명당이 연이어 배열되어 있다.

5)천조명당인 대명당도에서 한 줄로 형성된 16개 혈처와의 간격은 반드시 35m의 일정한 거리로 형성되어 있다.

6)지조명당인 중명당도에서 한 줄로 형성된 16개 혈처와의 간격은 반드시 25m의 일정한 거리로 형성되어 있다.

7)인조명당인 소명당도에서 한 줄로 형성된 16개 혈처와의 간격은 반드시 15m의 일정한 거리로 형성되어 있다.

〈명혈명당도〉

※1)위의 명당도는 전라북도 임실군 오수읍 주천면 지역으로, 명당이 上下 일렬(一列)로 16개 혈처(穴處)가 한 줄로 형성되어 있는 형태로서, 입수맥(入首脈)이 흘러온 방향에서 볼 때는 상측(上側)에서 하측(下側)으로 3개 명당이 연이어 배열되어 있는 쌍혈명당도(雙穴明堂圖)로서, 사진상으로 볼 때는 좌측(左側) 부터 첫 번째가 천조명당인 대명당도, 두 번째가 지조명당인 중명당도, 세 번째가 인조명당인 소명당도이다.

2)위의 명혈명당도에서 붉은 원(圓)으로 표시 된 지점이 각 명당별 각 혈처의 일월혈지(日月穴地)의 월혈(月穴)자리이며, 각 명당마다 상하 일렬로 한 줄에 16개 혈처가 연달아 형성되어 있고, 각 혈처마다 74개씩의 혈자리가 생성되어 있어, 각 명당마다 1,184개씩의 혈자리가 생성되어 있으므로 3개 명당에는 48개 혈처에 모두 3,552개의 혈자리가 생성되어 있다. 3개 명당의 모든 혈처는 한 줄로 일직선으로 연결된다.

3)명혈명당도가 표시된 이 곳에서는 천조명당이 40,000㎡(약 12,100평) 정도의 넓이로 형성되어 있으며, 지조명당은 25,600㎡(약 7,744평) 정도의 넓이로 형성되어 있고, 인조명당은 14,400㎡(약 4,356평) 정도의 넓이로 형성되어 있으므로, 3개 명당은 80,000㎡(약 24,200평) 정도의 넓이로 형성되어 있다.

4)천조명당인 대명당과 지조명당인 중명당 및 인조명당인 소명당과의 간격은 반드시 50m의 일정한 거리로 3개 명당이 연이어 배열되어 있다.

5)천조명당인 대명당도에서 한 줄로 형성된 16개 혈처와의 간격은 반드시 50m의 일정한 거리로 형성되어 있다.

6)지조명당인 중명당도에서 한 줄로 형성된 16개 혈처와의 간격은 반드시 40m의 일정한 거리로 형성되어 있다.

7)인조명당인 소명당도에서 한 줄로 형성된 16개 혈처와의 간격은 반드시 30m의 일정한 거리로 형성되어 있다.

(3) 명당이 左右 일렬(一列)로 16개 혈처(穴處)가 형성되어 있는 형태(形態)

1) 명당이 左右 일렬로 16개 혈처(穴處)가 한 줄에 8개 혈처씩 4개 혈처로 나누어져 두 줄로 좌측(左側)에서 우측(右側)으로 또는 우측에서 좌측으로 3개 명당이 연이어 배열(配列)되어 있는 유형(類型)

- 쌍혈명당과 명혈명당이 혈자리에서 생성되는 생기의 역량이 유사한 8개 혈처穴處가 左右로 한 줄에 4개 혈처씩 나누어져 2개 혈처군穴處群을 형성하고, 일정한 간격을 두고 다른 곳에서도 혈자리에서 생성되는 생기의 역량이 유사한 8개 혈처가 좌우로 한 줄에 4개 혈처씩 나누어져 2개 혈처군을 형성해 두 줄에 모두 16개 혈처가 4개 혈처군으로 나누어져 한 장소에서 좌측左側에서 우측右側으로 또는 우측에서 좌측으로 천조명당, 지조명당 및 인조명당 순으로 3개 명당에 모두 48개 혈처가 연이어 형성되어 있는 유형이다.

- 이와 같은 유형의 명당은 대부분 산 아래의 가로로 뻗은 넓은 분지盆地와 평야平野 등지에서 주로 형성되고 있으며, 이러한 유형의 쌍혈명당도와 명혈명당도의 예例는 다음과 같다.

〈쌍혈명당도〉

 ※1)위의 명당도는 서울특별시 중랑구 면목5동 지역으로, 명당이 *左右* 일렬로 16개 혈처가 한 줄에 8개 혈처씩 두 줄로 형성되어 있는 형태로서, 입수맥(入首脈)이 흘러온 방향에서 볼 때 우측(右側)에서 좌측(左側)으로 3개 명당이 연이어 배열된 쌍혈명당도(雙穴明堂圖)이며, 명당도상으로 볼 때 좌측부터 첫 번째가 천조명당인 대명당도, 두 번째가 지조명당인 중명당도, 세 번째가 인조명당

인 소명당도이다.

　2)위의 쌍혈명당도에서 붉은 원(圓)으로 표시 된 지점이 각 명당별 각 혈처(穴處)의 일월혈지(日月穴地)의 월혈(月穴)자리이며, 각 명당마다 左右 일렬로 한 줄에 8개 혈처가 4개 혈처씩 2개 혈처군으로 나누어져 두 줄로 형성되어 있고, 각 혈처마다 2개씩의 혈자리가 생성되어 각 명당마다 16개 혈처에 32개씩의 혈자리가 생성되어 있어, 3개 명당에는 48개 혈처에 모두 96개의 혈자리가 생성되어 있다. 각 명당마다 각 혈처를 일직선으로 연결하면 세로로 된 직사각형이 만들어진다.

　3)쌍혈명당도가 표시된 이 곳에는 천조명당이 19,600㎡(약 5,929평) 정도의 넓이로 형성되어 있으며, 지조명당이 10,000㎡(약 3,025평) 정도의 넓이로 형성되어 있고, 인조명당이 3,600㎡(약 1,089평) 정도의 넓이로 형성되어 있어, 3개 명당이 33,200㎡(약 10,043평) 정도의 면적에 형성되어 있다.

　4)천조명당인 대명당과 지조명당인 중명당 및 인조명당인 소명당 등 각 명당과의 간격은 반드시 50m의 일정한 거리로 3개 명당이 연이어 배열되어 있다.

　5)천조명당인 대명당도에서 혈처와의 간격은 반드시 35m의 일정한 거리로 형성되어 있고, 혈처군과의 간격은 반드시 혈처와의 간격의 배의 거리인 70m의 일정한 간격으로 형성되어 있다.

　6)지조명당인 중명당도에서 혈처와의 간격은 반드시

25m의 일정한 거리로 형성되어 있으며, 혈처군과의 간격은 반드시 혈처와의 간격의 배의 거리인 50m의 일정한 간격으로 형성되어 있다.

7)인조명당인 소명당도에서 혈처와의 간격은 반드시 15m의 일정한 거리로 형성되어 있고, 혈처군과의 간격은 반드시 혈처와의 간격의 배의 거리인 30m의 일정한 간격으로 형성되어 있다.

〈명혈명당도〉

　※1)위의 명당도는 서울특별시 종로구 신문로 지역으

로, 명당이 左右 일렬로 16개 혈처가 한 줄에 8개 혈처씩 두 줄로 형성되어 있는 형태로서, 입수맥(入首脈)이 흘러 온 방향에서 볼 때 좌측(左側)에서 우측(右側)으로 3개 명당이 연이어 배열된 명혈명당도(明穴明堂圖)이며, 명당도상으로 볼 때 위쪽부터 첫 번째가 천조명당인 대명당도, 두 번째가 지조명당인 중명당도, 세 번째가 인조명당인 소명당도이다.

2)위의 명혈명당도에서 붉은 원(圓)으로 표시 된 지점이 각 명당별 각 혈처의 일월혈지(日月穴地)의 월혈(月穴)자리이며, 각 명당마다 좌우 일렬로 한 줄에 8개 혈처가 4개 혈처씩 2개 혈처군(穴處群)으로 나누어져 두 줄로 형성되어 있고, 각 혈처마다 74개씩의 혈자리가 생성되어 각 명당마다 16개 혈처에 1,184개씩의 혈자리가 생성되어 있어, 3개 명당에는 48개 혈처에 모두 3,552개의 혈자리가 생성되어 있다. 각 명당마다 혈처를 직선으로 연결하면 세로로 된 직사각형이 만들어 진다.

3)명혈명당도가 표시된 이 곳에는 천조명당이 67,500㎡(약 20,418평) 정도의 넓이로 형성되어 있으며, 지조명당이 43,200㎡(약 13,068평) 정도의 넓이로 형성되어 있고, 인조명당이 24,300㎡(약 7,351평) 정도의 넓이로 형성되어 있어, 3개 명당에는 135,000㎡(약 40,837평) 정도의 넓이에서 형성되어 있다.

4)천조명당인 대명당과 지조명당인 중명당 및 인조명당인 소명당 등 각 명당과의 간격은 반드시 50m의 일정한

거리로 3개 명당이 연이어 배열되어 있다.

5) 천조명당인 대명당도에서 혈처와의 간격은 반드시 50m의 일정한 거리로 형성되어 있으며, 혈처군과의 간격은 반드시 혈처와의 간격의 배의 거리인 100m의 일정한 간격으로 형성되어 있다.

6) 지조명당인 중명당도에서 혈처와의 간격은 반드시 40m의 일정한 거리로 형성되어 있으며, 혈처군과의 간격은 반드시 혈처와의 간격의 배의 거리인 80m의 일정한 간격으로 형성되어 있다.

7) 인조명당인 소명당도에서 혈처와의 간격은 반드시 30m의 일정한 거리로 형성되어 있으며, 혈처군과의 간격은 반드시 혈처와의 간격의 배의 거리인 60m의 일정한 간격으로 형성되어 있다.

2) 명당이 左右 일렬(一列)로 16개 혈처(穴處)가 한 줄에 8개씩 두 줄로 상측(上側)에서 하측(下側)으로 또는 하측에서 상측으로 3개 명당이 연이어 배열(配列)되어 있는 유형(類型)

- 쌍혈명당과 명혈명당이 혈자리에서 생성되는 생기의 역량이 유사한 혈처穴處가 한 줄에 8개 혈처씩 나누어져 두 줄로 모두 16개 혈처가 한 장소에서 상측上側에서 하측下側으로 또는 하측에서 상측으로 천조명당, 지조명당 및 인조명당 순으로 3개 명당에 48개 혈처가 연이어 형성된 유형이다.

• 이와 같은 유형의 명당은 대부분 산 아래에 좌우로 넓게 퍼져 있는 분지盆地나 넓은 평야平野 등지에서 드물게 형성되며, 이러한 유형의 쌍혈명당도와 명혈명당도에 대한 예例는 다음과 같다.

〈쌍혈명당도〉

※1)위의 명당도는 경기도 의왕시 이동 지역으로, 명당이 左右 일렬(一列)로 16개 혈처(穴處)가 한 줄에 8개 혈처씩 두 줄로 형성되어 있는 형태로서, 입수맥(入首脈)이 흘러온 방향에서 볼 때 상측(上側)에서 하측(下側)으로 3

개 명당이 연이어 배열된 쌍혈명당도(雙穴明堂圖)이며, 명당도상으로 볼 때 우측(右側)부터 첫 번째가 천조명당인 대명당도, 두 번째가 지조명당인 중명당도, 세 번째가 인조명당인 소명당도이다.

2)위의 쌍혈명당도에서 붉은 원(圓)으로 표시 된 지점이 각 명당별 각 혈처의 일월혈지(日月穴地)의 월혈(月穴)자리이며, 각 명당마다 左右 일렬로 한 줄에 8개 혈처가 하나의 혈처군(穴處群)을 형성해 두 줄로 16개 혈처가 두 개의 혈처군으로 나누어져 있으며, 각 혈처마다 2개씩의 혈자리가 생성되어 있어, 각 명당마다 16개 혈처에 32개씩의 혈자리가 생성되어 있으므로, 3개 명당에는 48개 혈처에 모두 96개의 혈자리가 생성되어 있다. 각 명당마다 각 혈처를 직선으로 연결하면 세로로 된 직사각형이 만들어 진다.

3)쌍혈명당도가 표시된 이 곳에는 천조명당이 17,150 ㎡(약 5,188평) 정도의 넓이로 형성되어 있으며, 지조명당이 8,750㎡(약 2,647평) 정도의 넓이로 형성되어 있고, 인조명당이 3,150㎡(약 933평) 정도의 넓이로 형성되어 있어, 3개 명당은 29,050㎡(약 8,788평) 정도의 넓이로 형성되어 있다.

4)천조명당인 대명당과 지조명당인 중명당 및 인조명당인 소명당 등 각 명당과의 간격은 반드시 50m의 일정한 거리로 3개 명당이 연이어 배열되어 있다.

5)천조명당인 대명당도에서 8개 혈처와의 간격은 반드

시 35m의 일정한 거리로 형성되어 있고, 혈처군과의 간격은 반드시 혈처와의 간격의 배의 거리인 70m의 일정한 간격으로 형성되어 있다.

6)지조명당인 중명당도에서 8개 혈처와의 간격은 반드시 25m의 일정한 거리로 형성되어 있고, 혈처군과의 간격은 반드시 혈처와의 간격의 배의 거리인 50m의 일정한 간격으로 형성되어 있다.

7)인조명당인 소명당도에서 8개 혈처와의 간격은 반드시 15m의 일정한 거리로 형성되어 있고, 혈처군과의 간격은 반드시 혈처와의 간격의 배의 거리인 30m의 일정한 간격으로 형성되어 있다.

〈명혈명당도〉

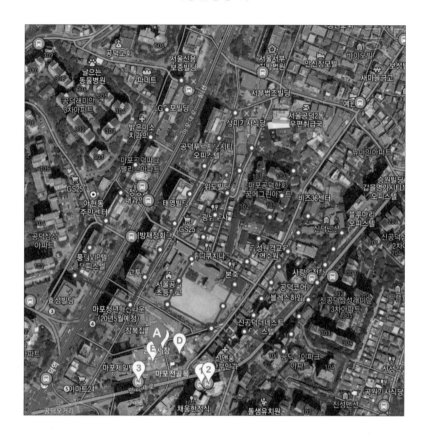

　※1)위의 명당도는 서울특별시 마포구 공덕 지역으로, 명당이 左右 일렬(一列)로 16개의 혈처(穴處)가 한 줄에 8개 혈처씩 두 줄로 형성되어 있는 형태로서, 입수맥(入首脈)이 흘러온 방향에서 볼 때 상측(上側)에서 하측(下側)으로 3개 명당이 연이어 배열되어 있는 명혈명당도(明穴明堂圖)로서, 명당도상으로 볼 때 좌측부터 첫 번째가 천조명당인 대명당도, 두 번째가 지조명당인 중명당도,

세 번째가 인조명당인 소명당도이다.

2)위의 명혈명당도에서 붉은 원(圓)으로 표시 된 지점이 각 명당별 각 혈처의 일월혈지(日月穴地)의 월혈(月穴)자리이며, 각 명당마다 좌우 일렬로 한 줄에 8개 혈처가 하나의 혈처군(穴處群)이 되어 두 줄로 16개 혈처가 2개 혈처군으로 나누어져 형성되어 있고, 각 혈처마다 74개씩의 혈자리가 생성되어 명당마다 16개 혈처에 1,184개씩의 혈자리가 생성되어 있어, 3개 명당에는 48개 혈처에 모두 3,552개의 혈자리가 생성되어 있다. 각 명당마다 각 혈처를 직선으로 연결하면 세로로 된 직사각형이 만들어 진다.

3)명혈명당도가 표시된 이 곳에는 천조명당이 60,000㎡(약 18,150평) 정도의 넓이로 형성되어 있고, 지조명당이 38,400㎡(약 11,616평) 정도의 넓이로 형성되어 있으며, 인조명당이 21,600㎡(약 6,534평) 정도의 넓이로 형성되어 있어, 3개 명당에는 120,000㎡(약 36,300평) 정도의 넓이로 형성되어 있다.

4)천조명당인 대명당과 지조명당인 중명당 및 인조명당인 소명당 등 각 명당과의 간격은 반드시 50m의 일정한 거리로 3개 명당이 연이어 배열되어 있다.

5)천조명당인 대명당도에서 한 줄에 8개 혈처와의 간격은 반드시 50m의 일정한 거리로 형성되어 있으며, 혈처군과의 간격은 반드시 혈처와의 간격의 배의 거리인 100m의 일정한 간격으로 형성되어 있다.

6) 지조명당인 중명당도에서 한 줄에 8개 혈처와의 간격은 반드시 40m의 일정한 거리로 형성되어 있으며, 혈처군과의 간격은 반드시 혈처와의 간격의 배의 거리인 80m의 일정한 간격으로 형성되어 있다.

7) 인조명당인 소명당도에서 한 줄에 8개 혈처와의 간격은 반드시 30m의 일정한 거리로 형성되어 있으며, 혈처군과의 간격은 반드시 혈처와의 간격의 배의 거리인 60m의 일정한 간격으로 형성되어 있다.

3) 명당이 左右 일렬(一列)로 16개 혈처(穴處)가 8개 혈처씩 나누어져 한 줄로 상측(上側)애서 하측(下側)으로 또는 하측애서 상측으로 3개 명당이 연이어 배열(配列)되어 있는 유형(類型)

- 쌍혈명당과 명혈명당이 혈자리에서 생성되는 생기의 역량이 유사한 16개 혈처가 左右 일렬로 한 줄에 8개 혈처씩 2개의 혈처군으로 나누어져 한 장소에서 상측 上側에서 하측 下側으로 또는 하측에서 상측으로 천조명당, 지조명당 및 인조명당 순으로 3개 명당에 48개 혈처가 연이어 배열되어 있는 유형이다.

- 이와 같은 유형의 명당은 대부분 산 아래에 좌우로 넓게 형성되어 있는 분지盆地나 평야平野 등지에서 드물게 형성되며, 이러한 유형의 쌍혈명당도와 명혈명당도의 예例는 다음과 같다.

<h2 style="text-align:center">〈쌍혈명당도〉</h2>

※ 1) 위의 명당도는 전라남도 신안군 하의면 하의해양테마파크 지역으로, 명당이 左右 일렬(一列)로 한 줄에 16개 혈처(穴處)가 8개 혈처씩 나누어져 형성되어 있는 형태로서, 입수맥(入首脈)이 흘러온 방향에서 볼 때 상측(上側)에서 하측(下側)으로 3개 명당이 연이어 배열된 쌍혈명당도(雙穴明堂圖)이며, 명당도상으로 볼 때 좌측부터 첫 번째가 천조명당인 대명당도, 두 번째가 지조명당인 중명당도, 세 번째가 인조명당인 소명당도이다.

2) 위의 쌍혈명당도에서 붉은 원(圓)으로 표시된 지점이 각 명당별 각 혈처의 일월혈지(日月穴地)의 월혈(月穴)자리이며, 각 명당마다 16개 혈처가 8개씩 나누어져

한 줄로 나란히 형성되어 있으며, 각 혈처마다 2개씩의 혈자리가 생성되어 있고, 각 명당마다 16개 혈처에 32개씩의 혈자리가 생성되어 있으므로, 3개 명당에는 48개 혈처에 모두 96개의 혈자리가 생성되어 있다. 각 명당마다 각 혈처를 직선으로 연결하면 일직선이 된다.

3)쌍혈명당도가 표시된 이 곳에는 천조명당이 5,600㎡ (약 1,694평) 정도의 넓이로 형성되어 있으며, 지조명당이 4,000㎡(약 1,210평) 정도의 넓이로 형성되어 있고, 인조명당이 2,400㎡(약 726평) 정도의 넓이로 형성되어 있어, 3개 명당은 12,000㎡(약 3,630평) 정도의 넓이로 형성되어 있다.

4)천조명당인 대명당과 지조명당인 중명당 및 인조명당인 소명당 등 각 명당과의 간격은 반드시 50m의 일정한 거리로 3개 명당이 연이어 배열되어 있다.

5)천조명당인 대명당도에서 8개 혈처와의 간격은 반드시 35m의 일정한 거리로 형성되어 있고, 8개 혈처씩 나누어져 있는 혈처군과의 간격은 반드시 혈처와의 간격의 배의 거리인 70m의 일정한 간격으로 형성되어 있다.

6)지조명당인 중명당도에서 8개 혈처와의 간격은 반드시 25m의 일정한 거리로 형성되어 있고, 8개 혈처씩 나누어져 있는 혈처군과의 간격은 반드시 혈처와의 간격의 배의 거리인 50m의 일정한 간격으로 형성되어 있다.

7)인조명당인 소명당도에서 8개 혈처와의 간격은 반드시 15m의 일정한 거리로 형성되어 있고, 8개 혈처씩 나

누어져 있는 혈처군과의 간격은 반드시 혈처와의 간격의
배의 거리인 30m의 일정한 간격으로 형성되어 있다.

〈명혈명당도〉

※1)위의 명당도는 경상남도 진주시 지수면 지역으로,
명당이 左右 일렬(一列)로 한 줄에 16개 혈처(穴處)가 8
개 혈처씩 나누어져 형성되어 있는 형태로서, 입수맥(入
首脈)이 흘러온 방향에서 볼 때 상측(上側)에서 하측(下

側)으로 3개 명당이 연이어 배열된 명혈명당도(明穴明堂
圖)이며, 명당도상으로 볼 때 좌측부터 첫 번째와 두 번째
줄이 천조명당인 대명당도, 세 번째 줄이 지조명당인 중
명당도, 네 번째 줄이 인조명당인 소명당도이다.

2)위의 명혈명당도에서 붉은 원(圓)으로 표시 된 지점
이 각 명당별 각 혈처의 일월혈지(日月穴地)의 월혈(月
穴)자리이며, 각 명당마다 한 줄로 16개 혈처가 8개씩 2
개 혈처군으로 나누어져 나란히 형성되어 있으며, 각 혈
처마다 74개씩의 혈자리가 생성되어 있고, 천조명당은 두
줄로 32개 혈처에 2,348개의 혈자리가 생성되어 있으며,
지조명당은 한 줄로 16개 혈처에 1,184개의 혈자리가 생
성되어 있고, 인조명당에도 한 줄로 16개 혈처에 1,184개
의 혈자리가 생성되어 있으므로, 3개 명당에는 64개 혈처
에 모두 4,736개의 혈자리가 생성되어 있다. 각 명당별로
각 혈처를 직선으로 연결하면 일직선이 된다.

3)명혈명당도가 표시된 이 곳에는 천조명당이 85,000
㎡(약 25,712평) 정도의 넓이로 형성되어 있으며, 지조명
당이 27,200㎡(약 8,228평) 정도의 넓이로 형성되어 있
고, 인조명당이 15,300㎡(약 4,628평) 정도의 넓이로 형
성되어 있어, 3개 명당은 127,500㎡(약 38,568평) 정도
의 넓이에 형성되어 있다.

4)천조명당인 대명당과 지조명당인 중명당 및 인조명당
인 소명당 등 각 명당과의 간격은 반드시 50m의 일정한
거리로 3개 명당이 연이어 배열되어 있다.

5) 천조명당인 대명당도에서 8개 혈처와의 간격은 반드시 50m의 일정한 거리로 형성되어 있으며, 8개 혈처씩 나누어져 있는 혈처군과의 간격은 반드시 혈처와의 간격의 배의 거리인 100m의 일정한 간격으로 형성되어 있고, 두 줄로 형성된 천조명당과 천조명당과의 간격은 50m의 일정한 거리로 형성되어 있다.

6) 지조명당인 중명당도에서 8개 혈처와의 간격은 반드시 40m의 일정한 거리로 형성되어 있으며, 8개 혈처씩 나누어져 있는 혈처군과의 간격은 반드시 혈처와의 간격의 배의 거리인 80m의 일정한 간격으로 형성되어 있다.

7) 인조명당인 소명당도에서 8개 혈처와의 간격은 반드시 30m의 일정한 거리로 형성되어 있으며, 8개 혈처씩 나누어져 있는 혈처군과의 간격은 반드시 혈처와의 간격의 배의 거리인 60m의 일정한 간격으로 형성되어 있다.

4) 명당이 左右 일렬(一列)로 16개 혈처(穴處)가 한 줄로 상측(上側)에서 하측(下側)으로 또는 하측에서 상측으로 3개 명당이 연이어 배열(配列)되어 있는 유형(類型)

• 쌍혈명당과 명혈명당이 혈자리에서 생성되는 생기의 역량이 유사한 16개 혈처穴處가 左右 일렬一列로 한 줄로 한 장소애서 상측上側에서 하측下側으로 또는 하측에서 상측으로 천조명당, 지조명당 및 인조명당 순으로 3개 명당에 형성된 48개 혈처가 연이어 배열

되어 있는 유형이다.

- 이와 같은 유형의 명당은 대부분 산 아래 좌우로 길고 넓게 퍼져 있는 분지盆地나 평야平野 등지에서 드물게 형성되며, 이러한 유형의 쌍혈명당도와 명혈명당도의 예例는 다음과 같다.

〈쌍혈명당도〉

※1)위의 명당도는 경기도 의왕시 이동 지역으로, 명당이 左右 일렬(一列)로 한 줄로 16개 혈처(穴處)가 형성되어 있는 형태로서, 입수맥(入首脈)이 흘러온 방향에서 볼 때 하측(下側)에서 상측(上側)으로 3개 명당이 연이어 배

열되어 있는 쌍혈명당도(雙穴明堂圖)이며, 명당도상으로
볼 때 좌측(左側)부터 첫 번째 줄이 천조명당인 대명당도,
두 번째 줄이 지조명당인 중명당도, 세 번째 줄이 인조명
당인 소명당도이다.

2)위의 쌍혈명당도에서 붉은 원(圓)으로 표시 된 지점
이 각 명당별 각 혈처의 일월혈지(日月穴地)의 월혈(月
穴)자리이며, 각 명당마다 16개 혈처가 한 줄로 일렬로
형성되어 있으며, 각 혈처마다 2개씩의 혈자리가 생성되
어 있어, 명당마다 16개 혈처에 32개씩의 혈자리가 생성
되어 있으므로, 3개 명당에는 48개 혈처에 모두 96개의
혈자리가 생성되어 있다. 각 명당별 혈처를 직선으로 연
결하면 일직선이 된다.

3)쌍혈명당도가 표시된 이 지역에는 천조명당이 5,250
㎡(약 1,588평) 정도의 넓이로 형성되어 있으며, 지조명
당이 3,750㎡(약 1,134평) 정도의 넓이로 형성되어 있고,
인조명당이 3,250㎡(약 681평) 정도의 넓이로 형성되어
있어, 3개 명당은 11,250㎡(약 3,403평) 정도의 넓이에
서 형성되어 있다.

4)천조명당인 대명당과 지조명당인 중명당 및 인조명당
인 소명당 등 각 명당과의 간격은 반드시 50m의 일정한
거리로 3개 명당이 연이어 배열되어 있다.

5)천조명당인 대명당도에서 한 줄로 일직선상에 형성된
16개 혈처와의 간격은 반드시 35m의 일정한 거리로 형성
되어 있다.

6)지조명당인 중명당도에서 한 줄로 일직선상에 형성된 16개 혈처와의의 간격은 반드시 25m의 일정한 거리로 형성되어 있다.

7)인조명당인 소명당도에서 한 줄로 일직선상에 형성된 16개 혈처와의 간격은 반드시 15m의 일정한 거리로 형성되어 있다.

〈명혈명당도〉

※1)위의 명당도는 경기도 성남시 삼평동 테크노밸리가 조성되어 있는 지역으로, 명당이 左右 일렬(一列)로 한 줄로 16개 혈처(穴處)가 형성되어 있는 형태로서, 입수맥(入首脈)이 흘러온 방향에서 볼 때 3개 명당이 상측(上側)에서 하측(下側)으로 연이어 배열되어 있는 명혈명당도(明穴明堂圖)이며, 명당도상으로 볼 때 위쪽에서 첫 번

째 줄부터 네 번째 줄 까지가 천조명당인 대명당도, 다섯 번째 줄이 지조명당인 중명당도, 여섯 번째 줄이 인조명당인 소명당도이다.

2)위의 명혈명당도에서 붉은 원(圓)으로 표시 된 지점이 각 명당별 각 혈처의 일월혈지(日月穴地)의 월혈(月穴)자리이며, 각 명당마다 16개 혈처가 한 줄로 일렬로 형성되어 있으며, 각 혈처마다 74개씩의 혈자리가 생성되어 있고, 천조명당은 4개 줄로 64개 혈처에 4,736개의 혈자리가 생성되어 있으며, 지조명당은 한 줄로 16개 혈처에 1,184개의 혈자리가 생성되어 있고, 인조명당에도 한 줄로 16개 혈처에 1,184개의 혈자리가 생성되어 있어서, 3개 명당에는 96개 혈처에 모두 7,104개의 혈자리가 생성되어 있다. 각 명당별로 한 줄로된 16개 혈처를 연결하면 가로로 일직선(一直線)으로 연결되어 있다.

3)명혈명당도가 표시된 이 지역에는 천조명당이 160,000㎡(약 48,400평) 정도의 넓이로 형성되어 있으며, 지조명당이 25,600㎡(약 7,744평) 정도의 넓이로 형성되어 있고, 인조명당이 14,400㎡(약 4,356평) 정도의 넓이로 형성되어 있어, 3개 명당이 200,000㎡(약 60,500평) 정도의 넓이에 집중되어 있는 명당의 보고처(寶庫處)라 할 수 있는 지역이다.

4)천조명당인 대명당과 지조명당인 중명당 및 인조명당인 소명당과의 간격은 반드시 50m의 일정한 거리로 3개 명당이 연이어 배열되어 있다.

5)천조명당인 대명당도에서 한 줄로 일직선상에 형성된 16개 혈처와의 간격은 반드시 50m의 일정한 거리로 형성되어 있으며, 천조명당과 천조명당이 형성되는 간격도 50m의 거리로 형성되어 있다.

6)지조명당인 중명당도에서 한 줄로 일직선상에 형성된 16개 혈처와의 간격은 반드시 40m의 일정한 거리로 형성되어 있다.

7)인조명당인 소명당도에서 한 줄로 일직선상에 형성된 16개 혈처와의 간격은 반드시 30m의 일정한 거리로 형성되어 있다.

※쌍혈명당(雙穴明堂)과 명혈명당(明穴明堂)이 형성되는 형태(形態)와 형성 유형(類型)으로는 앞에서 유형별로 명당도(明堂圖)의 예를 들어 설명한 바와 같이, 上下와 左右 일렬로 16개의 혈처가 형성되어 있는 형태에는 2개의 형성 유형이 있고, 上下 일렬로 16개의 혈처가 형성되어 있는 형태에는 6개의 형성 유형이 있으며, 左右 일렬로 16개의 혈처가 형성되어 있는 형태에는 4개의 형성 유형이 있는 등 세 개의 형성 형태에는 모두 12개의 형성 유형이 발견되어 있다. 그러나 아직도 발견 되지 못한 명당이 형성되어 있는 유형이 더 있을 것으로 추정된다.

쌍혈명당은 한 장소에서 천조명당(天造明堂)인 대명당(大明堂), 지조명당(地造明堂)인 중명당(中明堂) 및 인조명당(人造明堂)인 소명당(小明堂) 등 3개 명당이 연이어 배열되어 있는 최소한의 면적은 명당이 형성되어 있는 형태와 유형에 따라 다르지만, 천조명당인 대명당은 최소 5,250㎡(1,588평) 정도에서 최대 19,600㎡(5,929평) 정도의 넓이로 형성되어 있고, 지조명당인 중명당은 최소 3,750㎡(1,134평) 정도에서 최대 10,000㎡(3,025평) 정도의 넓이로 형성되어 있으며, 인조명당인 소명당은 최소 2,250㎡(681평) 정도에서 최대 3,600㎡(1,089평) 정도의 넓이로 형성되어 있다. 따라서 천조명당, 지조명당 및 인조명당 등 3개 명당이 연이어 배열되어 있는 곳의 면적은 최소 11,250㎡(3,403평) 정도에서 최대 33,200㎡(10,043평) 정도의 넓이로 형성되어 있다.

명혈명당은 한 장소에서 천조명당인 대명당, 지조명당인 중명당 및 인조명당인 소명당 등 3개 명당이 연이어 배열되어 있는 최소한의 면적은 쌍혈명당과 같이 명당이 형성되는 형태와 유형에 따라 다르지만 천조명당인 대명당은 최소 40,000㎡(12,100평) 정도에서 최대 67,500㎡(20,418평) 정도의 넓이로 형성되어 있고, 지조명당인 중명당은 최소 25,600㎡(7,744평)에서 최대 43,200㎡(13,068평) 정도 넓이로 형성되어 있으며, 인조명당인 소명당은 최소 14,400㎡(4,356평)에서 최대 24,300㎡(7,351평)정도의 넓이로 형성되어 있다. 따라서 천조명당, 지조명당 및 인조명당 등 3개 명당이 연이어 배열되어 있는 면적은 최소 80,000㎡(24,200평) 정도에서 최대 135,000㎡(40,837평) 정도의 넓이로 형성되어 있다.

제 5장

명당발복

제5장 명당발복

1. 명당발복(明堂發福)의 현상(現象)

- 혈자리에서 생성되는 생기生氣를 받으면 심신心身의 활기活氣가 증진되어 타고난 운명運命을 타개打開해 원하는 바를 성취해서 성공적인 삶을 영위營爲할 수 있게 된다는 현상을 명당발복明堂發福이라 한다.

- 혈자리에서 생성된 생기가 응결凝結된 곳에 조상의 유해遺骸를 안치安置하게 되면 조상의 유해에 있는 유전인자遺傳因子가 생기를 받아 후손들의 유전인자와의 음양교합陰陽交合이 이루어져 조상과 후손 간에 동기감응同氣感應이 발생해 후손들의 생활에 활기活氣를 증진시켜 줌으로써 성공적인 삶을 영위營爲할 수 있게 된다는 현상을 음택지陰宅地 명당발복明堂發福이라 한다.

- 혈자리에서 생성된 생기가 땅위로 분출噴出되는 곳에 건물建物을 지어서 생활하게 되면 생기를 접接하는 사람들의 활기活氣가 증진되어 성공적인 삶을 영

위할 수 있게 된다는 현상을 양택지陽宅地 명당발복
이라 한다.

• 명당발복의 위력威力은 혈자리에서 생성되는 생기의
역량力量에 의해 좌우되며, 천조명당天造明堂, 지조
명당地造明堂 및 인조명당人造明堂 순으로 명당발
복이 크게 발현發現된다.

• 명당발복은 음택지 명당이 주도主導하며, 명당발복
이 발현되는 시기, 기간, 부귀富貴 발현 등은 일률적
一律的으로 단정斷定하기는 어렵다.

• 음택지 및 양택지 모두에 생기의 역량이 유사한 혈자
리가 들어 있으면 음양교합의 시너지 효과가 유발誘
發되어 뚜렷하고 크게 명당발복이 발현된다.

• 혈자리는 혈자리를 불러들여 명당발복明堂發福의 시
너지 효과效果를 유발誘發한다.

※ 생기(生氣)와 동기감응(同氣感應)에 관해 현존하는
풍수지리서 중에서 최고의 오래된 경전(經典)으로 불리
고 있는 청오경(靑烏經)과 금낭경(錦囊經)에서는 다음과
같이 전해 오고 있다.

중국의 후한(後漢)때 이름이 전해지지 않은 사람이 저
술된 것으로 알려진 청오경(靑烏經)에는 "百年幻化 離形

歸眞 精神入門 骨骸反根 吉氣感應 累福及人(백년환화 이
형귀진 정신입문 골해반근 길기감응 누복급인)"이란 말
이 있다. 즉 "사람이 백년을 살다 죽으면 형체(形體)를 떠
나 혼(魂)으로 돌아가 정신만 남게되고 뼈는 땅으로 되돌
아가는데 이러한 뼈에 좋은 기운이 감응(感應)을 하면 사
람에게 많은 복을 가져다 준다라고 하였다."

중국의 진(晉)나라 때 곽박(郭撲)이라는 사람이 저술한
금낭경(錦囊經) 기감편(氣感編)에 "人受體於父母 本骸得
氣 遺體受蔭(인수체어부모 본해득기 유체수음)"이란 말
이 전해온다. 즉 "사람은 부모로부터 몸을 받고 부모의 유
해가 기를 얻으면 그 자식이 음덕(蔭德)을 받는다."

또한 "經曰 氣感而應 鬼福及人 是而銅山西崩 靈鐘東應
木華於春 粟芽於室 毫釐之差 禍福千里(경왈 기감이응 귀
복급인 시이동산서붕 영종동응 목화어춘 속아어실 호리
지차 화복천리)"란 말이 전해온다. 즉 "경(經)에 이르기
를 기가 감응(感應)하면 화(禍)와 복(福)이 사람에게 미
친다. 이는 서쪽에 있는 구리동산이 무너지면, 동쪽에 있
는 신령(神靈)스러운 종이 감응해 울린다. 나무는 봄에 꽃
이 피고, 조는 창고에서 싹이 튼다. 털끝만한 차이라도 화
(禍)와 복(福)은 천리로 멀어진다."라고 하였다.

중국의 명(明)나라 시대 서선술(徐善述), 서선계(徐善
繼) 쌍둥이 형제는 250여 종 이상의 풍수관련 책을 모아

편찬한 "인자수지(人子須知)"에서 "호박(琥珀)과 자석 (磁石)은 산천(山川)에 해당하고 바늘과 초목은 유해(遺 骸)에다 비유할 수 있다. 초목이 썩어 없어져도 호박과 자 석이 남아 있고 유해는 무지물(無知物)이 되었어도 자손 에게 전달할 수 있는 인자(因子)는 남아있다"라고 하는 말이 있는데 이 역시 동기감응에 대해 언급하고 있다.

사람을 포함해 지구상에 존재하는 모든 물체가 생물체 (生物體)이건 미생물체(微生物體)이건 간에 탄소, 질소, 수소, 물 등 고유의 원소(元素)등으로 구성되어 있으며, 모든 물체는 제 각각 고유의 파장(波長), 즉 파동(波動)을 가지고 있다. 또한 모든 물체는 고유의 유전인자(遺傳因 子)를 가지고 있으며, 이러한 유전인자마다 제 각각 고유 의 파장을 가지고 있다. 따라서 사람도 특유의 원소(元素) 로 된 물질로 구성되어 있기 때문에 사람마다 고유의 물 질인 유전인자에 의한 파장을 갖고 있다. 아울러 직계(直 系)의 조상과 후손은 동일 또는 유사한 원소로 된 유전인 자로 구성되어 있으므로 동일한 파장을 갖고 있으며, 파 장을 전달하는 매체인 조상의 유해가 있는 땅 속의 지형 적 여건과 땅 위의 환경적 여건 및 후손이 살고 있는 생활 여건 등에 따라 후손에게 전달되는 파장의 강약, 파장의 양과 질 및 파장의 속도 등이 달라진다고 할 수 있다.

물리학적(物理學的)으로 보면 파장은 음파(音波), 광파 (光波), TV파, 라디오파, 지자기파(地磁氣波), 지진파(地

震波) 등 여러 파장이 있는데, 지진파와 음파 등은 파장을 전달해주는 물질이 있어야 하지만, 광파, TV파, 라디오파나 지자기파 등은 파장을 전달해 주는 매체(媒體)가 없이 진공(眞空)에서도 전파된다.

사람의 뼈를 화학적(化學的)으로 분석하면 단백질, 칼슘, 인, 마그네슘, 나트륨, 수산화인 화석, 수산화 탄산, 불소 등으로 구성되어 있다. 사람을 포함해 모든 생물은 유전정보(遺傳情報)가 담겨져 있는 유전형질(遺傳形質)을 윗대의 조상들로부터 물려받게 되는데 이러한 생물의 유전정보가 담겨져 있는 것을 유전인자(DNA)라 한다. 생물은 세포의 분열 과정에서 DNA를 복제(複製)하여 자신의 유전정보를 자손에게 물려준다. 드물게는 조상의 유전인자와는 다른 돌연변이(突然變異)가 발생할 수도 있지만 대부분의 후손들은 조상의 유전인자를 물려받게 되고 이러한 유전인자가 다시 후손들에게 전달되는 것이 유전의 법칙이다. 따라서 돌아가신 직계 조상의 유해(遺骸)에 남아있는 유전인자와 살아 있는 후손은 동일한 원소로 구성되어 있어 동일한 파장을 갖게되므로 돌아가신 조상과 살아있는 후손들은 상호 접촉을 하지 않아도 음(陰)으로 된 조상의 뼈에 남아있는 유전인자와 양(陽)으로 된 살아있는 후손의 유전인자가 동일한 파장에 의해 서로 음양교합(陰陽交合)이 이루어져 동기감응(同氣感應)이 발생되어 명당발복 현상이 나타난다는 것이 현대적인 풍수지리에서의 동기감응의 이론이다.

음택지(陰宅地)의 혈자리에 모셔진 조상의 유해와 유사한 유전인자를 가진 후손과의 동기감응에 의해 양택지(陽宅地)의 잉태지(孕胎地), 출생지 및 성장지의 혈자리에서 생기를 받은 후손들은 생기에 대한 적응력이 높아지고, 어떠한 곳에서 생활을 하더라도 음택지와 양택지의 혈자리에서 생성된 생기가 상호 연계(連繫)되어 상승(上昇) 작용을 함으로써 생기의 영역(領域)이 더욱 더 활성화됨으로서 심신(心神)의 활기(活氣)가 증진되어 긍정적이고 적극적인 사고력, 판단력, 추진력, 집중력 등이 증대되어서 생기를 받지 못하는 사람들의 삶 의 질(質) 보다는 한 단계 높은 수준의 복(福)된 생활을 하게된다는 신비스러운 명당발복의 현상으로서 이러한 현상들을 조상의 음덕(蔭德)이라고 전해오고 있다.

혈자리에서 생성되는 생기의 역량이 가장 크다는 천조명당 자리에서 생기를 받은 사람들의 특징을 보면 심신(心身)의 활기(活氣)가 증진되어 리더쉽, 추진력, 진취성, 과단성, 성취욕, 의지력, 창의력, 집중력, 판단력, 추진력 등이 잘 발휘되고, 시련과 위기를 극복하려는 정신력이 강해져 시련을 겪을수록 진일보(進一步)하는 능력을 발휘해 성공적인 삶을 영위해 나간다는 명당발복 현상의 발현을 볼 수 있게 된다. 즉 생기의 역량이 큰 혈자리에서 생기를 받은 대부분의 사람들은 정치, 경제, 사회, 문화, 과학, 교육, 음악, 미술, 체육, 종교 등 각계 각 분야에서 훌륭한 업적을 이룬 인재가 배출 되어 지역사회는 물론 한 나라와 국제적으로도 명성을 크게 떨치는 등 많은 사람들로부터 존경의 대상이 되는 인물들의 대부분이 조상의 묘, 태어난 곳, 생활하는 곳이 천조명당 자리로부터 생기를 받은 사람들이라는 것이 조사 등에 의해 입증(立證)되고 있다.

명당발복 현상에 관한 실증의 예(例)를 들어보면 한국의 역대 대통령과 국무총리 등 삼부(三府) 요직(要職)을 역임한 분들의 조상 묘와 생가(生家), 한국의 50대 재벌 창업자(創業者)의 조상 묘와 생가, 대기업(大企業)의 본사 사옥과 사업장, 한국의 명문가(名門家)의 시조(始祖) 묘, 조선시대 고위 관직(官職)을 역임한 분들의 조상 묘와 생가, 우리나라의 저명인사(著名人士)들의 조상 묘와 생가, 잘 나가는 중소기업(中小企業)의 본사 사옥과 사업장, 지역사회(地域社會)의 유명 인사와 부자 소리를 듣는 사람들의 조상 묘와 생가, 예체능(藝體能) 분야에서 특출(特出)한 재능을 발휘한 사람들의 생가, 맛집으로 소문난 식당이나 영업장 등에는 대부분이 혈자리에서 생성되는 생기의 역량이 가장 크다는 천조명당인 대명당 자리라는 것이 조사 등에 의해 확인되고 있다.
또한 세계적인 종교(宗敎) 창시자(예수, 석가모니, 공자, 무하메트 등), 세계적인 사상가, 과학자, 문학가 및 예술가(맹자, 섹스피어, 괴테, 뉴턴, 아인슈타인, 베토벤, 세잔, 피카소 등), 미국 역대 대통령(죠지 워싱턴, 아브라함 링컨, 프랭크린 루즈벨트, 버락 오바마, 도널드 트럼프, 죤 바이든 등)들의 생가, G20 국가 및 주요 국가의 대통령궁이나 수상 등의 관저, 세계적인 재벌들의 생가(빌 게이츠, 워렌 버핏, 스티브 잡스, 존 록펠러 등)와 본사 사옥 등에는 모두 천조명당 자리로 조사되었다.

혈자리에서 생성되는 생기(生氣)는 지구상의 모든 생물들에게 활기를 주는 지기(地氣) 중의 하나이다. 풍수지리에서는 이러한 생기가 생성되는 혈자리를 음택지나 양택지로 활용하게 되면 생기의 역량(力量)에 따라 명당발복이 현상이 일어난다는 것이다. 즉 천조명당은 천조명당 자리에서 생성되는 생기의 역량에 따라 명당발복이 발현되고, 지조명당은 지조명당 자리에서 생성되는 생기의 역량에 따라 명당발복이 발현되며, 인조명당은 인조명당 자리에서 생성되는 생기의 역량에 따라 명당발복이 반드시 발현된다는 것이다. 따라서 유사한 지리적, 환경적, 사회적 조건이라면 생기의 작용이 큰 혈자리가 생기의 작용이 작은 혈자리 보다는 명당발복의 발현이 크게 나타나므로 명당발복의 발현은 혈자리에서 생성되는 생기의 역량에 의해 발현의 크고 작음이 결정된다고 할 수 있다.

혈자리라고 하는 명당자리는 사람을 속이는 일은 결코 없다. 즉 사람들이 명당자리를 발견하지 못하고, 알아보지도 못하며, 활용하지를 못해서 명당발복의 발현을 경험하지 못하는 것이다. 따라서 많은 사람들이 생기가 충만(充滿)한 명당자리를 찾아서 생기를 지속적으로 접(接)하게 함으로써 명당발복이 발현되어 타고난 운명을 적극적으로 타개해 가면서 성공적이고 복된 삶을 살아갈 수 있도록 하자는 것이 풍수지리가 추구(追求)하는 목표인 동시에 풍수지리가 지향(指向)하는 가치(價値)이기도 하다.

우리나라는 1990년대 까지는 음택지와 양택지에 대한 부정적(否定的)인 인식이 그리 크지 않아 돌아가신 분들을 양지바른 명당자리에 모시려는 경향이 많았으나, 2000년대 이후부터는 화장(火葬)을 하는 비율이 점점 높아져 현재는 95%이상이 화장에 의존하고 있어 명당자리를 찾는 일부의 관심있는 사람들을 제외하고는 대부분의 사람들이 화장을 선호하고 있는 실정이다. 따라서 화장에 의존하는 분들이 많을수록 명당자리에 조상의 유해를 모시는 분들의 후손들에게는 명당발복의 발현 현상이 명당자리에 모시지 못한 사람들에 비해 뚜렷하고 크게 나타나 명당발복의 혜택을 받게 될 것이다. 따라서 오늘날과 같이 치열한 경쟁사회(競爭社會)에서는 명당발복을 받은 사람들은 받지 못하는 사람들에 비해 성공적인 삶을 영위하는 확률이 높아지므로 혈자리에 조상의 묘를 조성한 분들은 항간(巷間)에서 회자(膾炙)되고 있는 개천에서 용이 났다는 말을 들을 수 있을 정도로 특출(特出)한 인재(人才)들이 배출되는 명당발복의 신비한 현상을 반드시 경험하게 될 것이다.

그러나 혈자리에 의해 명당발복을 받았다고 해서 병마(病魔)와 싸우는 시련(試鍊)이 없는 것도 아니며 불의(不意)의 사고를 당하지 않는 것도 아니다. 다만 이러한 시련을 당하더라도 이를 슬기롭게 극복해서 삶의 의지(意志)를 북돋아 주는 힘이 명당자리에서 생성되는 생기의 작용이기 때문에 이러한 생기를 받아 활기(活氣)가 증진되어 운명을 적극적으로 타개하고 변화(變化)시켜 나가자는 것이 바로 명당자리에서 생성되는 생기의 역량이 큰 명당자리를 활용함으로써 명당발복을 구현(具現)하는 일이라 할 수 있다.

또한 명당발복은 우리의 인생에서 일어나는 희로애락(喜怒愛樂)과 생로병사(生老病死)를 관장하고 조절(調節)하는 만능(萬能)의 도깨비 방망이도 아니고 우주를 창조하신 하느님 같은 전지전능(全知全能)의 신도 아닌 오직 자연의 섭리(攝理)에 의해 혈자리에서 생성되는 생기의 작용에 의해 일어나는 현상일 뿐이다. 따라서 우리의 인생에서 희로애락과 생로병사를 조절하고 극복할 수 있는 힘을 주는 역할을 하는 명당자리를 적극적으로 찾아 활용함으로써 삶의 질이 개선될 수 있도록 하자는 것이 풍수지리의 역할이다.

풍수지리가 중국에서부터 발전되어온 이래 대략 2천여 년이 지났지만 명당발복 현상에 대해 지금까지 과학적으로 입증(立證)되지 못하고 있는 것은 안타까운 현실이다. 현재까지 전해오는 대부분의 명당발복 사례(事例)들은 전설(傳說)이나 그 지방에 사는 사람들의 말을 통해서만 전해 오는 등 명당발복이 과학적으로 입증되지 못하고 있는 실정이어서 풍수지리가 사람들의 생활에 뿌리를 내리지 못하고 허황(虛荒)된 일이라고 아예 등한시 해버리는 시대가 되고 말았다.

특히 일제강점기(日帝强占期) 시대에는 일본의 식민지 지배정책(支配政策)에 따라 미신(迷信)으로까지 치부(恥部)되어 많은 사람들로부터 불신(不信)을 받게 되었다는 것은 참으로 안타까운 일이 아닐 수 없다.

또한 풍수지리가 불신을 받게 된 또 다른 이유의 하나로는 명당발복의 신비한 현상들을 이용해 혈자리가 아닌 곳을 명당자리라고 속여 돈벌이 수단으로 이용한 온 얼 풍수사(風水師)들의 혹세무민(惑世誣民)하는 일들이 비일비재(非一非再) 했었고, 풍수지리에 득도(得道)를 했다는 분들도 혈자리를 찾는 방법과 명당발복의 현상들을 확실하게 실증(實證)해 주지 못하였으며, 후손들에게도 확연하게 전수하지 못한 것도 풍수지리가 오늘날 불신을 받게 된 큰 요인들 중의 하나라 할 수 있다.

따라서 풍수지리에 대한 불신을 불식(不息)시키기 위해서는 풍수지리를 연구하고 공부하는 사람들의 부단한 노력으로 과학기술적(科學技術的)인 방법을 통해 투명하게 혈자리를 찾을 수 있는 방법을 개발해 알려주고 생기의 역량이 큰 명당자리를 찾아주는 등 보다 많은 사람들이 혈자리를 쉽게 활용할 수 있도록 부단한 노력이 있어야 할 것이다.

아울러 명당발복을 입증(立證)할 수 있는 사례(事例)들을 모아 과학적으로 입증하고 또한 기록들을 모아 많은 사람들에게 널리 알려 풍수지리가 생활과학(生活科學)으로 우리들의 생활 속에 깊숙하게 정착되도록 하는 노력이 절실히 요구된다.

명당발복 현상은 어디까지나 풍수지리학적(風水地理學的)인 관점(觀點)에서 지구에서 생성되는 이로운 지기(地氣)라고 할 수 있는 생기에 의해 사람들의 운명을 적극적으로 타개(打開)해 갈수 있는 역할을 할 수 있을 뿐이지 모든 사람들의 타고난 운명을 좌지우지(左之右之) 하는 것은 아니다. 즉 사람에게 주어진 운명은 혈자리에서 생성되는 생기 외에 유전인자, 가족관계, 지리적인 여건, 생활환경, 인간관계, 노력 및 시대적인 요인 등과 우주와 대자연의 오묘한 섭리(攝理) 및 음양(陰陽)의 조화와 질서 등 인간이 상상할 수도 없고 접근 할 수도 없는 수 많은 작용들과 변수(變數)들의 상호 관여(關與)에 의해 영향을 주고 받으면서 운명이 변화되고 타개되어 나가게 된다는 것을 간과(看過)해서는 안될 것이다.

2. 명당발복(明堂發福)의 요건(要件)

- 조상의 음택지陰宅地와 후손들의 양택지陽宅地에는 생기의 역량이 유사한 혈자리가 함께 들어 있어야 뚜렷하고 크게 명당발복이 발현發現될 수 있다.
- 음택지의 혈자리에 모신 조상의 유해遺骸와 유사類似한 유전인자遺傳因子를 가진 후손이 일수록 뚜렷하고 크게 명당발복이 발현될 수 있다.
- 음택지와 양택지의 혈자리 관리管理가 잘 되어 있어야 뚜렷하고 오래도록 명당발복이 발현될 수 있다.

※명당발복이 발현되기 위해서는 다음과 같은 몇가지 요건(要件)들이 충족(充足)되어야 명당발복이 뚜렷하게 크고 오래도록 발현될 수 있게 된다는 것이다.

첫째 돌아가신 조상의 유해(遺骸)를 모신 음택지(陰宅地)와 후손들이 태어나고 생활하는 양택지(陽宅地)에 생기의 역량이 유사한 혈자리가 함께 들어 있어야 후손들이 조상의 음택지와 후손들의 양택지의 혈자리에서의 명당발복이 확실하고 크게 장기간에 걸쳐 발혈될 수 있다는 것이다. 즉 조상의 유해를 혈자리에 안치(安置)한 후 조상의 유전인자와 유사한 유전인자를 물려받아 태어난 후손 간에는 음양교합(陰陽交合)이 활성화 되어 동기감응(同氣感應)이 제대로 작동(作動)해 후손들의 심신(心身)에 활기(活氣)가 증진되어서 타고난 운명을 적극적으로 타개(打開)해 나갈 수 있게 됨으로써 훌륭한 인물들이 지속적으로 배출(輩出)된다는 신비스러운 명당발복의 현상이 발현된다는 것이다. 다시 말하면 조상의 음덕(蔭德)을 크게 받아 후손들이 무탈하고 성공적이고 복(福)된 삶을 살아 갈 수 있게 된다는 것이다.

그러나 조상의 유해가 안치(安置)된 곳이 혈자리가 아니어서 명당발복의 요건을 완전히 갖추지는 못했다 하더라도 양지바르고 수맥이 지나가지 않은 곳에 조상의 유해가 안치 된 경우에도 지질(地質)의 여건에 따라 유익한 지기(地氣)를 받을 수 있기 때문에 유해가 안치 된 장소에 따라 후손들은 어느 정도 조상의 음덕을 받을 수 있게 된다. 그렇지만 조상의 유해가 모셔진 자리가 수맥이 지나간다거나 지질이나 지형 및 환경적 여건이 열악(劣惡)해 나쁜 지기가 발생하는 곳에 조상의 유해를 안치할 경우에는 후손들 중에는 예기치 않은 화(禍)를 당하는 일이 발생하는 등 조상의 음덕(蔭德)을 전혀 기대하지 못하는 경우가 발생한 다는 것이다.

오늘날에는 사람이 죽으면 대부분 화장(火葬)을 해서 납골당(納骨堂)에 모시거나 수목장(樹木葬) 등을 시행(施行)하고 있어 조상의 음덕을 전혀 기대할 수 없는 시대에 살고 있다. 즉 조상의 유해를 화장을 할 경우 유해에 있는 유전인자가 완전히 파괴되기 때문에 조상의 음덕을 전혀 기대할 수 없기 때문이다.

또한 요즈음에 유행하고 있는 일들을 보면 명당자리에 모셔진 조상들의 유해조차도 모두 화장을 해서 한 곳으로 모아서 가족묘원(家族墓園)이나 종중묘원(宗中墓園)을 조성하고 있는 일들이 흔하게 발생하고 있어 안타까운 실정이 아닐 수 없다. 이러한 경우에는 조상의 유해들을 화장을 함으로써 조상들의 음덕이 갑자기 사라져 가족 중에 이상한 변고(變故)가 생기거나 돌발적(突發的)인 사건 사고가 발생해 고통을 겪게되는 일들을 우리 주변에서 가끔씩 볼 수 있다.

둘째 음택지의 혈자리에 모신 조상의 유해와 유사한 유전인자를 가진 후손이 태어나야 명당발복이 뚜렷하게 오래도록 발현될 수 있게 된다. 조상의 유해를 모신 음택지와 후손들이 태어난 곳이나 생활하는 양택지에 유사한 혈자리가 들어 있으면서 조상의 유해에 있는 유전인자와 유사한 유전인자를 보유하고 태어난 후손이 있어야 조상의 유해에 남은 유전인자와 후손이 갖고 있는 유전인자 간에는 음양교합(陰陽交合)이 활발하게 이루어져서 동기감응

(同氣感應)이 활성화 되어 후손들이 오랜 기간에 걸쳐 확연한 명당발복을 받게된다.

명당발복의 대상자는 남녀(男女)를 구별하지 않고 유전인자가 유사한 모든 후손들에게 확연하게 오랜 기간 발현된다. 즉 조상의 음택지에 있는 혈자리와 후손들의 생가(生家)나 생활(生活)하는 곳의 혈자리에서 생성되는 생기의 역량이 유사하고 조상과 후손의 유전인자가 유사할수록 명당발복이 크게 발현되어 조상의 음덕(蔭德)을 크게 받을 수 있게 된다. 예를 들어 조상의 유해가 있는 혈자리가 천조명당 자리면 후손들의 생가나 생활하는 곳에도 천조명당 자리에 있을 확률이 높아지고, 아울러 조상의 유해와 후손이 보유한 유전인자가 유사해야 조상의 유해와 후손들 간에 동기감응이 활발하게 이루어져 후손들이 조상의 음덕을 크고 확연히 오래도록 누릴 수 있다는 것이다.

셋째 음택지와 양택지의 혈자리 관리(管理)가 잘 되어있어야 명당발복이 뚜렷하고 오래도록 발현될 수 있게 된다. 즉 조상의 유해가 혈자리에서 생성되는 생기를 오롯이 받아서 후손들과의 동기감응이 순조롭게 일어나도록 조상 묘에 대한 관리가 잘 되어 있어야 한다. 예컨대 조상의 묘에 물이 들어가거나, 묘 바로 밑에 지하수(地下水)를 개발한다거나, 오염(汚染)된 물질이 묘 주변에 많이 있다거나, 나무 뿌리가 유해에 까지 뻗어 들어 간다거나, 혈자리의 주변을 훼손해 바람길을 만들어 주어서 이로 인해 혈자리에 이상이 발생해 생기가 제대로 모아지지 않고 응결(凝結)되지 못하면 조상의 유해가 생기를 제대로 받을 수 없으므로 명당발복이 온전히 발현 될 수 없게 된다. 특히 음택지에 대한 관리가 소홀하면 조상의 음덕이 사라져 불의의 사고가 발생할 수도 있고 잘 나가든 일들이 막혀 고통을 겪는 일들을 당할 수가 있다.

사람이 죽으면 흙으로 돌아가서 우리와 인연(因緣)을 끊는다고 여기지만 돌아가신 분들의 영혼(靈魂) 등이 후손들의 살아가는 모습을 항상 지켜 보고 있을지 아무도 모르는 일이며, 아울러 우리 조상들은 후손들이 잘되도록 도와주려고 얼마나 노력하고 계시는지를 살아있는 후손들은 사후세계(死後世界)를 경험해보지 못했으므로 아무도 모르는 일이다. 따라서 조상들의 묘소에 자주 가서 인사도 하고 도와달라고 부탁도 하면서 묘소를 잘 관리 하는 것이 조상의 음덕(蔭德)을 받아 가정이 평안하고 후손들이 무탈하고 바라는 일들이 잘 풀려 나갈 것이라는 믿음을 가지면 심신의 안정에도 도움이 될 것이다. 그러나 돌아가신 분들에 대해 너무나 무관심 하면서 조상의 음덕을 바라는 것은 조상을 대하고 생각하고 배려(配慮)하는 일이 아니라고 여겨진다.

아울러 후손들이 생활하는 가옥이나 사업장이나 집무실 등의 인근에 터널이 생기거나 오염물질(汚染物質)로 인해 악취가 심하다든지 가옥으로 쏟아 들어오는 물길이 생겨난다든지, 혈자리 바로 밑에 지하수를 개발하게되어 혈자리가 손상되고 혈자리 주변에 형성된 생기보호맥(生氣保護脈)과 생기저지선(生氣沮止線)이 제대로 작동(作動)을 못하는 등 양택지 혈자리와 혈자리 주변 환경에 이상이 발생함으로써 혈자리에서 생성되어 분출되는 생기가 제대로 건물 안으로 올라오지 못하는 경우가 발생하게 됨으로써 양택지의 명당발복을 제대로 받을 수 없기 때문에 항상 양택지의 혈자리 관리가 잘 되어 있어야 한다는 것이다.

위에서 열거(列擧)한 명당발복의 요건인 음택지의 혈자리와 후손의, 출생지, 성장지, 거주지 등 후손들이 생활하는 양택지(陽宅地)가 생기의 역량이 유사한 혈자리에 들어있어야 하고, 조상의 유해에 있는 유전인자와 후손의 유전인자가 유사한 후손들이 있어야 하며, 조상의 묘와 후손들이 생활하는 곳에 들어 있는 혈자리 관리가 잘되어 있어야 조상의 유전인자와 후손들이 유전인자 간에 음양교합(陰陽交合)에 의한 동기감응(同氣感應)이 활발하게 이루어져 명당발복의 시너지 효과가 발생되어 명당발복이 완전하고 확실하게 발현 될 수 있다는 것이다.

그러나 명당발복의 발현 요건 중 일부만 충족(充足)시키는 경우, 즉 음택지(陰宅地)인 조상 묘에는 혈자리가 들어 있으나 후손의 양택지(陽宅地) 중 잉태지, 출생지, 성장지, 거주하는 가옥 등 일부 또는 모두가 혈자리가 아닐 경우에는 명당발복의 발현이 온전치 못하는 경우를 들 수 있을 것이다. 이와 같은 경우에는 명당발복의 요건을 충분히 갖추지 못하고 일부만 충족 시키게 되어 완전하고 확연한 명당발복이 발현되지 못하고 부분적인 명당발복만 발현되는 경우가 될 것이다. 다시 설명하면 조상의 유전인자와 후손의 유전인자 사이에 동기감응이 활발하게 이루어질 수 없어 명당발복의 온전한 시너지 효과를 볼 수 없는 경우라 할 것이다. 예를 들어 조상의 묘가 천조명당 자리에 조성되어 있으나 후손들의 양택지인 잉태지, 출생지, 성장지와 거주지 등 생활하는 곳에는 혈자리가 아니거나 혈자리인 경우에도 음택지의 혈자리의 생기의 역량이 다른 혈자리가 양택지에 들어 있는 경우에는 조상과 후손들과의 동기감응이 활발하게 이루어지지 못함으로써 명당발복의 시너지 효과가 온전하게 발생되지 못해 부분적인 명당발복만 발현되는 경우를 들 수 있을 것이다.

　또 다른 예를 들어보면 명당발복의 일부의 요건만 충족시키는 경우 음택지가 혈자리가 들어있지 않거나 조상의 유해를 화장을 해 조상의 유전인자가 없어졌는데 후손들의 양택지인 잉태지, 출생지, 성장지, 거주지, 근무지, 사업장 등 일부 장소에는 혈자리가 들어 있는 경우일 것이다. 이와 같은 경우에도 조상의 유전인자와 후손의 유전인자 사이에 동기감응이 활발하게 작동(作動)되지 않아 명당발복이 온전하게 일어날 수 없게 된다는 것이다. 그러나 혈자리에서 생기가 모아져서 분출된 곳에서 태어나거나 생활을 할 경우에는 만물의 활기를 증진 시킨다는 생기를 태아(胎兒)와 출생시기부터 받아들이고 생활하게 됨으로써 생활에 활기를 얻게 되어 주어진 운명을 적극적으로 타개해 감으로써 삶에 질을 향상시키는 등 생기가 운명을 타개해 가는데 활력소 역할을 해주기 때문에 출생지에서는 혈자리에서 생성되는 생기의 역량에 따라 명당발복을 크게 받게 되는 경우라 할 수 있다.

명당발복의 요건(要件) 등을 완전하게 갖추었다고 하더라도 앞에서 말한 바와 같이 조상과 후손의 유전인자의 유사성(類似性)에 따라 명당발복이 달라질 수도 있고, 조상과 후손과의 대수(代數) 즉, 고손, 증손, 손자 대에 따라 달라질 수도 있으며, 친가(親家) 조상이냐, 외가(外家) 조상이냐, 친가 후손이냐, 외가 후손이냐에 따라 달라질 수도 있을 것이며, 후손이 남성이냐 여성이냐에 따라서도 다를 것이고, 사람이 태어날 때 조물주가 내린 사람의 그릇에 따라서도 다를 것이며, 조상 묘 중에 혈자리에 모셔진 분이 몇 분인가 아니면 흉지(凶地)에 모셔진 분이 몇 분인가에 따라서도 달라질 수 있으며, 조상 묘의 관리 상태 등에 따라서도 달라질 수 있고, 혈자리에서 생성되는 생기의 양(量), 시기(時期), 천기(天氣), 후손의 운명(運命), 주변 사람들의 인기(人氣) 등 수 많은 변수(變數)들에 의해 명당발복이 발현되는 경우의 수가 다양하기 때문에 조상의 음택지와 후손들의 양택지에 천하의 명당길지(明堂吉地)인 천조명당 자리에 들어 있다고 하더라도 어떤 후손이 어떻게 명당발복이 발현되는 지는 정확히 예측할 수가 없을 것이다.

이와 같이 아무리 명당발복의 요건들을 완벽하게 잘 갖추었다고 하더라도 자연의 이치(理致)나 신의 영역(領域) 등이 우리 인간들을 완전히 벗어나게 할 수는 없을 것이다. 따라서 풍수지리가 인간에게 미치는 영향은 제한적(制限的)으로 작용할 수 밖에 없으므로 운명을 완전하게 타개(打開)해 변화(變化) 시키고 개선(改善) 시키는 데에는 분명히 우리 인간들의 영역(領域)을 벗어나는 그 어떤 작용들 즉, 인간이 제어(制御) 할 수 없는 우주(宇宙)와 자연의 섭리(攝理) 등의 작용에 의한 한계(限界)가 있을 수 밖에 없을 것이다.

3. 명당발복(明堂發福)의 위력(威力)

> • 명당발복의 위력은 혈자리에서 생성되는 생기의 역
> 량에 따라 천조명당天造明堂, 지조명당地造明堂 및
> 인조명당人造明堂 순順으로 크게 발현發現된다.

※ 명당발복의 위력은 명당자리에서 생성되는 생기의 역
량에 따라 각각 다르게 발현(發現)된다. 즉 생기의 역량
이 가장 큰 천조명당(天造明堂)이 명당발복의 위력이 가
장 크게 발현되고, 다음이 지조명당(地造明堂)의 명당발
복 위력이며, 인조명당(人造明堂)의 명당발복 위력이 가
장 작게 발현된다고 할 수 있다.

명당 중에서는 천조명당 자리에서 생성되는 생기의 역
량이 가장 커서 이러한 대명당 자리를 잘 활용할 경우 명
당발복의 위력은 상상할 수 없을 정도로 크게 발현된다고
전해온다. 즉 천조명당인 대명당 자리에 대해서 현재까지
전해오고 있는 풍수지리서(風水地理書) 등에서는 하늘이
숨기고 땅이 감춘다는 천장비지(天藏地秘地)로서 산신
(山神)이나 지신(地神)이 지키고 있어 하늘과 땅이 특별
히 내어줄 사람에게만 내어준다는 그야말로 찾기도 힘들
고 구(求)하기도 어려운 천하대지(天下大地)라 불리는 명
당자리로 전해오고 있다.

따라서 천조명당 자리에 조상의 묘를 조성(造成)하게
되면 천조명당 자리에 모셔진 조상(祖上)의 유전인자(遺
傳因子)를 가장 많이 받은 후손(後孫)들 중에서는 우연하
게도 천조명당 자리에서 태어나고 천조명당 자리에서 생
성되는 생기를 접하면서 성장(成長)함으로써 심신의 활
기(活氣)가 증진되어 타고난 재능과 노력에 따라 정치, 경
제, 사회, 과학, 교육, 문화, 예술, 체육 등 각계(各界) 각
분야(分野)에서 탁월한 능력과 리더쉽 등을 발휘해 개개
인(個個人)의 부귀영화(富貴榮華)는 물론이고 한 가문
(家門)을 빛내고, 국가 또는 세계의 지도자로서 인류의 문
명과 문화 발전 및 평화에 크게 기여하는 위대한 인물들
을 배출해 내는 등의 명당발복의 위력이 발현된다는 것
으로, 이러한 명당발복의 발현 현상에 대해서는 요즈음에
출간되는 각종 풍수지리서 등에서 조사한 통계 등에 의해
하나씩 입증(立證)되어가고 있다.

　다시 설명하면 천조명당 자리에 모셔진 조상의 유해(遺
骸)에 있는 유전인자와 유사(類似)한 유전인자를 지니고
천조명당 자리에서 태어난 후손들이 귀(貴), 즉 명예(名
譽)로 명당발복이 발현된 경우에는 한 국가의 대통령이나
총리, 수상 등 지도자가 배출(輩出)되고, 또한 전 세계, 국
내, 지역사회 등에서 명성이 있는 학자, 과학자, 예술인,
체육인 등 각계 각 분야에서 유명한 인물들이 배출되고
있다.

　또한 후손들 중에 부(富)로 명당발복이 발현된 경우에

는 글로벌 기업을 경영하면서 재벌소리를 듣는 기업인이 배출되어 세계와 한 국가와 지역사회의 경제를 이끌어가고 있으며, 글로벌 기업과 재벌 소리를 듣는 대기업을 창업한 분이나 이끌어가는 분들의 생가(生家)와 기업의 본사(本社) 및 사업장 등에도 예외 없이 천조명당 자리가 들어 있는 등 천조명당인 대명당의 명당발복의 위력은 우리가 예단(豫斷) 할 수 없을 정도로 큰 위력을 발휘하고 있음을 조사된 통계 등에 의해 확인할 수 있다.

대한민국의 역대 대통령, 국무총리 및 재벌로 불리운 대기업 창업자들의 음택지와 양택지에 천조명당 자리에 의한 명당발복이 발현된 현황을 보면 다음과 같다.

대한민국은 정부 수립이후 초대 대통령부터 제 19대 대통령까지 모두 12명의 대통령을 배출 시켰다. 대통령은 하늘이 내려 주신다는 말이 전해오고 있듯이 대통령이 되려면 천기(天氣), 지기(地氣), 인기(人氣)를 받아야 한다는 말이 전해온다. 즉 하늘의 기(氣)인 천심(天心)과 땅의 기인 혈자리에서 나오는 생기(生氣)와 대중들의 신뢰와 인기인 인심(人心)을 얻어야 대통령이 될 수 있다는 말일 것이다.

따라서 대한민국의 역대 대통령들은 어떤 곳에서 어떤 명당발복을 받았기에 하늘이 내려 주신다는 대통령이 되었는지에 대해 풍수지리학적인 관점(觀點)으로 접근해 대통령의 조상 묘와 생가 및 거주 가옥에 대해 천조명당 여부를 조사해 보았다.

　초대 이승만 대통령(大統領)은 북한 지역에 선영(先塋)과 생가가 있어 현재의 남북 분단의 상황으로는 명당 여부를 조사 할 수 없어 10명의 전직 대통령과 현직 대통령 1명 등 11명의 대통령 조상 묘에 대해서 명당 여부를 조사한바 10명의 대통령이 천조명당의 1등급지에 해당하는 혈자리에 조상묘가 안치되어 있는 것으로 조사 되었다. 다만 문재인 대통령의 경우 부친 묘는 천조명당의 3등급지로 조사되었다. 아울러 11명의 대통령들의 생가에도 박근혜 대통령 생가만 2등급지이고 10명의 대통령들의 생가는 모두 천조명당의 1등급 혈자리로 조사되었다. 따라서 우리나라 대통령을 역임한 분들의 조상을 안치한 음택지와 양택지인 생가와 거주 가옥의 대부분이 하늘이 감추고 땅이 지킨다는 천하대지(天下大地)라고 전해오는 천조명당인 대명당 자리의 1등급 혈자리로 확인되었다.

　그러므로 대한민국의 대통령이 되기 위해서는 반드시 음택지와 양택지 모두가 천조명당의 1등급 혈자리에 의한 명당발복의 발현이 있어야만 대통령이 될 수 있다는 조사 결과가 나온 것이다. 즉 한국에서 대통령이 되기 위해서는 반드시 생기가 강하게 응결되어 있는 천조명당의 1등급 혈자리에 조상의 묘가 조성되어 있어야 하고, 아울러 출생지와 생활하는 거주지에도 조상 묘와 유사한 생기가 분출되는 천조명당의 1등급 혈자리가 들어 있어야 한다는 것이 아래의 〈표 1〉과 〈표 2〉에서와 같이 통계적으로 입증되고 있다.

〈표 1〉 한국의 역대 대통령 조상 묘의 천조명당 현황

대 수	성 명	조상묘	혈지	등급	지 번
4	윤보선	고조부모	明,月	1	충남 아산시 음봉면 동천리 산 28-2
5-9	박정희	조모	明,月	1	경북 구미시 상모동 산 24-2
10	최규하	증조부	明,月	1	강원 원주시 호저면 주산리 산 149-5
11-12	전두환	조부	双,月	1	경남 합천군 율곡면 내천리 산 28-8
13	노태우	증조부모	明,月	1	대구 동구 신용동 산 51
14	김영삼	조부	明,月	1	경남 거제시 장목면 외포리 1383-3
15	김대중	증조모	双,月	1	전남 신안군 하의면 후광리 산 337
16	노무현	조부	明,月	1	경남 김해시 진례면 산본리 985
17	이명박	조모	明,日	1	경북 포항시 흥해읍 덕성리 산 36
18	박근혜	증조모	明,月	1	경북 구미시 상모동 산 24-2
19	문재인	부	双,月	3	경남 양산시 상북면 상삼리 산 800-2
	(11명)				

※ 위의 표에서 혈지(穴地)의 明은 명혈명당, 双은 쌍혈명당, 月은 월혈자리, 日은 혈혈자리, 등급(等級)의 1, 3은 일혈자리와 월혈자리 간의 거리에 의한 혈자리의 등급 구분

〈표 2〉 한국의 역대 대통령의 생가 및 거주 가옥의 천조 명당 현황

대 수	성 명	생가	지 번	혈지	등급
4	윤보선	생가	충남 아산시 둔포면 신항리 143-1	明,日月	1
4	윤보선	가옥	서울 종로구 안국동 8-1	明,日月	1
5-9	박정희	생가	경북 구미시 상모동 171	明,日月	1
5-9	박정희	가옥	대구 중구 삼덕동 1가 5-2	明,日月	2
5-9	박정희	가옥	서울 중구 신당동 62-43	明,日月	1
10	최규하	생가	강원 원주시 봉산동 836-1	明,日月	1
10	최규하	가옥	서울 마포구 서교동 467-5	明,日月	1
11-12	전두환	생가	경남 합천군 율곡면 내천리 258	双,日月	1
11-12	전두환	가옥	서울 서대문구 연희동	双,日月	1
13	노태우	생가	대구 동구 신용동 596	双,日月	1
13	노태우	가옥	서울 서대문구 연희동	双,日月	1
14	김영삼	생가	경남 거제시 장목면 외포리 1383-3	双,日月	1
14	김영삼	가옥	서울 동작구 상도1동	双,日月	1
15	김대중	생가	전남 신안군 하의면 후광리 121-2	双,日月	1
15	김대중	가옥	서울 마포구 동교동	双,日月	1
16	노무현	생가	경남 김해시 진영읍 본산리 30	双,日月	1
16	노무현	가옥	서울 종로구 명륜1가 23-10	双,日月	1

대수	성명	생가	지 번	혈지	등급
17	이명박	생가	경북 포항시 흥해읍 덕성리 563	明,日月	1
17	이명박	가옥	서울 강남구 논현동	明,日月	1
18	박근혜	생가	대구 중구 삼덕동 1가 5-2	明,日月	2
18	박근혜	가옥	서울 중구 신당동 62-43	明,日月	1
18	박근혜	가옥	서울 강남구 삼성동 42-8	明,日月	1
19	문재인	생가	경남 거제시 거제면 명진리 634-1	明,日月	1
(11명, 23곳)					

※위의 표에서 혈지(穴地)의 明은 명혈명당, 双은 쌍혈명당, 日月은 일월혈지, 등급(等級)의 1, 2는 일혈자리와 월혈자리 간의 거리에 의한 혈자리의 등급 구분

다음은 대한민국의 역대 국무총리(國務總理)에 대한 음택지와 양택지의 명당 여부를 조사한 것이다. 대한민국의 역대 국무총리는 2021년 까지 초대 이범석 총리부터 제47대 김부겸 총리까지 모두 47명이다. 그러나 김종필 총리 등 두 번 이상 국무총리를 역임한 3명을 제외하면 대한민국에서는 44명의 국무총리가 배출된 셈이다. 그러나 국무총리 서리, 내각수반, 국무총리 직무대행 등을 역임한 분들까지 합치면 66명이 넘지만 이분들의 조상 묘를 모두 확인하는데 어려움이 있어 우선 44명의 국무총리를 역임한 분들 중에서 조상의 묘가 조성된 곳이 확인된 15

명의 조상 묘를 조사한 결과, 다음의 〈표 3〉과 같이 모두 명혈명당의 천조명당인 대명당의 2등급 혈자리에 조성되어 있는 것으로 조사됨으로서 한국에서 국무총리가 되기 위해서는 반드시 천조명당의 2등급 혈자리에 의한 명당 발복이 있어야 한다는 것이 통계적으로 입증(立證) 되었다고 할 수 있다.

〈표 3〉 한국의 역대 국무총리 조상 묘의 천조명당 현황

대 수	성 명	조상묘	혈지	등급	지 번
5	변영태	조부	明,月	2	경기 부천시 고강동 산 63-9
11,31	김종필	조부모	明,月	2	충남 부여순 내산면 지티리 산 83
16	김상협	증조부	明,月	2	전북 고창군 아산면 삼인리 산 77
25	황인성	증조부	明,月	2	전북 무주군 무풍면 은산리 산 6-5
29	이수성	조모	星,月	2	경북 칠곡군 지천면 신리 산 17-3
30	고건	조부모	明,月	2	전북 군산시 임피면 월하리 산 32-1
36	이해찬	증조부모	明,月	2	충남 청양군 대치면 주정리 산 5-4
39	한승수	조부	明,月	2	강원 춘천시 서면 금산리 산 68
41	김황식	증조부	明,月	2	전남 장성군 동화면 구림리 산 4-1
42	정홍원	증조부	明,月	2	경남 하동군 금남면 대송리 산 55

대 수	성 명	조상묘	혈지	등급	지 번
43	이완구	조부	星,月	2	충남 청양군 비봉면 양사리 산 63-4
44	황교안	부모	明,月	2	경기 파주시 월롱면 영태리 19
45	이낙연	조부	明,月	2	전남 영광군 법성면 법성리 829
46	정세균	조부	星,月	2	전북 진안군 동향면 능금리 산 99-1
47	김부겸	조부	明,月	2	경북 영천시 화남면 선천리 산 90-2
	(15명)				

※ 위의 표에서 혈지(穴地)의 明은 명혈명당, 星은 명혈명당의 성혈지, 月은 월혈자리, 등급(等級)의 2는 일혈자리와 월혈자리 간의 거리에 의한 혈자리의 등급 구분

　다음은 대한민국의 역대 국무총리들 중에서 생가와 거주한 가옥의 위치가 확인된 분들에 대한 명당 터의 조사에 의해 생가가 명혈명당의 천조명당인 대명당의 2등급 일혈자리와 월혈자리 및 성혈지로 확인된 분은 제 3대 장택상 국무총리 등 19명으로서 다음의 〈표 4〉와 같이 조사되었고, 거주한 가옥이 명혈명당의 일월혈지 의 2등급 혈자리로 조사된 분은 제 11대 김종필 국무총리와 제 16대 김상협 국무총리 두 분으로 확인되었다.

〈표 4〉 한국의 역대 국무총리 생가 및 거주 가옥의 천조명당 현황

대수	성 명	구분	지 번	혈지	등급
3	장택상	생가	경북 구미시 진평동 28-9	明,日月	2
11	김종필	생가	충남 부여군 외산면 반교리 365	明,日月	2
11	김종필	거주	서울 중구 신당동	明,日月	2
13	신현학	생가	경북 칠곡군 왜관읍 왜관리 230-30	明,日月	2
16	김상협	생가	전북 부안군 줄포면 줄포리 445	明,日月	2
16	김상협	거주	서울 종로구 혜화동	明,日月	2
17	진의종	생가	전북 고창군 공음면 선동리 산 119-21	明,日月	2
25	황인성	생가	전북 무주군 무풍면 증산리 593-1	明,日月	2
26	이회창	생가	충남 예산군 예산읍 예산리 55	明,日月	2
29	이수성	생가	경북 칠곡군 지천면 신리 134	明,日月	2
30	고건	생가	서울 종로구 청진동 206-3	明,日月	2
32	박태준	생가	부산 기장군 장안읍 임랑리 173	明,日月	2
36	이해찬	생가	충남 청양군 청양읍 읍내리 118-1	明,日月	2
39	한승수	생가	강원 춘천시 서면 금산리 936	明,日月	2
40	정운찬	생가	충남 공주시 탄천면 덕지리 499	明,日月	2
41	김황식	생가	전남 장성군 황룡면 황룡리 137	明,日月	2
42	정홍원	생가	경남 하동군 금남면 대송리 226	明,日月	2
43	이완구	생가	충남 청양군 비봉면 양사리 165	明,日月	2
45	이낙연	생가	전남 영광군 법성면 용덕리 386	明,日月	2
46	정세균	생가	전북 장수군 장계면 삼봉리 232	星,日月	2
47	김부겸	생가	경북 상주시 오대동	明,日月	2
	(19명, 21곳)				

우리나라에서 재벌이라고 불리운 대기업(大企業)을 창업(創業)한 분들의 조상 묘와 양택지 명당을 조사한 바로는 다음의 〈표 5〉와 〈표 6〉과 같다. 그러나 우리나라 대부분의 부자들은 조상 묘의 위치와 살고 있는 가옥 등이 외부에 노출되는 것을 꺼려 대부분의 조사 대상자의 지번과 주소가 확인되지 않아 조사된 인원이 소수여서 아쉬움이 크다.

현재까지 조사된 대기업을 창업한 분들의 조상 묘와 생가 및 거주지가 다음과 같이 천조명당인 대명당의 1등급 혈자리로 확인됨으로서 대한민국에서 재벌이 되기 위해서는 역시 천조명당의 1등급 혈자리에 의한 명당발복이 반드시 있어야 한다는 것으로 조사됨에 따라 천조명당 자리에 의한 명당발복의 위력이 대단히 크다는 것이 일부이긴 하지만 입증된 셈이다.

〈표 5〉 한국의 대기업 창업자의 음택지 천조명당 현황

구 분	성 명	조상묘	혈지	등급	지 번
삼성그룹	이병철회장	증조부	明,日	1	경남 의령군 유곡면 마두리
SK그룹	최태원회장	조부모	明,日	1	경기 화성시 봉담읍 왕림리
LG그룹	구인회회장	조모	明,日	1	경남 진주시 지수면 청담리
롯데그룹	신격호회장	증조모	明,日	1	울산 울주군 언양읍 반천리
GS그룹	허창수회장	증조모	明,日	1	경남 진주시 진성면 천곡리
한화그룹	김승연회장	조부모	明,日	1	충남 공주시 정안면 보물리
두산그룹	박두병회장	조부모	明,日	1	경기 광주시 탄벌동
LS그룹	구자홍회장	증조모	明,日	1	경남 진주시 지수면 청담리
금호그룹	박인천회장	증조부모	明,日	1	전남 나주시 왕곡면 송죽리
효성그룹	조홍제회장	증조부모	双,日	1	경남 함안군 군북면 명관리
부영그룹	이중근회장	부	明,日	1	전남 순천시 서면 운평리
(11명)					

※위의 표에서 혈지(穴地)의 明은 명혈명당, 双은 쌍혈명당, 日은 일혈자리, 등급(等級)의 1은 일혈자리와 월혈자리 간의 거리에 의한 혈자리의 등급 구분

⟨표 6⟩ 한국의 대기업 창업자의 양택지 천조명당 현황

구 분				지 번	혈지	등급
삼성그룹	창업자	이병철	생가	경남 의령군 정곡면 중교리	明,日月	1
삼성그룹	창업자	이병철	가옥	서울 중구 장충동 1가	明,日月	1
현대그룹	창업자	정주영	가옥	서울 종로구 청운동	明,日月	1
SK그룹	창업자	최태원	생가	경기 수원시 권선구 평동	明,日月	1
LG그룹	창업자	구인회	생가	경남 진주시 지수면 승산리	明,日月	1
GS그룹	창업자	허만정	생가	경남 진주시 지수면 승산리	明,日月	1
한진그룹	창업자	조중훈	생가	인천 중구 남북동	明,日月	1
효성그룹	창업자	조홍제	생가	경남 함안군 군북면 동촌리	明,日月	1
부영그룹	창업자	이중근	생가	전남 순천시 서면 운평리	明,日月	1
금호그룹	창업자	박인천	생가	광주 동구 금남로 5가	明,日月	1
(9명, 10곳)						

※ 위의 표에서 혈지(穴地)의 明은 명혈명당, 日月은 명혈명당의 일월혈지, 등급(等級)의 1은 일혈자리와 월혈자리 간의 거리에 의한 혈자리의 등급 구분

> • 명당발복明堂發福의 위력威力은 음택지陰宅地 혈자리에 의한 발복이 양택지陽宅地 혈자리 의한 발복 보다는 대부분 크게 발현發現된다.

※혈자리에서 생성되는 생기의 역량이 유사(類似)할 경우 음택지(陰宅地)의 명당발복이 양택지(陽宅地)의 명당발복 보다는 대부분 더 크게 발현된다고 할 수 있다. 즉 혈자리의 생기는 땅속의 혈자리에 모아져 응결(凝結)되어 생기의 일부가 땅 밖으로 분출(噴出)되는데 생기는 땅 위로 분출되자마자 공기와 섞어져 바람에 의해 흩어지는 성질을 갖고 있다. 그런데 음택지는 땅속의 혈자리에서 생성되는 생기를 오롯이 활용 함으로써 생기를 고스란히 받을 수 있으나, 양택지는 땅위에서 주택이나 상가건물, 빌딩 등을 지어 생활하는 공간으로 활용하기 때문에 생기를 접하는 시간도 적고 생기의 양도 음택지 보다는 적어 명당발복의 발현도 음택지 보다는 양택지가 약하게 발현될 것으로 추정 된다.

따라서 음택지는 사람이 태어나면서 주어진 운명을 타개해 성공적인 삶을 영위하는데 필요한 활기를 음택지 보다는 많이 받을 수 있으므로 명당발복의 발현이 양택지 보다는 더 크게 발현된다고 추정할 수 있다. 다시 말하면 음택지 명당발복은 운명을 타개(打開)해 주어진 운명을 변화(變化)시킬 수 있는 위력이 있지만, 양택지 명당발복

은 주어진 운명을 개선(改善)하는 정도만 발현된다는 것
이다.

• **명당발복**明堂發福**의 위력**偉力**은 명혈명당**明穴明堂
의 월혈月穴**자리와 일혈**日穴**자리가 쌍혈명당**雙穴明
堂**의 월혈자리와 일혈자리 보다는 대부분 크게 발현
된다.**

※명당발복의 위력은 쌍혈명당(雙穴明堂)인지 명혈명당
(明穴明堂)인지에 따라서도 다르게 나타난다. 즉 명혈명
당에서 생성된 혈자리들의 명당발복의 위력이 쌍혈명당에
서 생성된 혈자리들의 명당발복의 위력보다는 대체적으로
크게 발현된다고 할 수 있다. 명혈명당과 쌍혈명당을 조사
해보면 대부분이 쌍혈명당의 월혈자리와 일혈자리 보다는
명혈명당의 월혈자리와 일혈자리의 넓이가 큰 편이며, 혈
자리를 감싸고 돌면서 생기가 밖으로 새 나가지 못하도록
하는 역할을 하는 생기보호맥이 돌고 있는 혈장의 면적도
쌍혈명당보다는 명혈명당이 넓게 형성되어 있다.

명당발복의 사례(事例)들을 보면 조선 시대의 삼정승,
대한민국 건국 이후의 대통령 등 삼부요인(三府要人)과
명망(名望)있는 분들의 조상 묘와 생가는 대부분 명혈명
당의 혈자리에 의한 명당발복이 있었던 것으로 조사되어
명당발복의 위력은 쌍혈명당의 혈자리보다는 명혈명당

의 혈자리에 의한 명당발복의 발현이 더 큰 것으로 조사
되었다.

- 명당발복의 위력은 양혈陽穴인 일혈日穴자리가 음혈
陰穴인 월혈月穴자리 보다는 대부분 크게 발현된다.
- 명당발복의 위력은 양혈처陽穴處인 상측上側과 좌측
左側 혈처가 음혈처陰穴處인 하측下側과 우측右側
혈처 보다는 대부분 크게 발현된다.
- 명혈명당의 위력은 일월혈지日月穴地의 월혈자리와
일혈자리가 성혈지星穴地 혈자리 보다는 대부분 크
게 발현된다.

※쌍혈명당(雙穴明堂)과 명혈명당(明穴明堂)에서 생성
된 혈자리의 크기를 조사해보면 대체적으로 양혈(陽穴)
인 일혈(日穴)자리가 음혈(陰穴)인 월혈(月穴)자리보다
는 크게 생성되어 있으며, 혈처 중에서는 양혈처(陽穴處)
인 상측 혈처와 좌측 혈처가 음혈처(陰穴處)인 하측 혈처
와 우측 혈처에 있는 혈자리들 보다는 대체적으로 크게
생성되어 있는 것으로 조사되어 있음을 감안해 보면, 명
당발복의 위력 또한 양혈(陽穴)과 양혈처(陽穴處)가 있는
혈자리들에 의한 명당발복의 위력이 음혈(陰穴)과 음혈
처(陰穴處)가 있는 혈자리들의 명당발복의 위력 보다는
클 것으로 추정해 볼 수 있다.

명혈명당에서 일월혈지(日月穴地)에 자리한 월혈(月穴)자리와 일혈(日穴)자리의 넓이는 성혈지(星穴地)에 배열(配列)된 72개 혈자리들 보다는 넓게 형성되어 있으므로 일월혈지의 혈자리들에 의한 명당발복의 위력도 성혈지에 있는 혈자리들 보다는 크게 발현될 것으로 추정해 볼 수 있다. 그러나 명혈명당에서 일월혈지에 있는 월혈자리와 일혈자리에 의한 명당발복이 성혈지에 있는 혈자리보다 크게 발현되었다는 조사 결과가 현재로서는 거의 찾아볼 수 없어서 성혈지에 있는 72개의 혈자리들의 명당발복이 반드시 일월혈지에 생성된 월혈자리와 일혈자리의 명당발복 보다는 크게 발현될 것이라고 단정할 수 있는 조사와 통계 등에 의한 입증은 현재까지는 없다고 할 수 있다.

• **명당발복**明堂發福의 **위력**威力은 **혈자리로 들어오는 입수맥**入首脈의 **이동**異動 **거리가 먼 혈자리가 이동 거리가 가까운 혈자리 보다는 대부분 크게 발현된다.**

　※입수맥(入首脈)은 흘러가면서 계속해 생기와 물을 공급 받으면서 흘러 가다 방풍(防風)이 되는 곳에 이르러서 혈자리를 만드는 것이 입수맥의 본능(本能)이므로, 간맥에서 분맥된 입수맥이 먼 거리를 흘러가면서 물과 생기를 충분히 공급받아서 혈자리를 만드는 경우와 입수맥으

로 분맥된 후 짧은 거리를 흘러가면서 생기와 물을 충분히 공급 받지 못한 상태에서 혈자리를 만드는 경우는 현재까지 데이터가 부족하고 실증 된 것이 적어 단정하기는 어렵겠지만, 입수맥이 먼 거리를 흘러와 만든 혈자리의 넓이와 혈장의 규모가 짧은 거리를 흘러와 만든 혈자리의 넓이와 혈장의 규모 보다는 대부분이 더 큰 것으로 조사되고 있는 점 등으로 보아서는, 먼 거리에서 흘러온 입수맥이 만든 혈자리의 역량이 짧은 거리를 흘러와 만든 혈자리의 역량 보다는 큰 것으로 추정된다. 따라서 명당발복의 위력도 먼 거리에서 흘러온 입수맥이 만든 혈자리에 의한 위력이 짧은 거리를 흘러와 만든 혈자리에 의한 위력 보다는 명달발복의 발현이 더 크게 나타날 것으로 추정해 볼 수 있다.

예를 들어보면 혈맥이 최종적으로 분맥되어 입수맥으로 흘러온 거리를 인터넷 지도상(地圖上)에서 직선거리(直線距離)를 측정해 보면 우리나라의 청와대 집무실과 경복궁(景福宮) 근정전(勤政殿)은 대략 65km 정도, 정부서울청사는 대략 52km 정도, 미국 워싱톤 백악관은 대략 205km 정도, 중국 북경의 주석 관저는 대략 107km 정도, 일본 동경 총리 관저는 대략 92km 정도, 프랑스 파리 대통령 관저는 115km 정도, 영국 런던의 버킹엄 궁전은 대략 27km 정도, 독일 수상 집무실은 대략 56km 정도, 러시아 크레믈린 대통령 관저는 대략 35km 정도를 흘러와 천조명당의 혈자리가 생성된 것으로 조사되고 있다.

따라서 입수맥이 흘러온 직선거리를 비교할 경우 국력이 큰 국가의 지도자가 집무하는 곳일수록 먼 곳에서 입수맥이 흘러와 명혈명당의 일월혈지에 있는 혈자리를 생성하고 있었음을 확인할 수 있었다.

명당발복의 위력은 모든 사람들에게 동일하게 나타나는 것은 아니다. 사람은 태어날 때 운명(運命)이라는 것을 안고 나오는 것이 자연의 섭리(攝理)이다. 또한 사람들의 운명 안에는 그릇이라는 것이 있다고 추정해 볼 수 있다. 즉 세계의 지도자가 될 그릇이 있고 작은 마을의 지도자가 될 그릇이 있다. 세계적인 재벌이 될 그릇이 있고 한 마을에서 부자 소리를 듣는 그릇이 있어 조상의 묘를 천조명당인 대명당 자리에 모셨다 하더라도 타고난 그릇에 따라 명당발복의 위력이 다르게 나타날 수 있기 때문이다. 그러나 사람들의 운명은 태어나면서 주어진 그릇의 크고 작음이 자연의 섭리에 의해 결정된다고 하지만 사람들이 살아가는데 있어서 조상들의 음덕(蔭德), 후손들의 덕행(德行), 주변 환경, 개개인의 재능(才能), 인간관계 등 많은 요인들이 관여(關與)하고 있으므로 사람들의 운명도 이러한 수 많은 요인들의 관여에 의해서도 영향을 받을 것으로 추정해 볼 수 있다.

예를 들어 악행(惡行)을 일삼는 사람들이 사후에 천조명당 자리에 들어간다 해도 그 후손들이 반드시 큰 그릇으로 태어날 수는 없을 것이며, 사람들이 태어난 운명 속에 있는 그릇, 즉 사람의 됨됨이는 자연의 이치에 따라 결정되지만 음택지와 양택지의 명당발복과 조상들의 유전인자와의 연계성, 자연환경, 지리적 여건, 주변 환경, 개개인의 노력 등 여러 요인들에 의해 명당발복의 위력도 달라질 수 있다는 것이다.

따라서 명당발복을 받기위해서는 먼저 덕을 쌓은 후 생기의 역량이 큰 혈자리를 구하려는 노력과 조상에 대한 정성과 부모에 대한 효를 다한다면 언젠가는 우연한 기회에 이름난 풍수사(風水師)를 만나 그동안의 적덕(積德)과 선행(善行)과 효심(孝心)에 걸맞는 숨겨져 있는 혈자리를 하늘과 땅이 선뜻 내어주게 되어 그동안 노력하고 적덕한 만큼의 명당발복을 받을 수 있다는 것이다. 따라서 명당발복의 위력은 천지인(天地人)의 융합(融合)과 하늘이 점지(點指)해준 명당을 땅이 열어주고 사람이 노력해서 명당길지(明堂吉地)를 얻어야 명당발복의 위력이 제대로 발휘 된다고 할 것이다.

요즈음 매스콤에서 우리나라는 이제 옛날과 같이 개천에서 용(龍)이 나는 시대는 지났다는 기사(記事)를 종종 접하게 된다. 그러나 오늘날에도 천조명당과 같이 혈자리에서 생성되는 생기의 역량이 큰 혈자리를 찾아 조상의 묘를 조성한다면 후손들 중에서는 우연히 천조명당의 혈자리에서 출생하고 생활 하면서 강한 생기를 접하게 됨으로써 주어진 운명을 적극적으로 헤쳐나가서 타고난 재능을 백분(百分) 발휘해 각 분야에서 명성을 떨치는 유능한 인물이 배출되는 그야말로 개천(開川)에서 용(龍)이 나는 명당발복의 위력을 분명히 확인할 수 있게 될 것이다.

4. 음택지(陰宅地) 명당이 명당발복을 주도(主導)한다

- 혈자리에서 생성된 생기가 응결凝結된 곳에 조상의 유해遺骸를 안치安置하게 되면 조상의 유해에 있는 유전인자遺傳因子가 생기를 받아서 후손들의 유전인자와 음양교합陰陽交合이 이루어져 조상과 후손 간에 동기감응同氣感應이 발생해 후손들의 심신心身에 활기活氣가 증진되어 성공적인 삶을 살아 갈 수 있게 된다는 현상을 음택지陰宅地 명당발복明堂發福이라 한다.

- 음택지의 혈자리에서 생성되는 생기의 질質과 양量, 명당발복의 위력威力, 명당발복의 발현 시기時期, 명당발복의 대상對象, 명당발복의 시너지 효과 유발誘發 등을 감안할 때 음택지 명당이 명당발복을 주도主導한다고 할 수 있다.

※음택지의 혈자리에 모셔진 조상의 유해(遺骸)는 땅속 혈자리에서 응결(凝結)되어 있는 생기를 오롯이 받을 수 있으나, 양택지의 혈자리에서는 생기가 땅위로 분출(噴出)되는 곳에 사람들이 건물을 지어서 생활하고 있으므로 땅위에서는 생기의 일부만 접(接)할 수 밖에 없다. 따라서 혈자리 위에 있는 건물에서 생활하는 사람들은 음택지 혈자리에서 받은 생기의 양과 질 면에서 차이가 날 수 밖에 없을 것으로 추정된다. 즉 음택지 혈자리의 생기의 역량 보다는 양택지 혈자리의 생기의 역량이 작을 수 밖에 없으므로 명당발복의 발현 또한 양택지 혈자리보다는 음택지 혈자리에서 더 크게 발현될 수 밖에 없을 것으로 추정된다.

　현재까지 조사된 명당발복의 사례(事例)들을 보면 조상의 유해를 음택지 혈자리에 모신 후 부터 후손들이 자연스럽게 조상의 음택지에 들어있는 혈자리와 유사한 곳으로 이사를 함으로써 후손들이 혈자리에서 태어나고 생활하게 되면서 조상의 음택지 혈자리와 후손의 양택지 혈자리 간에 음양교합(陰陽交合)이 활발하게 이루어져 후손들 중에서는 타고난 재능에 따라 각계 각 분야에서 명성을 떨치는 분들이 배출되었다는 조사·통계의 입증으로 보아 음택지 명당이 명당발복의 시발점(始發點)으로 후손들에 대한 명당발복을 주도(主導)하고 있다고 보아야 할 것이다.

다음은 음택지 명당발복이 명당발복을 주도(主導)하는 사례(事例)로 우리나라의 성씨별(姓氏別) 시조묘(始祖墓)가 어떤 혈자리에 조성되어 있는지 등을 조사한 "우리나라 성씨별 시조묘의 명당 현황"이다.

우리나라에 뿌리를 내려서 살고 있는 사람들의 성씨(姓氏)는 2017년도 현재 모두 248개로 알려져 있다. 따라서 우리나라의 전역에 살고 있는 248개 성씨별(姓氏別) 및 본관별(本貫別) 시조묘에 대해 명당 여부를 탐지(探知)한 바로는 48개 성씨에 모두 94곳의 본관별 시조묘가 천조명당인 대명당 자리에 조성되어 있는 것으로 조사되었다.

조사 대상인 시조묘 중에는 시조의 유해(遺骸)가 안치(安置) 되어 있지 않은 허묘(墟墓)도 있을 것으로 추정되지만 시조묘가 봉분(封墳)으로 조성되어 있는 묘 중에서 천조명당의 역량을 가진 명당자리에 조성된 시조묘를 대상으로 조사 한 것이다.

우리나라 성씨의 본관별 시조묘 94곳의 천조명당 자리 중에서 청주(淸州) 한(韓)씨 시조묘 한 곳만이 유일하게 쌍혈명당 자리에 조성되어 있는 것을 제외하고는 93곳 모두가 천조명당의 역량을 가진 명혈명당 자리에 시조묘가 조성되어 있었으며, 혈자리의 등급별 분류를 보면 1등급 시조묘가 13곳, 2등급 시조묘가 71곳, 3등급 시조묘가 10곳으로 조사되어 음택지에 들어있는 명혈명당인 천조명당 일월혈지의 2등급 혈자리에 모셔진 시조묘가 우리나라 성씨들의 명당발복을 주도하고 있다는 것이 확인되고 있다.

 따라서 우리나라 성씨의 본관별 시조묘가 명혈명당인 천
조명당의 월혈자리 또는 일혈자리에 조성됨으로서 후손들
의 부귀영화는 물론이고 우리나라에서 명문가(名門家)로
자리잡게 되었으며, 아울러 나라의 번영과 발전에 기여한
훌륭한 인물들이 지속적으로 배출되고 있다는 점에서 음
택지 명당자리가 후손들의 명당발복을 주도(主導)하고 있
다는 것을 입증해 주는 조사 결과라고 할 수 있다.

우리나라 성씨별 시조묘의 천조명당 현황

본관	성씨	시조	지 번	혈지	등급
김해	金씨	김수로왕	경남 김해시 서상동 312	明,月	3
광산	金씨	김흥광	전남 담양군 대전면 평장리 204-1	明,月	1
안동	金씨	김선평	경북 안동시 서후면 태장리 산 34-1	明,日	3
선산	金씨	김선궁	경북 구미시 해평면 금호리 산 28	明,日	1
강릉	金씨	김주원	강원 강릉시 성산면 보광리 산 285	明,月	2
전주	金씨	김태서	전북 완주군 구이면 원기리 산 5	明,月	1
청풍	金씨	김대유	충북 제천시 수산면 도전리 산 8	明,月	2
영양	金씨	김충	경북 영양군 영양읍 동부리 369	明,月	2
삼척	金씨	김위옹	강원 삼척시 성북동 43	明,月	3

본관	성씨	시조	지 번	혈지	등급
순천	金씨	김총	전남 순천시 주암면 주암리 산 31	明,月	3
전주	李씨	이한	전북 전주시 덕진구 덕진동 1가 640-9	明,月	1
광주	李씨	이당	경북 영천시 북안면 도유리 산 85	明,月	1
한산	李씨	이윤경	충남 서천군 한산면 지현리 산 2-1	明,月	1
전의	李씨	이도	세종 전의면 유천리 산 3-1	明,月	1
합천	李씨	이개	경남 합천군 용주면 월평리 산 26	星,月	1
인천	李씨	이허겸 (중시조)	인천 연수구 연수동 583-1	明,月	2
영천	李씨	이능간	전북 임실군 지사면 영천리 산 18-1	明,月	2
성주	李씨	이장경 (중시조)	경북 성주군 대가면 옥화리 산 2	明,月	3
진성	李씨	이석	경북 청송군 파천면 신기리 427	明,月	2
반남	朴씨	박응주	전남 나주시 반남면 흥덕리 산 2-1	星,月	1
구산	朴씨	박천	경북 군위군 의흥면 수북리 산 113	明,月	2
함양	朴씨	박선 (중시조)	경남 함양군 함양읍 이은리 170-1	明,月	2
경주	崔씨	최예 (중시조)	울산 울주군 두서면 활천리 산 28-1	明,日	3
천령	崔씨	최흥	경기 여주시 금사면 이포리 200-7	明,月	2
탐진	崔씨	최사전	전남 강진군 군동면 파산리 산 34	明,月	2

본관	성씨	시조	지 번	혈지	등급
전주	崔씨	최아	전북 완주군 소양면 죽절리 산 198	明,月	2
수성	崔씨	최영규	경기 화성시 매송면 숙곡리 산 81-1	明,月	2
강릉	崔씨	최입지	강원 강릉시 성산면 금산리 산 35	明,月	3
흥해	崔씨	최호	경북 포항시 흥해읍 남송리 산 160	明,月	3
나라	鄭씨	낙랑후백	경북 경주시 내남면 노곡리 산 173	明,月	3
경주	鄭씨	지백호	경북 경주시 내남면 노곡리 산 193	明,月	2
동래	鄭씨	정문도 (중시조)	부산 부산진구 양정동 73-28	明,月	1
연일	鄭씨	정습명	경북 포항시 대송면 남성리 산 21	明,月	2
하동	鄭씨	정도정	경남 하동군 적량면 동리 산 1-6	明,月	2
초계	鄭씨	정배걸	경남 합천군 쌍책면 성산리 산 9	明,月	2
서산	鄭씨	정신보	충남 서산시 성연면 오사리 641-2	明,月	3
임천	趙씨	조천혁	충남 부여군 장암면 상황리 산 18	明,月	1
양주	趙씨	조잠	서울 성북구 번동 산 27-8	明,月	2
옥천	趙씨	조원길	전북 순창군 유등면 건곡리 산 86-14	星,月	1
한양	趙씨	조지수	충남 홍성군 홍북읍 대인리 559-2	明,月	2
풍양	趙씨	조맹	경기 남양주시 진건읍 송능리 산 53-4	明,月	2

본관	성씨	시조	지 번	혈지	등급
파평	尹씨	윤신달	경북 포항시 북구 기계면 봉계리 산 37	明,月	2
칠원	尹씨	윤시영	경남 함안군 칠서면 계내리 1176	明,月	2
안동	張씨	장정필	경북 안동시 서후면 성곡리 산 18	明,月	2
조양	林씨	임세미	전남 보성군 벌교읍 낙성리 산 76	明,月	2
청주	韓씨	한란	충북 청원군 남일면 가산리 산 18	雙,月	1
평산	申씨	신숭겸	강원 춘천시 서면 방동리 산 816-1	明,月	2
고령	申씨	신성용	경북 고령군 쌍림면 산주리 산 38	明,月	2
함양	吳씨	오광휘	경남 함양군 유림면 서주리 산 38-3	明,月	2
이천	徐씨	서신일	경기 이천시 부발읍 산촌리 19	明,月	2
대구	徐씨	서한	충남 예산군 대흥면 하탄방리 산 16	明,月	2
달성	徐씨	서진	대구 달성군 다사읍 문양리 산 19-3	明,月	2
안동	權씨	권행	경북 안동시 서후면 성곡리 산 11	明,月	2
창원	黃씨	황충준	경남 창원시 성산구 적현동 산 20	明,月	2
여산	宋씨	송유익	전북 익산시 여산면 호산리 산 4	明,月	2
은진	宋씨	정량공파송순년	대전 동구 사성동 산 16-8	明,月	2

본관	성씨	시조	지 번	혈지	등급
문화	柳씨	류차달	황해 문화군 초리면(홍학동)	明,月	2
전주	柳씨	류습	전북 전주시 덕진구 인후동 1가 549-1	明,月	2
전주	柳씨	장령공파류양자	전북 완주군 고산면 율곡리 산 10	明,月	2
남양	洪씨	홍은열	충북 청원군 미원면 내산리 산 1-3	明,月	2
정선	全씨	전선	강원 정선군 남면 낙동리 산 120-7	明,月	3
제주	高씨	울산고사윤	울산 성안동 가태마을	明,月	2
밀양	孫씨	손순	경북 경주시 건천읍 모량리 623-9	明,月	2
밀양	孫씨	손긍훈(중시조)	경남 밀양시 교동 산 74-6	明,月	2
달성	裵씨	배현경	경북 칠곡군 지천면 낙산리 산 209	明,月	2
분성	裵씨	배원룡	경남 김해시 화목동 1333-1	明,月	2
수원	白씨	백천장	경기 화성시 기안동 140-1	明,月	2
창녕	曺씨	조계룡	경북 경주시 안강읍 노당리 산 37-1	明,月	2
김해	許씨	수로왕비	경남 김해시 구산동 120-1	明,月	2
영양	南씨	남민	경북 영양군 영양읍 동부리 369	明,月	2
의령	南씨	남군보(관조)	경남 의령군 의령읍 서동리 400	明,月	2
추계	秋씨	최수경	전북 완주군 봉동읍 은하리 814	明,月	2
청송	沈씨	심홍부	경북 청송군 청송읍 덕리 산 33	明,月	2

본관	성씨	시조	지 번	혈지	등급
광주	盧씨	시조	경남 창녕군 이방면 등림리 산 89-1	明,月	2
광주	盧씨	노만 (중시조)	광주 북구 오치동 산 16-1	明,月	2
기계	俞씨	유삼재	경북 포항시 북구 기계면 미현리 산1-1	明,月	2
압해	丁씨	정덕성	전남 신안군 압해읍 가룡리 산 166	明,月	2
창녕	成씨	성인보	경남 창녕군 대지면 모산리 503	明,月	2
현풍	郭씨	곽경	충북 청주시 상당구 탑동동 산 43-9	星,月	2
능성	具씨	구존우	전남 화순군 한천면 정리 430	明,月	2
담양	田씨	전득시	전남 담양군 담양읍 향교리 산 1-6	明,月	2
영월	嚴씨	엄임의	강원 영월군 영월읍 영흥리 874	明,月	2
원주	元씨	원천석	강원 원주시 생구동 석경촌	明,月	2
신천	康씨	강영 (입도조)	제주 조천읍 조천리 116-1	明,月	2
초계	卞씨	변정실	경남 합천군 율곡면 갑산리 산 29	明,月	2
원주	邊씨	변안렬	경기 남양주시 진건읍 용정리 산 197	明,月	2
함양	呂씨	여어매	경남 함영군 휴천면 호산리 산 96-14	明,月	2
진주	蘇씨	소알천	경남 진주시 상대동 산 36-1	明,月	2
경주	薛씨	설총	경북 경주시 보문동 423	明,月	2
거제	潘씨	반부	경남 거제시 아주동 산 71	明,月	2

본관	성씨	시조	지 번	혈지	등급
아산	蔣씨	장서	충남 아산시 인주면 문방리 79-6	明,月	2
의령	余씨	여현경 (중시조)	경남 의령군 정곡면 죽전리 산 7	明,月	2
하음	奉씨	봉우	인천 강화군 하점면 장정리 산 122	明,月	2
의흥	芮씨	예낙전	경북 군위군 부계면 가호리 산 101-1	明,日	2
(48개 姓, 94개 本貫)					

※위의 표에서 혈지(穴地)의 明은 명혈명당, 雙은 쌍혈명당, 星은 명혈명당의 성혈지, 日은 일월혈지의 일혈자리, 月은 일월혈지의 월혈자리, 등급(等級)의 1, 2, 3은 일혈자리와 월혈자리 간의 거리에 의한 혈자리의 등급 구분

다음은 음택지(陰宅地) 혈자리가 명당발복을 주도(主導)한다는 것을 입증하기 위해 우리나라 성씨별 조상묘, 조선시대 삼정승(三政丞) 묘와 주요 관직을 역임한 분들의 조상묘. 한국의 삼부(三府) 요직(要職)을 역임한 분들의 조상묘, 우리나라에서 대기업을 창업한 분들의 음택지 명당의 명당발복에 대해 조사한 현황이다.

음택지 명당의 명당발복 현황은 조사 대상별로는 우리나라에 현존하는 성씨별 본관별 시조묘 94곳, 조선시대 최고의 관직인 삼정승을 역임한 분들의 묘 196곳, 조선시대 고위 관직을 역임한 분들의 조상묘 200곳, 대한민국 정부 수립 이후 대통령, 국무총리, 국회의장, 대법원장

등 삼부 요직을 역임한 분들의 조상묘 49곳 및 조선 시대 갑부와 현재 우리나라 재벌 그룹을 창업한 분들의 조상묘 17곳 등 모두 556곳의 음택지 명당의 명당발복 현황을 종합한 것이다.

　아래의 표(表)에서 보는 바와 같이 천조명당인 대명당의 역량을 갖춘 쌍혈명당 자리나 명혈명당 자리에 조상의 묘를 조성한 분들의 후손들 중에서 명당발복이 발현된 분들은 그 시대에서 가장 명망(名望)이 높았던 분들이다. 즉 개개인의 부귀영화(富貴榮華)는 물론이요 가문의 영광을 가져와 명문가(名門家)를 이루었고 또한 귀(貴) 또는 부(富)로 명당발복이 발현되어 한 국가의 지도자와 세계적인 재벌들이 배출되어 음택지 명당이 명당발복을 주도하고 있음을 아래의 조사·통계가 입증해 주는 결과라 할 수 있다.

　그러나 음택지에 의한 명당발복의 발현을 보여주는 조사가 통계적으로는 어느정도 음택지 명당이 명당발복을 주도하고 있다는 것을 입증(立證)할 수는 있지만 과학적(科學的)으로 입증하는 데 까지는 아직까지 이르지 못하고 있다고 할 수 있다.

음택지 명당발복 현황

(단위:곳)

구 분	명 당			혈 지			
	双	明	계	日	月	계	(星)
성씨별 시조묘	1	93	94	4	90	94	(4)
조선시대 삼정승묘	-	196	196	9	187	196	(11)
조선시대 관직자 조상묘	-	200	200	-	200	200	(6)
한국 삼부요직자 조상묘	4	45	49	5	44	49	(6)
대기업창업자등의조상묘	1	16	17	17	-	17	(2)
계	6	550	556	35	521	556	(29)

※위의 표에서 명당의 双은 쌍혈명당, 明은 명혈명당, 혈지의 日은
일월혈지의 日혈자리, 月은 일월혈지의 월혈자리, (星)은 명혈명당
의 성혈지로 혈지의 계에 포함된 수치임

(1) 음택지(陰宅地) 명당발복의 발현(發現) 시기(時期)

- 음택지 명당발복明堂發福의 발현 시기는 시신屍身이
  혈자리에 안치安置된 후부터 대략 2-5년 정도로 추
  정하며, 유해遺骸를 혈자리에 이장移葬한 경우에는
  대략 6개월 내외로 추정한다.

※음택지 명당발복의 발현 시기로서 시신이 혈자리에
안치(安置)된 후부터 대략 2-5년 후에 명당발복이 발현
될 것으로 추정한 이유는 시신의 육탈(肉脫)이 잘 되어
유골(遺骨)이 혈자리에서 생성되는 생기를 잘 받아 들여

조상의 유전인자와 후손의 유전인자 간에 음양교합(陰陽交合)이 순조롭게 이루어지는 기간을 감안해서 추정한 것이며, 유해를 다른 곳으로 이장(移葬)한 경우에는 시신이 육탈이 된 후에 이장하는 것을 전제로 새로운 혈자리에서 생기를 충분히 받을 수 있는 기간을 대략 6개월 정도로 추정해 본 것이다. 그러나 음택지 명당발복의 발현 시기는 돌아가신 분의 시신이 어디에 매장되어 있는지에 따라 달라질 수 있다. 즉 따뜻한 양지(陽地)에 매장되어 있다면 시신의 육탈(肉脫)이 빨리 진행되어 명당발복의 발현이 빠를 수도 있을 것이고, 차가운 음지에 매장되어 있으면 양지보다는 육탈이 늦어져 명당발복의 발현이 늦어질 수도 있을 것이며, 돌아가신 분의 시신이 땅속 깊은 곳에 매장되어 있을 경우와 얕은 곳에 매장되어 있을 경우에도 유해가 생기를 받는 시기가 달라질 수 있을 것이다. 즉 돌아가신 분의 유해에 있는 유전인자가 후손들에게 발산되는 파장을 온전하게 일찍 보내는지 아니면 늦게 보내는지에 따라 명당발복의 발현 시기가 빠를 수 도 있고 늦어질 수 도 있을 것으로 추정된다.

또한 조상의 유해가 조성되어 있는 곳의 지질과 혈자리 주변의 환경적(環境的)인 여건에 따라서도 명당발복의 발현 시기가 달라질 수 있고, 조상의 유해가 있는 장소, 즉 산의 능선, 분지, 평지 등 어디에 유해가 묻혀 있느냐에 따라서도 명당발복의 발현 시기가 달라 질 수 있을 것이다. 아울러 혈자리에서 생성되는 생기의 역량에 따라 구분되는 천조명당인 대명당, 지조명당인 중명당 및 인조명당인 소명당 자리에 따라서도 명당발복의 발현 시기가 달라질 수 있으므로 일률적(一律的)으로 얼마간의 기간이 지나야 명당발복이 발현 될 것이라고 단정(斷定)할 수는 없을 것이다.

(2) 명당발복을 발현(發現)시킨 조상 묘(墓)

> • 조상祖上의 묘를 혈자리에 조성造成한 후 태어난 손주, 외손주, 증손주, 외증손 순으로 크게 명당발복이 발현될 것으로 보고 있다.
> • 조상의 묘를 혈자리에 조성한 후 태어난 후손後孫 중 조상과 유전인자遺傳因子가 가장 유사類似한 후손의 명당발복이 가장 크게 발현될 것으로 보고 있다.

※명당자리에 의한 명당발복의 발현은 조상 묘가 혈자리에 조성 된 후에 태어난 후손 들이 대부분 명당발복을 받게 되는데 이 중에서도 혈자리에 안치된 분으로부터 가장 크게 명당발복을 받을 수 있는 후손들은 친가(親家)와 외가(外家)의 구분 없이 혈자리에 안치된 조상을 기준으로 2대와 3대가 되는 후손들, 즉 손자, 손녀, 외손자, 외손녀, 증손자, 증손녀, 외증손자, 외증손녀 순으로 명당발

복이 발현되며, 친가와 외가 후손들에게 명당발복이 발현되는 비율은 각각 50% 정도 내외가 될 것으로 추정 되고, 손주대와 증손주대에게 명당발복이 발현되는 비율은 40:60 정도로 증손주들에게 더 많이 발현 될 것으로 추정한다.

한편으로 명당발복을 받는 후손의 대상이 남성(男性)이냐 또는 여성(女性)이냐 하는 문제다. 예를 들어 후손이 증손자(曾孫子)이냐 증손녀(曾孫女)냐 하는 것인데, 증손자에게는 명당발복이 100% 일어난다면, 증손녀는 결혼으로 인해 다른 집안으로 시집을 갈 경우에는 자식을 잉태(孕胎)할 때부터는 친가의 명당발복 50% 정도, 외가의 명당발복 50% 정도로 명당발복을 받을 수 있다고 추정해 볼 수 있다.

그러나 조상의 유전인자와 유사한 인자를 가지고 태어난 여성은 친가(親家)의 영향이 더 클 것으로 추정해 볼 수 있으며, 결혼한 여성은 자식을 갖게되면서 부터 시가(媤家)의 영향이 더 커지기 때문에 시가에 의한 명당발복도 세월이 흐를수록 영향력이 더 커질 것이라는 추정도 해볼 수 있다.

혈자리에 안치된 조상의 유전인자와 후손으로 태어난 사람들 중에서 혈자리에 안치된 조상의 유전인자와 가장 유사한 유전인자를 물려받은 후손에게 명당발복이 가장 크게 발현된다. 즉 조상의 유전인자와 유사한 후손이 태어나면 조상과 후손 간에 음양교합(陰陽交合)이 활발하게 이루어져 동기감응(同氣感應)이 활성화되어 후손의 심신에 활기가 충만해져 복된 삶을 영위할 수 있게 된다는 음택지 명당발복이 크고 확연하게 발현된다는 것이다.

다음은 조선시대의 삼정승(三政丞) 등 고위(高位) 관직(官職)을 역임한 분들의 조상묘와 대한민국에서 대통령 등 삼부(三府) 요직(要職)을 역임(歷任)한 분들의 조상묘, 조선시대 갑부(甲富)의 조상 묘 및 현재 우리나라에서 대기업을 창업(創業)한 분들의 조상묘를 대상으로 후손들에게 명당발복을 가장 많이 발현시킨 조상의 묘를 조사한 현황이다.

조사 대상자 266명 중에서 증조부모(曾祖父母) 묘의 발현이 가장 많은 128곳으로 전체 조사 대상자의 48.1%를 보이고 있고, 다음으로는 조부모(祖父母) 묘의 발현이 109곳으로 41%를 보이고 있으며, 고조부모(高祖父母) 묘의 발현은 23곳으로 8.6%이고, 부모 묘의 발현은 6곳으로 2.3%를 보이고 있다. 따라서 후손들에게 명당발복을 가장 많이 발현시킨 것으로 조사된 조상묘는 후손들이 태어나기 전에 돌아가신 분들의 유해가 혈자리에 조성된 것으로 추정되는 고조부모 묘, 증조부모 묘와 조부모 묘가 260곳으로 전체 조사 대상자의 97.7%를 차지하고 있었다.

후손들에게 명당발복을 발현시킨 조상 묘 현황

(단위:곳)

구분	고조부모묘	증조부모묘	조부모묘	부모묘	계
영의정	5	43	27	-	75
좌의정	3	22	18	-	43
우의정	4	11	18	-	33
소계	12	76	63	-	151
좌찬성 등	1	2	3	-	6
판서 등	3	12	8	-	23
참판 등	6	7	7	-	20
소계	10	21	18	-	49
계	22	97	81	-	200
대통령	1	4	5	1	11
부통령	-	1	-	-	1
유엔사무총장	-	-	1	-	1
국무총리	-	5	9	1	15
국회의장	-	4	2	-	6
당대표	-	5	1	-	6
대법원장	-	2	1	-	3
시장및도지사	-	4	2	-	6
계	1	25	21	2	49
조선시대갑부	-	-	3	3	6
대기업 창업자	-	6	4	1	11
계	-	6	7	4	17
합계	23	128	109	6	266

(3) 음택지(陰宅地) 명당발복의 발현(發現) 기간(期間)

> • 음택지 혈자리의 명당발복明堂發福의 발현이 지속되
> 는 기간은 묏자리에서 생성되는 생기의 역량力量, 혈
> 자리가 있는 땅의 지질地質과 지형地形, 혈자리 주변
> 의 환경적인 여건與件 및 기후氣候 등 여러 변수變
> 數 등에 따라 발현 기간이 다를 수 있다.

※음택지 혈자리의 명당발복은 언제까지 발복이 지속될
것인가에 대하여는 아직까지 명확히 전해오는 풍수지리
서와 실증(實證)들이 없는 것 같다. 그러나 고대 페루 나
스카시대(BC 400-AD 600년)에 조성된 "차우시야" 무덤
에서 발굴된 유해(遺骸)는 미이라가 황골(黃骨) 상태로
발견되었다고 사진과 함께 보도되어 발굴지(發掘地) 사
진을 엘로드로 감지한 결과 명혈명당의 천조명당 자리로
확인되었다. 아마도 이 곳은 기후와 지질과 지형 및 환경
적 여건 등이 좋아 혈자리에서 생성된 강한 생기가 응결
된 상태가 지속되면서 유골(遺骨)이 수 천년 동안 양호한
상태를 유지 하고 있었던 것이 아닌가 추정해 볼 수 있다.

음택지의 명당발복이 지속되는 기간은 음택지의 지질,
지형, 환경, 기후 등 혈자리 주변의 여건이 같을 경우에는
생기의 역량이 가장 큰 천조명당 자리가 명당발복이 가장
오래 지속될 것으로 추정되며, 다음은 지조명당 자리이고

그 다음이 인조명당 자리 순으로 명당발복이 지속될 것으로 추정된다.

우리나라에서 명문가(名門家)로 많은 인물들을 배출한 성씨(姓氏)들의 시조묘는 대부분 생기의 역량이 가장 큰 명혈명당인 천조명당 자리에 조성되어 있어 현재까지 훌륭한 인물들이 지속적으로 배출되는 것으로 추정해 볼 수 있으며, 묘의 관리 상태가 좋은 경우에는 300년 이상 명당발복이 지속된다고 전해오고 있다.

유해(遺骸)의 주요 성분은 탄소(炭素)로 되어 있는데, 조사한 바에 의하면 탄소는 1만2천년 정도 되어야 완전히 없어진다는 조사 보고가 있으므로 조상묘가 있는 곳이 천조명당 자리로서 지질학적인 특성과 환경적인 여건 및 기후적인 특성 등에 의해 혈자리의 유해가 황골(黃骨)이 되어 오랜 기간 지속될 것으로 추정되므로 유해에 있는 유전인자가 완전히 없어지는 기간을 일률적(一律的)으로 한정해서 말할 수는 없을 것 같다.

중국 송(宋)나라 때 주희(朱熹)가 쓴 "문공가례(文公家禮)"에 의해 조선시대에는 유교의 조상 숭배사상(崇拜思想)에 따라 조상의 제사는 4대 봉사(奉祀)를 실행(實行)한 풍습이 있었다. 이에 따라 일반적인 가정에서는 보통 기제(忌祭)도 4대까지만 봉사하고 그 이후에는 시제(時

祭)로 대신하고 있는 것을 보면 유해가 지속 되는 기간을 고려해 기제를 지냈다는 것은 우리 조상들의 풍수지리에 관한 인식(認識)의 일부를 엿볼 수 있는 풍습이 아닌가 한다.

(4) 혈자리가 혈자리를 불러들여 명당발복(明堂發福)의 시너지 효과(效果)를 유발(誘發)한다.

> • 조상의 음택지陰宅地가 혈자리에 들어 있으면 후손들의 양택지陽宅地에도 음택지와 유사한 혈자리가 들어와 명당발복의 시너지 효과가 유발誘發된다.

※조상의 유해를 혈자리에 모시게 된 경우에는 우연한 기회에 후손들의 생활 터전에도 조상의 유해를 모신 혈자리에서 생성되는 생기의 역량이 유사한 혈자리가 있는 곳에서 생활을 하게될 확률이 높아진다. 즉 조상의 음택지가 명혈명당의 천조명당 자리인 경우에는 자연스럽게 후손들이 생활하는 곳에서도 천조명당인 대명당 자리가 들어있을 확률이 높아지고, 조상의 음택지가 지조명당인 중명당 자리일 경우에는 후손들이 생활하는 곳에서도 중명당 자리에서 생활할 확률이 높아지며, 조상의 음택지가 인조명당인 소명당 자리인 경우에는 후손들이 소명당 자리에서 생활할 확률이 높아진다고 할 수 있다. 따라서 조

상의 유해가 혈자리에 모셔졌을 경우에는 후손들이 생활하는 곳에서도 조상의 음택지와 유사한 혈자리에서 생활할 확률이 높아지는 현상이 발생함으로써 음택지 혈자리는 후손들의 양택지 혈자리와 후손들의 음택지 혈자리를 불러들이는 신비(神祕)스러운 현상이 일어나게 된다는 것이다.

예를 들어 조상의 묏자리가 천조명당의 1등급 혈자리에 조성되었다면, 묏자리가 조성된 이후에 태어난 후손들 중 조상의 유전인자와 유사하게 태어난 후손들의 출생하는 곳, 사는 집, 학습하는 각급 학교, 평생직장 등에도 신기하게 조상의 묏자리에 들어 있는 것과 같은 천조명당의 1등급 혈자리가 들어 있다는 것이다.

이와 같은 현상은 마치 연어(鰱魚)가 알에서 산란(産卵)을 한 후 바다로 나갔다가 산란기가 되면 당초의 산란지로 다시 회귀(回歸) 하는 것처럼 조상의 유해가 혈자리에 안치되면 조상의 영혼이 마치 후손을 조정(調整)이라도 하듯 후손들은 어떠한 힘에 이끌려 조상의 묘소와 유사한 역량의 혈자리가 들어 있는 양택지에서 생활을 할 수 있도록 유도(誘導)하게 된다는 것이다.

따라서 조상들의 유해와 후손들이 생활하는 곳에는 유사한 역량의 생기가 생성되는 혈자리가 함께 들어 있게 되어 조상의 유전인자와 후손의 유전인자 간에 음양교합이 활발하게 이루어져서 동기감응이 활성화 되어 조상의 음택지(陰宅地)와 후손들의 양택지(陽宅地) 간에 시너지 효과가 유발(誘發)되어 명당발복이 크고 뚜렷하게 오랫동안 발현된다는 신비스러운 현상이 발생된다는 것이다. 다시 말하면 선행(善行)과 덕(德)을 쌓고 효심이 지극한 분들의 조상이 돌아가시게 되면 우연히 생기가 강하게 서린 혈자리에다 조상을 모시게 되고, 혈자리에 조상의 묘를 조성한 이후부터 출생한 후손들의 생활 터전의 대부분이 공교롭게도 조상 묘의 혈자리와 생기의 역량이 유사한 혈자리가 우연히 나타나서 후손들이 생활하게 된다는 현상, 즉 혈자리가 혈자리를 불러들여 명당발복의 시너지 효과를 유발시켜 명당발복이 크고 확연하게 발현된다는 신비한 현상이 발생한다는 것이다.

예(例)로서 우리나라의 역대 대통령을 역임한 분들의 조상 묘와 생가 및 거주한 가옥을 조사해 보면 모두가 1등급의 천조명당인 대명당 자리인 것으로 확인 되었으며, 국무총리를 역임한 분들의 조상 묘와 생가나 거주했던 곳은 모두 2등급의 천조명당인 대명당 자리인 것으로 조사되었다. 따라서 음택지의 혈자리가 양택지의 혈자리를 불러들이는 현상이 우리나라 대통령과 국무총리를 역임한 분들에게 공교롭게도 발생되어 음택지와 양택지에 들어 있는 천조명당 자리에 의한 명당발복의 시너지 효과가 유발되어 대한민국의 대통령이나 국무총리 지위에 까지 오르게 된 것이 아닌가 하는 합리적(合理的) 추정을 해 볼 수 있게 되었다.

5. 양택지(陽宅地) 명당발복(明堂發福)

- 혈자리에서 생성된 생기가 땅위로 분출噴出되는 곳에 건물을 지어서 생활하게 되면 심신心身의 활기活氣가 증진되어 성공적인 삶을 영위할 수 있게 된다는 현상을 양택지陽宅地 명당발복이라 한다.

- 양택지 명당발복은 혈자리에서 잉태孕胎되고 출생해 유소년幼少年 시기를 보낸 사람들에게 가장 크고 뚜렷하게 발현된다.

- 양택지 명당발복의 위력도 혈자리에서 생성되는 생기의 역량에 따라 천조명당天造明堂, 지조명당地造明堂 및 인조명당人造明堂 순順으로 크게 발현發現된다.

※양택(陽宅) 풍수는 사람들이 건물(建物) 내에서 생활하는 모든 곳, 즉 사람이 잉태(孕胎)되고, 출생하고, 성장하고, 일하고, 학습하고, 휴양하고, 생산 활동을 하는 생가, 가옥, 아파트, 사무실, 공장, 학교, 병원, 요양 시설 등이 생기가 생성되어 분출되는 혈자리 위에 있으면, 이러한 곳에서 생활하는 사람들은 혈자리에서 분출되는 생기를 지속적으로 접(接)하게 됨으로써 심신의 활기가 증진되어 타고난 운명과 시련을 적극적으로 타개해 성공적이고 복(福)된 삶을 영위할 수 있게 된다는 신비한 현상을

양택지 명당발복이라 한다. 다시 말하면 양택지 명당발복 현상은 사람이 혈자리에서 생성되는 생기가 분출되는 곳에서 생활하게 되면, 마치 단전호흡(丹田呼吸)과 요가 등을 통해 심신의 수련(修練)을 위한 명상(冥想)을 할 때와 같이 두뇌(頭腦)의 후두엽(後頭葉)이 활성화(活性化)되어 올바른 사고와 판단력을 높이는 것과 같이 혈자리 위에 지어진 건물에서 생활하게 되면 생기를 받아 심신(心神)의 리듬이 조절되고 활기가 증진되어 판단력, 집중력, 창의력, 의지력 및 성취욕, 사고력 등이 활성화(活性化)되고 제고(提高)되어 시련을 극복하고 뜻하는 바를 성취해 성공적인 삶을 살아가게 된다는 현상을 양택지 명당발복 이라 한다.

사람은 어머니 뱃속에서 잉태(孕胎)되는 시기, 출생(出生) 시기, 유소년(幼少年) 시기가 일생 중에서 생체(生體) 리듬이 가장 활성화 되는 시기이므로, 이 시기에 생기가 분출되는 혈자리 위에 지어진 건물에서 생활하게 되면 다른 시기(時期) 보다는 명당발복이 가장 크고 확실하게 발현된다는 것이다. 즉 명당자리에서 잉태되고 태어나서 유소년 시기를 보낸 사람들은 생기라는 기체(氣體)를 어머니 뱃속부터 접(接)하기 때문에 어디를 가든지 생기의 적응력(適應力)이 높아져서 생기를 접해 본적이 없는 다른 사람들 보다는 생기에 적응해서 이를 활용하는 능력이 탁월하기 때문에 명당발복이 뚜렷하고 크게 발현된다는 것이다.

혈자리에서 생성되는 지기의 하나인 생기(生氣)는 땅 밑에서 땅 위로 올라오고 천기(天氣)는 하늘로부터 땅위로 내려와 천지(天地)의 음양(陰陽)이 화합되고, 자연에 의해 만들어진 혈자리 위에서 부모의 인기(人氣)가 융합(融合)되어 인간이 잉태되고 태어나서 유소년기를 보낸 시기가 생기를 가장 효율적으로 받아들이는 시기라 할 수 있다. 따라서 잉태지와 출생지 및 유소년기를 보내는 곳에 혈자리가 들어 있으면 생기의 작용에 의한 활기가 증진되어 타고난 재능을 발휘해 운명을 적극적으로 타개해 나감으로써 성공적인 삶을 영위할 수 있게 된다는 것이다.

양택지 명당발복의 위력(威力)도 음택지 명당발복의 위력과 같이 혈자리에서 생성되는 생기의 역량에 따라 구분되는 천조명당, 지조명당 및 인조명당 순으로 명당발복이 크고 확연히 발현된다. 또한 같은 종류의 혈자리라 할지라도 혈자리의 넓이가 큰 혈자리에서의 명당발복이 혈자리의 넓이가 작은 혈자리에서의 명당발복 보다는 대부분 크게 발현되고, 먼 거리를 입수맥이 흘러와서 혈자리를 만든 곳의 명당발복이 가까운 거리를 입수맥이 흘러와서 혈자리를 만든 곳 보다는 명당발복이 더 크게 발현된다고 할 수 있다.

모든 사람들은 태어나면서 각자의 운명을 타고나는 것이 자연의 이치이다. 사주팔자(四柱八字)를 풀이하는 것을 보면 사람은 10년마다 운(運)이 크게 변화되는 대운(大運)을 맞이하게 된다. 대운은 사람이 살아가는데 발전되고 안정된 길(吉)한 대운이 있는가 하면 살아가는데 힘이 들고 불행한 일들이 연속으로 닥쳐와 시련을 겪으면서 힘들게 살아가는 흉(凶)한 대운도 있다.

길한 대운에는 우연히 이사 간 곳이 생기의 역량이 강하게 분출되는 혈자리가 있는 곳으로 가게되어 안정되고 매사가 잘 풀리고 가족이 평안하고 무탈하고 복되게 생활할 확률이 높지만, 흉한 대운에는 이사 간 곳이 수맥이 흐른다던지 산 사태나 수해나 화재가 발생하기 쉬운 곳으로 가게되어 큰 시련을 격게되는 경우를 우리들 주변에서 흔히 볼 수 있다. 따라서 시련을 겪을 때는 풍수지리를 학습한 분들에게 집터에 대해 자문을 구(求)해 생기의 역량이 큰 혈자리가 들어있는 곳으로 집을 옮긴다면 양택지 명당 발복에 힘입어 흉한 대운에 의한 시련을 극복하는데 큰 도움이 될 것이다.

우리가 살고 있는 지구촌에는 기후, 지역적 특성, 종교(宗敎), 인종(人種) 등으로 인한 전통적인 풍속(風俗) 등으로 사람이 죽으면 화장(火葬)을 하는 풍습(風習)이 있는 민족(民族)과 지역(地域) 및 국가들이 있는가 하면, 공동묘지를 조성해 매장하는 풍습이 내려오는 민족과 지역 및 국가들도 많다. 예를 들어 일본은 화산(火山)이 빈번하게 폭발해 화산재가 많이 쌓이는 곳이 많아 지역에 따라 매장(埋葬)보다는 화장(火葬)을 더 선호 하고 있는 편이며, 불란서, 영국, 독일 등 유럽 국가들과 미국, 캐나다 등에서는 지역마다 공동묘지(共同墓地)를 조성해 매장하는 풍습이 이어지고 있으므로 이러한 곳에서 살아가는 대부분의 사람들은 음택지에 의한 명당발복에 대해서는 인지(認知)하지 못하기 때문에 혈자자리에 대해서는 무관심(無關心)한 생활을 하고 있다. 그러나 풍수지리와 혈자리에 대한 무관심이나 이해를 하지 못하는 지역에서 살고 있는 사람들 중에는 우연(偶然)인지 아니면 필연(必然)인지는 몰라도 각계 각 분야에서 세계적인 영향력을 발휘하는 훌륭한 인물들의 생가(生家)와 유소년기를 보낸 가옥(家屋)에는 예외 없이 생기의 역량이 가장 큰 명혈명당지의 천조명당 자리라는 것이 조사에 의해 확인되고 있다. 즉 양택지에 의한 명당발복을 받아서 우리가 살고 있는 지구촌에 큰 영향력을 발휘하는 훌륭한 인물들이 꾸준히 배출되고 있음을 볼 때 양택지에 의한 명당발복이 지구촌에서 살아가는 인류에게 지대(至大)한 영향력을 발휘한다는 것을 입증하는 조사·통계라 할 수 있다.

명당자리는 지구촌 곳곳에 헤아릴 수 없을 정도로 많이 있다. 따라서 명당에 관한 인식이 전혀 없는 지역이나 민족이나 국가에서 살아가는 사람들 중에서 공동묘지(共同

墓地)에 조성된 조상들의 묘가 공교롭게도 천조명당 자리에 조성되어 있을 수도 있다. 특히 유럽이나 미국 등지에서는 공동묘지가 잘 조성되어 있는데 이러한 공동묘지에도 천조명당인 대명당 자리가 많이 생성되어 있기 때문에 조상의 묘가 우연히 명혈명당의 천조명당 자리에 조성되는 경우 후손들의 생가나 생활하는 곳에서도 천조명당 자리에 들어 있을 확률이 높아져서 명당발복의 시너지 효과가 발휘되어 각 분야에서 세계적으로 영향력(影響力)을 행사하는 훌륭한 위인(偉人)들이 배출되는 것이 아닌가 하는 합리적(合理的)인 추론(推論)도 해 볼 수 있다.

인류의 삶에 큰 영향력을 발휘하는 기독교, 불교, 이스람교, 유교 등 세계적인 종교 창시자(創始者), 정치, 경제, 사회, 교육, 문화, 예술, 의학, 과학기술 분야 등에서 지구촌의 많은 사람들로부터 존경 받는 세계적인 위인(偉人)들, 세계 주요 국가의 대통령과 수상 등 세계적인 지도자(指導者), 글로벌 기업을 창업했거나 경영하는 경제인(經濟人)들의 생가(生家)를 조사해보면 천조명당인 대명당 혈자리가 들어 있어 양택지 혈자리에 의한 명당발복의 발현이 있었다는 것을 확인할 수 있다. 따라서 양택지 명당발복의 발현을 입증(立證)하고자 세계적인 위인들의 생가의 명당 현황, 세계 주요 국가 지도자들의 생가의 명당 현황, 글로벌 대기업의 명당 현황, 세계 각국의 주요 청사의 명당 현황 및 한국의 대기업 본사와 계열사들의 명당 현황을 다음의 〈표-1〉에서부터 〈표-5〉와 같이 예 (例)를 들었다.

　아래의 〈표 1〉은 종교, 문화, 예술, 과학기술 등 각 분야 에서 훌륭한 업적(業績)을 일구어 세계적인 위인(偉人) 으로 존경을 받고 있는 분들은 모두 혈자리에서 생성되는 생기의 역량이 가장 크다는 명혈명당지의 천조명당 자리 에서 출생한 것으로 조사되었다.

〈표-1〉 세계적인 위인들 생가의 명당 현황

성 명	국가 및 장소	혈지
예수(기독교 창시자)	요르단 베들레헴	日月
석가모니(불교 창시자)	네팔 룸비니	日月
공자(유교 창시자)	중국 산동성 곡부	日月
노자(도교 창시자)	중국 허난성 정저우시 루이현	日月
무함마트(이슬람교 창시자)	아리비아반도 중부 메카	日月
맹자(사상가)	중국 산동성 쩌우청	日月
섹스피어(문학가)	영국 스트렛퍼드 어폰 에이븐	日月
뉴턴(과학자)	영국 링컨셔카운티 울소프	日月
세잔(화가)	프랑스 프로방스	日月
괴테(문학가)	독일 프랑크푸르트	日月
베토벤(음악가)	독일 본	日月
비스마르크(철의 재상)	독일 함부르크	日月
단테(문학가)	이탈리아 피렌체	日月
톨스토이(문학가)	러시아 야스나야 폴랴나	日月
마하트라 간디(민족운동가)	인도 구자라트 포르반다르	日月
피카소(화가)	스페인 말라카	日月

성 명	국가 및 장소	혈지
반 고흐(화가)	네델란드 쥔데르트	日月
레오나르도 다빈치(화가)	이탈리아 피렌체	日月
아인슈타인(과학자)	스위스 베른	日月
맥아더(장군)	미국 알칸사스주 리틀락	日月
(20명)		

※위의 표에서 혈지에 日月의 표시는 명혈명당의 日月혈지의 日혈자리와 月혈자리를 표시한 것임.

다음의 〈표-2〉는 미국, 중국, 일본, 영국, 프랑스, 독일, 러시아, 인도 등 세계 주요 국가의 대통령이나 총리 등의 생가로 확인된 곳의 명당 여부를 조사한 분들의 생가에는 명혈명당지의 천조명당 자리가 들어 있는 것으로 조사되었다. 따라서 미국의 대통령 등 세계적으로 영향력을 행사 할 수 있는 지도자가 되기 위해서는 반드시 명혈명당의 천조명당 자리에 의한 명당발복의 발현(發現)이 필수적(必須的)이라는 것을 입증하는 조사라 할 수 있다.

〈표-2〉 세계 주요 국가 지도자 생가의 명당 현황

국명	성 명	장 소	혈지
미국	초대 대통령 죠지 워싱턴	버지니아주 웨스트모어랜드	日月
	3대 대통령 토마스 제퍼슨	버지니아주 몬티셀로	日月
	16대 대통령 아브라함 링컨	이리노이주 스프링필드	日月
	26대 대통령 디어도어 루즈벨트	뉴욕 사가모어 힐	日月

국명	성 명	장 소	혈지
미국	31대 대통령 허버트 후버	아이오와주 웨스턴브랜	日月
	32대 대통령 프랭크린 루즈벨트	뉴욕 하이드파크	日月
	34대 대통령 드와이트아이젠하워	텍사스주 데니슨	日月
	37대 대통령 리차드 닉슨	캘리포니아주 요버린더	日月
	39대 대통령 지미 카터	죠지아주 아트란타	日月
	40대 대통령 로널드 레이건	이리노이주 딕손	日月
	41대 대통령 조지 허버워커 부시	텍사스주 미드랜드	日月
	42대 대통령 빌 클린턴	알칸사스주 호프시허 버스트리트	日月
	43대 대통령 조지 워커 부시	텍사스주 미드랜드	日月
	44대 대통령 버락오바마	쉬카고 이리노이스	日月
	45대 대통령 도널드 트럼프	뉴욕 퀸스	日月
	46대 대통령 조 바이든	펜실베니아주 스크랜턴	日月
중국	주석 모택동	호남성 장사시 샤오산 (韶山)	日月
	주석 등소평	사천성 광안시 협흥진 패방촌	日月
	주석 후진타오	안휘성 지시	日月
	주석 시진핑	북경	日月
대만	총통 장개석	절강성 시코우진 (溪口眞)	日月
일본	초대 총리 이토 히로부미	야마구치현 히카리시	日月
영국	수상 윈스턴 처칠	옥스퍼드셔주 우두탁 브레넘궁전	日月
	수상 마가렛 대처	랭컨셔주 그랜샘	日月

국명	성 명	장 소	혈지
프랑스	황제 나폴레옹	코르시카섬 아작시오	日月
	21대 대통령 미테랑	파리 쿠르브부	日月
독일	수상 빌리 브란트	뤼벡주 헤르비르트 칼프람	日月
	수상 콘라드 아데나워	본	日月
러시아	수상 스탈린	그루지아 고리	日月
	수상 레닌	울라노프스크	日月
인도	수상 자와할랄 네루	알라하바드	日月
	(31명)		

　※위의 표에서 혈지의 日月은 명혈명당의 日月혈지의 日혈자리와 月혈자리를 표시한 것임

　다음의 〈표 3〉은 명혈명당의 천조명당 자리에 의한 양택지 명당발복의 발현이 있었던 것으로 추정되는 글로벌 기업의 명당 현황이다. 2017년 현재 세계에서 가장 재산이 많은 1위에서 9위까지의 글로벌 기업을 창업한 분들의 생가와 기업체의 본사 위치가 확인된 8개 기업과 기타 기업을 대상으로 명혈명당의 천조명당 자리 여부를 조사한 결과 26개 기업의 오너의 생가와 기업의 본사 32곳이 천조명당 자리인 것으로 조사 되었다.

〈표-3〉 글로벌 기업의 명당 현황

순위	회사(회장)	국가 및 본사 등	혈지
1위	마이크로소프트 본사	미국 워싱턴주 시애틀	日月
	빌게이츠 회장 생가	미국 워싱턴주 시애틀	日月
	빌게이츠 회장 가옥	미국 워싱턴주 시애틀	日月
2위	아마존 닷컴 본사 (회장:제프 베조스)	미국 워싱턴주 시애틀	日月
3위	버크셔 해서웨이 본사	미국 네브레스카주 오마하	日月
	워렌 버핏 회장 생가	미국 네브레스카주 오마하	日月
4위	자라 본사 (회장:아만시오 오르데가)	스페인 La Coruna	日月
5위	페이스북 본사 (회장:마크 저커버그)	미국 캘리포니아주 팔로알토	日月
6위	멕시코 통신재벌 본사 (회장:카를로스 슬림)	멕시코 멕시코시티	日月
8위	코크 인더스트리스 본사 (회장:데이비드 코크)	미국 캔사스주 위치타	日月
9위	오라클 본사 (오라클 파크웨이)	미국 캘리포니아주 레드우드	日月
기타	애플 본사	미국 캘리포니아주 쿠 퍼티노	日月
	애플 신사옥(애플 파크)	미국 캘리포니아주	日月
	애플 창업자스티브 잡스 생가	미국 캘리포니아주 알토스시	日月
	코카콜라 본사	미국 조지아주 애틀란타	日月
	구글 본사	미국 캘리포니아주 실리콘벨리	日月
	나이키 본사	미국 오리건주포틀랜드 비버튼	日月

순위	회사(회장)	국가 및 본사 등	혈지
기타	록펠러 센터	미국 뉴욕	日月
	존 록펠러 가문 생가	미국 뉴욕주 웨스터체스터	日月
	도요타 본사	일본 아이치현 도요타시	日月
	소니 본사	일본 도쿄 미나토구 코난1간	日月
	소프트뱅크 본사(일본 1위)	일본 동경	日月
	스미토모 케미컬 본사(일본 3위)	일본 나고야	日月
	아리바바 및 타오방오 본사	중국 항주	日月
	아리바바 창업 사무실	중국 항주 후판화위안 아파트	日月
	완다그룹 본사	중국 광저우	日月
	화웨이 본사	중국 심천	日月
	샤오미 본사	중국 북경	日月
	하이난항공사 본사	중국 북경	日月
	승홍카이그룹 본사	홍콩	日月
	다이슨 본사	영국 맘스버리	日月
	타타그룹 본사(인도 1위)	인도 뭄바이	日月
	릴라이언스그룹회장저택 (인도2위)	인도 뭄바이	日月
	파버카스텔	독일 뉘른벨크	日月
계:34			

※ 위의 표에서 혈지의 日月은 명혈명당의 日月혈지를 표시한 것임

아래의 〈표-4〉는 2017년 현재 G20 경제 국가 및 경제 규모나 인구 등으로 보아 지구촌에서는 부강(富强)하다 는 국가들의 대통령, 총리 등의 집무실과 관저 및 주요 기 관들의 청사에 명혈명당의 천조명당 자리가 들어있는 현

황이다.

〈표-4〉 세계 각국 주요청사의 명당 현황

국 가	주요 청사	혈 지
〈G20 20개국 33곳〉		
한국	청와대(대통령 집무실)	明,日月
한국	정부서울 청사(총리 집무실)	明,日月
한국	정부세종 청사(총리 집무실	明,日月
한국	기획재정부 청사	明,日月
한국	외교부 청사	明,日月
미국	백악관(대통령집무실 및 관저)	明,日月
미국	연방정부청사	明,日月
중국	주석 관저	明,日月
중국	인민대회당	明,日月
중국	외교부	明,日月
일본	총리 관저	明,日月
일본	내각청사	明,日月
영국	다우닝가 10번지(총리 관저)	明,日月
영국	버킹엄 궁전(여왕 관저)	明,日月
프랑스	엘리제 궁전(대통령 관저)	明,日月
독일	연방수상 집무실	明,日月
이탈리아	퀴리날레 궁(대통령 관저)	明,日月
캐나다	수상 관저	明,日月
캐나다	총독 관저	明,日月
러시아	크레믈린 궁(대통령 관저)	明,日月
아르헨티나	카사 로사다(대통령 집무실)	明,日月
아르헨티나	대통령 관저	明,日月
호주	총리 관저	明,日月

국 가	주요 청사	혈 지
호주	연방총독 관저	明,日月
브라질	플라나토 궁전(대통령 집무실)	明,日月
인도	대통령궁(대통령 관저)	明,日月
인도	총리 관저	明,日月
인도네시아	메르드카 궁전(대통령 관저)	明,日月
멕시코	로스 피노스(대통령 관저)	明,日月
사우디아라비아	왕궁	明,日月
남아프리카공화국	대통령 관저	明,日月
터키	대통령궁(대통령 관저)	明,日月
유럽연합 본부	벨기에 브뤼셀 청사	明,日月
〈기타 20개국 20곳〉		
덴마크	아말리엔보르 궁전(왕궁)	明,日月
벨기에	브뤼셀 왕궁	明,日月
모로코	왕궁	明,日月
스페인	마드리드 왕궁	明,日月
말레이시아	이스타나 네가라(왕궁)	明,日月
필란드	대통령 관저	明,日月
폴란드	대통령 관저	明,日月
체코	대통령 관저	明,日月
베트남	주석궁	明,日月
포루투칼	벨렝 궁전(대통령 관저)	明,日月
이집트	연방 궁전(대통령 관저)	明,日月
이란	대통령 관저	明,日月
사우디아라비아	왕궁(캉사우드 궁)	明,日月
아랍에미래이트	대통령 궁	明,日月
칠레	모네다 궁전(대통령 관저)	明,日月
불가리아	에프크시노그라드(대통령 관저)	明,日月
오스트리아	호프부르크 궁전(대통령 관저)	明,日月
콜롬비아	나리노 궁전(대통령 관저)	明,日月

국 가	주요 청사	혈 지
대만	총통 관저	明,日月
북한	위원장 관저 및 서기실(비서실)	明,日月
〈기타:3곳〉		
바티칸 시국	교황청	明,日月
IMF 본부	미국 위싱턴 청사	明,日月
세계은행 본부	미국 위싱턴 청사	明,日月
〈계:56곳〉		

※위의 표에서 혈지의 明은 명혈명당, 日月은 일월혈지의 일혈자리와 월혈자리를 표시한 것임.

다음의 〈표-5〉는 2017년 기준 우리나라의 자산 규모 5조원 이상인 1위에서 56위 까지의 대기업 중 공기업(公企業)에서 민간 기업으로 전환(轉換)된 6개 대기업(大企業)을 제외한 50대 대기업의 본사, 계열사 사옥, 사업장 및 공장 등에 대한 명당 여부를 조사한 것이다. 아래의 표에서 보는 바와 같이 한국의 50개 대기업 중 2개 그룹을 제외한 48개 그룹들의 본사 건물이 천조명당인 대명당의 역량을 가진 혈자리가 적게는 74개에서 많게는 296개가 들어 있는 것으로 조사되었다. 따라서 재벌 그룹을 창업한 분들은 하늘이 내려 준 재운(財運)과 양택지의 혈자리에서 분출되는 생기가 서려있는 천조명당인 대명당 자리에 의한 명당발복의 발현에 의해 대기업으로 성장했을 것이라고 입증되는 예(例)라 할 수 있다.

〈표-5〉 한국의 대기업 본사와 계열사들의 명당 현황

순위	그룹명	계열사 (개)	건물 (개)	혈처(개)						
				上下	左右	上	下	左	右	계
1	삼성	27	12	8(29)	-	3(3)	-	-	1(1)	12(33)
2	현대자동차	14	6	2(8)	2(4)	1(1)	1(1)	-	-	6(14)
3	SK	19	6	4(14)	1(2)	1(1)	-	-	-	6(17)
4	LG	26	6	3(8)	2(5)	-	-	-	1(1)	6(14)
5	롯데	13	8	6(18)	-	1(1)	1(1)	-	-	8(20)
7	GS	16	5	5(17)	-	-	-	-	-	5(17)
8	한화	13	2	2(6)	-	-	-	-	-	2(6)
9	현대중공업	3	3	3(12)	-	-	-	-	-	3(12)
10	신세계	10	5	3(10)	-	1(1)	1(1)	-	-	5(12)
12	두산	6	2	2(6)	-	-	-	-	-	2(6)
13	한진	9	2	2(7)	-	-	-	-	-	2(7)
14	CJ	15	3	2(6)	-	-	-	-	1(1)	3(7)
15	부영	6	3	2(4)	-	-	-	-	1(1)	3(5)
16	LS	10	6	5(16)	-	1(1)	-	-	-	6(17)
17	대림	3	2	1(2)	-	-	1(1)	-	-	2(3)
18	금호아시아	12	1	1(2)	-	-	-	-	-	1(2)
20	미래에셋	7	2	2(6)	-	-	-	-	-	2(6)
22	현대백화점	3	3	1(2)	1(2)	1(1)	-	-	-	3(5)
23	OCI	4	2	2(4)	-	-	-	-	-	2(4)
24	효성	10	4	-	1(2)	2(2)	-	-	1(1)	4(5)
25	영풍	5	2	-	-	2(2)	-	-	-	2(2)
26	한국투자	5	1	1(4)	-	-	-	-	-	1(4)
29	하림	3	2	2(8)	-	-	-	-	-	2(8)
30	KCC	1	1	2(2)	-	-	-	-	-	1(2)
31	코오롱	11	2	1(2)	-	-	1(1)	-	-	2(3)
32	한국타이어	3	1	-	-	1(1)	-	-	-	1(1)

순위	그룹명	계열사 (개)	건물 (개)	혈처(개)						
				上下	左右	上	下	左	右	계
33	교보생명	8	1	1(2)	-	-	-	-	-	2(1)
34	중흥건설	13	1	-	-	1(1)	-	-	-	1(1)
35	동부	11	1	-	-	-	-	-	1(1)	1(1)
36	한라	9	1	1(4)	-	-	-	-	-	1(4)
37	동원	13	4	2(8)	-	2(2)	-	-	-	2(10)
38	세아	6	1	1(4)	-	-	-	-	-	1(4)
39	태영	2	2	2(6)	-	-	-	-	-	2(6)
40	한국GM	4	1	1(4)	-	-	-	-	-	1(4)
41	이랜드	7	1	1(2)	-	-	-	-	-	1(2)
42	아모레퍼시픽	9	2	1(2)	-	-	-	1(1)	-	2(3)
43	태광	5	1	1(3)	-	-	-	-	-	1(3)
44	동국제강	2	1	1(2)	-	-	-	-	-	1(2)
45	SM	13	5	1(4)	-	3(3)	-	-	1(1)	5(8)
46	호반건설	4	1	-	-	1(1)	-	-	-	1(1)
47	현대산업개발	2	1	1(4)	-	-	-	-	-	1(4)
48	셀트리온	2	2	2(8)	-	-	-	-	-	2(8)
49	카카오	3	2	2(6)	-	-	-	-	-	2(6)
50	네이버	5	2	2(4)	-	-	-	-	-	2(4)
51	한진중공업	1	1	1(4)	-	-	-	-	-	1(4)
52	삼천리	8	1	2(4)	-	-	-	-	-	2(4)
53	금호석유화학	4	1	1(2)	-	-	-	-	-	1(2)
54	하이트진로	2	1	-	-	1(1)	-	-	-	1(1)
55	넥슨	6	2	2(4)	-	-	-	-	-	2(4)
56	한솔	2	2	1(2)	-	1(1)	-	-	-	2(3)
계:50개그룹		399	132	89 (272)	7 (15)	23 (23)	5(5)	1(1)	7(7)	132 (323)

※ 위의 표에서 순위는 2017년도 기준 자산 5조원 이상인 대기업 순위, 계열사는 명혈명당의 천조명당인 대명당 자리에 있는 본사 및

계열사 수, 건물은 본사 또는 계열사가 입주해 있는 건물 수, 혈처에서 上下는 명혈명당의 上혈처와 下혈처, 左右는 명혈명당의 左혈처와 右혈처, 上은 명혈명당의 上혈처, 下는 명혈명당의 下혈처, 左는 명혈명당의 左혈처, 右는 명혈명당의 右혈처를 표시한 것이며, ( )는 혈처의 개수임

6. 명당발복(明堂發福)의 부귀(富貴) 발현(發現)

- 조상의 묘墓가 음혈陰穴인 월혈月穴자리에 조성되면 후손들의 명당발복은 귀貴로 발현될 확률이 높아진다.
- 조상의 묘가 양혈陽穴인 일혈日穴자리에 조성되면 후손들의 명당발복은 부富로 발현될 확률이 높아진다.
- 조상의 묘가 음혈인 월혈자리와 양혈인 일혈자리에 조성되면 후손들의 명당발복은 부귀富貴가 함께 발현될 확률이 높아진다.

※음택지 명당발복의 부귀(富貴) 발현에 관해서 지금까지 풍수지리서 등에서 전해온 것을 보면 혈자리 앞에 있는 안산(案山)과 조산(祖山), 혈자리 뒤에 있는 주산(主山)이나 현무봉(玄武峰) 등 사격(砂格)의 형국(形局), 물의 흐름, 혈자리 앞의 강, 바다, 호수 등이나 혈자리의 생긴 형상(形象) 등에 따라 부귀(富貴) 발복을 추정해 왔을 뿐 과학적으로 연구하고 조사한 통계 등이 없

어 음택지 명당발복의 부귀 발현이 어떤 곳에서 어떻게 발현 되었는지를 확실하게 입증을 하지 못하고 있었다. 따라서 음택지 명당의 명당발복에서 부귀 발현의 과제를 풀어보고자 조선시대 삼정승(三政丞) 묘, 조선시대 삼정승 등 고위 관직을 역임한 분들의 조상 묘, 대한민국의 대통령을 비롯해 삼부(三府) 요직(要職)을 역임한 분들의 조상 묘, 조선 시대 갑부(甲富)들의 조상 묘 및 우리나라에서 대기업을 창업(創業)한 분들의 조상 묘 중 묘의 위치가 파악된 묘들을 대상으로 천조명당인 대명당 자리 462곳을 조사해 어떤 혈자리에서 부(富)와 귀(貴)로 명당발복이 발현되었는지를 조사한 통계를 내 보았다.

그러나 조선시대 고위 관직을 역임한 분들의 조상 묘와 한국의 삼부 요직을 역임한 분들의 조상 묘에 대해서는 수 백기(百基)의 묘를 조사해 확인을 할 수 있어서 어느 정도 통계 자료의 신빙성(信憑性)을 확보할 수 있었으나, 조선시대 갑부들과 오늘날 재벌 그룹을 창업한 조상 묘에 대해서는 묘의 위치가 노출(露出)되지 않아 몇 명의 조상 묘에 대해서만 조사할 수 밖에 없어 통계의 신빙성이 빈약(貧弱)하다고 할 수 있다.

따라서 명당발복의 부귀 발현에 대해서는 앞으로 많은 연구와 조사가 필요하며, 아울러 풍수지리에서 음택지의 명당발복만으로 사람의 부귀가 정해지는지, 양택지의 명당발복과는 어떤 관계인지, 또한 어떻게 부귀의 운명이

정해져서 인생을 살아가는지 등에 대한 의문점들을 풀어야 할지 등 많은 난제(難題)들이 우리 앞에 놓여 있다.

아래의 표는 조선시대 및 한국의 고위 관직 역임자와 재벌들의 조상 묘에 대한 명당 현황이다. 조사 대상 묘 462곳 중 귀(貴), 즉 명예(名譽)로 명당발복이 발현된 것으로 추정해 볼 수 있는 조선시대 삼정승 등 고위 관직 역임자 조상 묘와 대한민국에서 대통령 등 고위 관직을 역임한 분들의 조상 묘 445곳 중 96.6%인 430곳이 음혈(陰穴)인 월혈(月穴)자리에 조성되어 있었으며, 3.4%인 15곳이 양혈(陽穴)인 일혈(日穴)자리에 조성되어 있었다. 또한 조사 대상 묘 462곳 중 부(富), 즉 부자(富者)로 명당발복이 발현된 것으로 추정된 조선시대 갑부와 한국의 재벌 기업으로 알려진 대기업 창업자의 조상 묘 17곳은 공교롭게도 모두가 양혈(陽穴)인 일혈(日穴)자리에 조성되어 있는 것으로 조사되었다. 그러나 앞에서도 언급했지만 부(富)로 명당발복이 발현되는 혈자리의 통계는 조사 대상이 적어 통계의 신빙성(信憑性)은 떨어진다고 할 수 있다.

따라서 귀(貴), 즉 명예쪽으로 명당발복이 발현된 것으로 추정되는 음택지는 대부분 음혈(陰穴)인 월혈(月穴)자리인 것으로 조사되어 음혈(陰穴)자리에서는 귀로 명당발복이 발현될 확률이 높다는 것이 다음과 같은 통계에 의해 확인되고 있으며, 부(富), 즉 부자로 명당발복이 발현된 것으로 추정되는 음택지는 대부분 양혈(陽穴)인 일

혈(日穴)자리로 조사되어 양혈자리에서는 부로 명당발복
이 발현될 확률이 높다는 것도 아래의 통계에 의해서 어
느 정도 확인되고 있다.

조선시대 및 한국의 고위 관직 역임자와 재벌의 조상 묘 현황

(단위:곳)

구 분	명 당			혈자리의 음양		
	双	明	計	日(陽)	月(陰)	計
〈조선시대 삼정승 묘〉						
영의정	-	87	87	5	82	87
좌의정	-	63	63	4	59	63
우의정	-	46	46	2	44	46
소계	-	196	196	11	185	196
〈조선시대 고위 관직자 조상 묘〉						
영의정	-	75	75	-	75	75
좌의정	-	43	43	-	43	43
우의정	-	33	33	-	33	33
좌찬성 등	-	6	6	-	-	6
판서 등	-	23	23	-	23	23
참판 등	-	20	20	-	20	20
소계	-	200	200	-	200	200
〈한국의 삼부 요직자 조상 묘〉						
대통령	3	8	11	1	10	11
부통령	-	1	1	-	1	1
유엔사무총장	-	1	1	-	1	1
국무총리	-	15	15	-	15	15
국회의장	-	6	6	-	6	6
당대표	1	5	6	3	3	6

구 분	명 당			혈자리의 음양		
	双	明	計	日(陽)	月(陰)	計
대법원장	-	3	3	-	3	3
시장및도지사	-	6	6	-	6	6
소계	4	45	49	4	45	49
계	4	441	445	15	430	445
〈조선시대 갑부와 한국의 재벌 조상 묘〉						
조선갑부	-	6	6	6	-	6
대기업창업자	1	10	11	11	-	11
계	1	17	17	17	-	17
합계	5	457	462	32	430	462

※ 위의 표에서 명당에 双은 쌍혈명당, 明은 명혈명당, 혈자리의 음양의 日(陽)은 일혈자리로 양혈자리 표시이고, 月(陰)은 월혈자리로 음혈자리 표시임

7. 명당(明堂)의 활용(活用)

- 우리나라의 금수강산錦繡江山은 산세가 수려秀麗하고 산야山野에는 물이 적당하게 흐르고 혈맥穴脈은 활발하게 분맥分脈을 하면서 전국 곳곳으로 흘러 다니면서 수많은 혈자리를 생성生成하고 있어 방방곡곡坊坊曲曲에는 명당길지明堂吉地가 많다.

- 생기의 역량이 가장 큰 천조명당天造明堂 자리에 조상의 음택지陰宅地를 조성함으로써 후손들이 음택지의 명당발복을 받아 한 가문家門, 지역사회地域社

會, 대한민국 및 세계의 안녕과 번영에 기여 할 수 있는 훌륭한 인물들이 많이 배출輩出되었으면 한다.

- 천조명당의 역량을 가진 명당에 대통령 집무실執務室 등 각급 행정기관行政機關, 국회의사당 등 입법기관立法機關, 대법원 등 사법기관司法機關, 각시도의 행정기관, 각급학교, 도서관, 기업의 본사 및 사업장, 연구소, 병원, 요양원, 휴양 시설, 각종 가옥, 아파트 등을 지어 많은 국민들이 양택지陽宅地 명당발복을 받음으로써 훌륭한 인재들이 많이 배출되어 우리나라가 융성隆盛 · 발전하고 모든 국민들이 복된 삶을 누리도록 하자는 것이 풍수지리가 지향指向하는 가치價值이다.

※자연의 법칙에 의해 생겨난 혈자리에서는 지구상의 모든 생물체(生物體)를 활성화 시키는 생기가 생성되고 있으므로 모든 사람들이 명당자리를 활용해 생기를 받아서 복(福)된 삶을 영위하자는 것이 풍수지리가 지향하는 가치(價值)라 할 수 있다.

혈자리에서 생성되는 생기는 결코 인간들을 속이는 법이 없다. 즉 자연은 인간들에게 결코 거짓말을 하지 않고 인간의 노력에는 배반을 하지 않기 때문이다. 따라서 혈자리에서 생성되는 생기의 역량에 따라 명당발복은 반드시 발현되는 것이 자연의 이치(理致)이지만 인간들은 생기의 작용과 역할을 모르고 불신(不信)해 활용을 하지 못하고 있을 뿐이다.

음택지 명당의 활용은 이제는 지구상에서 거의 사라져 가고 있다. 우리나라도 현재 화장(火葬) 문화가 대세(大勢)를 이루고 있어 명당자리를 찾아 매장(埋葬)하는 문화는 사라져 가고 있는 안타까운 현실이다. 즉 우리나라에서도 이제는 일부의 사람들만이 음택지 명당발복에 기대를 하고 있을 뿐이다. 따라서 이러한 추세를 거스릴 수가 없기 때문에 음택지 명당의 활용에 대해서는 여기서는 언급을 하지 않으려고 한다. 그러나 시대의 추세에 따라 음택지 명당의 활용은 감소되어 가고 있지만 양택지 명당의 활용성(活用性)은 더욱더 높아가고 있다 하겠다.

우리나라의 곳곳에는 혈자리에서 생성되는 생기의 역량이 가장 큰 천조명당인 대명당 자리가 전국 곳곳에 혜아릴 수 없을 정도로 많이 생성되어 있다. 따라서 혈자리에서 생성되는 생기의 역량이 가장 큰 천조명당인 대명당 자리에서 많은 사람들이 잉태되고 출생해서 생활을 하게 된다면 음택지 명당발복에 버금가는 명당발복을 받을 수 있을 것이다. 즉 우리나라의 모든 양택지에 혈자리를 활용함으로써 모든 국민들의 생활에 활기를 받도록 해서 그야말로 활기찬 생활과 복된 삶을 누리도록하고, 아울러 각계 각 분야에서 지역사회와 우리나라는 물론 전 세계를 리더하는 훌륭한 인물들이 많이 배출될 수 있도록 천조명당인 대명당을 많이 활용해 모든 국민들이 양택지에 의한 명당발복을 누렸으면 하는 바람이다.

　양택지 명당의 활용을 위해서는 모든 국민들에게 명당 자리에서 생성되는 생기를 받으면 반드시 생기의 역량에 상응하는 명당발복을 받게된다는 믿음을 갖도록 해 주어야 하고, 국가도 이에 부응(副應)해 양택지 명당에 대한 적극적인 관심과 풍수지리에 대한 긍정적인 시책(施策)을 시행하여야 한다. 예를 들면 대학교나 전문대학 등에 풍수지리 관련 학과를 신설해 많은 인재를 양성하고 모든 건축물, 즉 국가와 지방행정기관, 각급학교, 가옥이나 아파트, 공장, 기업의 사업장 등을 설계할 때는 혈자리 위에 건물을 세우도록 권장하는 정책을 시행하는 등 풍수지리에 대한 정부의 뒷받침이 필수적이며, 아울러 모든 국민들이 풍수지리에 대한 부정적인 인식을 긍정적(肯定的)으로 변화시키는 여러 시책(施策)들을 시행해 나가야 할 것이다.

8. 풍수사(風水師)의 윤리(倫理)

- 풍수사가 혈자리와 명당을 찾아 줄 때는 풍수사의 양심良心에서 벗어나는 일이 없어야 하고 재물에 현혹眩惑되어서도 안되는 등 풍수사의 윤리의식倫理意識에 벗어나는 행위를 해서는 안된다.

> • 풍수사는 자연의 섭리攝理는 결코 우리 인간의 과욕
> 過慾과 물욕物慾에는 함부로 모든 것을 내어 주지 않
> 고 용서가 없다는 것을 명심해야 한다.

　※풍수지리에서는 다음과 같은 명당에 대한 윤리(倫理)
의 글이 전해 내려오고 있다.

　"積善之家 必有餘慶, 積善不之家 必有餘殃(적선지가 필
유여경, 적선불지가 필유여앙)"이란 말이 있다. 이 말을
풍수지리에 적용하면 명당길지(明堂吉地)는 적덕(積德)
을 한 사람에게만 내어주고 적덕을 하지 못한 사람에게는
재앙(災殃)을 받는다는 말로도 해석할 수 있다.

　적덕과 선행을 하는 사람들, 즉 봉사활동과 나눔을 실천
하는 사람들에게는 혈자리를 내어주어 후손들에게 복을
내려주고, 악업(惡業)을 일삼는 사람들에게는 혈자리 대
신 흉지(凶地)를 내어주어 후손에게까지 화(禍)를 당하게
한다는 말이기도 하다.

　조선시대에는 풍수지리에 능통(能通)한 사람들을 풍수
사(風水師), 지사(地師), 지관(地官)으로 불렀다. 풍수사
는 풍수지리에 능통한 사람이라 해서 스승사 자인 사(師)
자를 붙여 풍수사로 불렀으며, 풍수사 중에서도 왕릉(王
陵)을 조성할 때 임명된 책임자를 지관이라 했다.

　풍수사가 되기 위해서는 전국의 많은 산을 답사(踏査)

해야 했으며, 10년 이상을 풍수지리에 관련된 공부를 해서 과거시험(科擧試驗)에 합격해야 하는 등 상당히 어려운 관문(官門)을 통과(通過)해야만이 풍수사나 지관이 되었다고 한다.

풍수지리에서 전해오는 말에는 혈자리를 찾는 풍수사의 실력에 따라 범안, 법안, 도안, 신안 등 다음의 네 종류로 구분하고 있다.

- 범안(凡眼) : 범안을 가진 사람은 산세의 형세를 상식적(常識的)으로 이해해서 혈자리를 잡는 수준이다.
- 법안(法眼) : 법안을 가진 사람은 풍수의 이론에 맞추어 혈맥과 장풍(藏風)에 대한 높은 안목으로 혈자리를 잡고 수법(水法)에 의해 좌향(坐向)을 놓을 수 있는 수준이다.
- 도안(道眼) : 도안을 가진 사람은 개안(開眼)을 통해 풍수의 정법(正法)에만 의존하지 않고 산세(山勢)를 대강 보아 혈자리를 찾는 등 눈에 혈자리가 완전히 들어오는 수준이다.
- 신안(神眼) : 신안을 가진 사람은 산매(山魅:산도깨비)나 귀신의 힘을 빌려 대명당 자리를 척척 잡아내는 수준이다.

오늘날 명당자리를 찾아내는 사람 중에는 염력(念力), 텔레파시, 예지력(睿智力), 투시력(透視力), 초감각적지각(超感覺的知覺)등 초자연적(超自然的)인 능력을 가지고 있는 분들이 있다. 즉 혈자리에서 나오는 기(氣)를 감지(感知)해 혈자리를 찾는 사람도 있고, 땅 속을 투시(透視)해서 혈자리를 찾는 사람도 있으며, 인터넷에 의한 지도나 사진 등을 통해 엘로드로 지구촌 곳곳에 있는 혈자리를 감지해 내는 등 보통 사람들의 일반적인 상식으로는 이해하지 못하는 특별한 방법 등으로 혈자리를 찾아내는 초능력(超能力)을 가진 분들이 있다는 것도 인정해야 한다.

그러나 풍수사의 단계가 아무리 높아 혜안(慧眼)을 가지고 혈자리를 잘 찾는다 해도 명당을 찾아달라고 요청을 하는 모든 사람들에게 생기의 역량이 큰 혈자리를 찾아준다는 것은 무리이며 삼가해야 한다. 특히 하늘과 땅이 감추어 놓은 명당길지(明堂吉地)인 천조명당인 대명당 자리의 경우에는 주인이 따로 있다고 전해오고 있으므로 함부로 아무에게나 천조명당 자리를 알려 준다는 것은 자연의 이치(理致)와 우주의 섭리(攝理)를 거스르는 행위일수도 있다. 즉 생기가 강하게 분출되는 자리를 점지(點指)해 줄 때는 신중을 기하되 혈자리를 알려 줄 때는 혈자리의 중심 부분을 정확하게 알려 주어한다.

제 6장

명당 찾는 비법

제6장 명당 찾는 비법

1. 수맥탐지봉(水脈探知棒)으로 혈자리와 명당을 찾는 방법(方法)

- 수맥水脈과 혈자리와 명당을 찾는 도구道具로는 수맥탐지봉(水脈探知棒:L-ROD)과 추錘 등 이 있다.

- 혈자리와 명당을 찾는 방법에는 산야山野와 도시都市 등 현장에서 수맥탐지봉으로 혈자리를 탐지探知하는 방법과 컴퓨터에서 인터넷으로 제공되는 지도地圖나 사진寫眞 등에서 수맥탐지봉으로 혈자리를 감지感知하는 방법 등이 있다.

- 현장에서 혈자리를 탐지探知하는 방법을 습득習得하면서 동시에 인터넷으로 제공되는 지도地圖나 사진寫眞 등으로 혈자리를 감지感知하는 방법을 터득攄得하는 것을 병행並行해야 혈자리를 정확하고 용이容易하게 찾을 수 있다.

- 혈자리를 탐지하는 방법과 감지하는 방법을 터득하기 위해서는 오랫동안의 학습學習과 실습實習 등이 필요하다.

※혈자리와 명당을 찾는 방법에는 과학기술에 의해 제작된 수맥탐지용(水脈探知用) 도구가 많이 개발되어 있는데 그 중에서도 비교적 많이 활용되고 있고 누구나 부담 없이 구입해 사용할 수 있는 도구로서는 수맥탐지봉(水脈探知奉)과 추(錐)를 들 수 있다.

혈자리를 찾는 도구의 하나인 수맥탐지봉은 영어의 L자와 같다고 해서 엘로드(L-ROD)로 불리는데 엘로드를 이용해 혈자리를 찾는 방법이 비교적 정확하고 용이하게 혈자리를 찾는 방법 중의 하나이다.

혈자리를 찾기 위해서는 먼저 혈맥(穴脈)의 흐름을 탐지(探知)해 내는 것이 가장 중요하다. 즉 혈맥이 어디로부터 와서 어디로 흘러가는지를 파악해야 혈자리를 용이하게 찾을 수 있기 때문이다. 따라서 두 줄기 수맥(水脈)이 한 쌍이되어 땅속을 흘러가는 혈맥을 찾기 위해서는 땅속으로 흘러가는 물길인 수맥(水脈)을 먼저 찾아내는 것이 혈자리를 찾는 지름길이라고 할 수 있다.

땅속으로 흐르는 지하수(地下水)를 찾기 위해 기원전(紀元前)부터 중국에서는 버드나무 막대기 등을 이용해 땅속의 물길을 찾았다는 기록이 있으며, 고대 페르샤, 이집트, 로마 사람들도 막대기로 물길을 찾았다고 전해온다. 불란서에서도 라디에스테지(Radiesthesie)라고 불리는 막대기를 사용해 수맥을 찾았고, 영국과 미국은 다우

징로드(Dawsing rod)라고 불리운 막대기나 추를 이용해 수맥을 찾았다.

수맥을 찾는 이유로서는 지구물리학(地球物理學)과 의학적(醫學的)인 차원에서 연구와 실용(實用)을 위해 과학기술적인 방법을 동원해 수맥 찾는 도구를 개발해 수맥을 찾게 되었다고 할 수 있다.

오늘날에는 컴퓨터 보급(補給)이 보편화(普遍化)되어 있고 인공위성(人工衛星)에 의해 지구촌 곳곳을 촬영한 영상(映像)과 지도(地圖) 등이 실시간으로 인터넷을 통해 제공되고 있어 산이나 들이나 건물이 있는 현장에 직접 가서 혈자리 유무를 확인하지 않아도 집이나 사무실 등에서 컴퓨터, TV, 각종 사진 등을 통해 엘로드 등 수맥 탐지 기구를 사용해 세계 어느 곳이든지 원하는 모든 곳의 혈자리 유무(有無)를 감지(感知)해 낼 수 있게 되었다. 따라서 산야(山野)나 건물이 있는 현장에 직접가서 엘로드로 혈자리를 찾아내는 혈자리의 탐지(探知) 방법과 요령(要領)을 습득(習得)하면서 동시에 인터넷으로 제공되는 각종 지도나 사진 등을 통해 혈자리를 찾아내는 감지(感知) 방법과 요령을 습득(習得)한다면 누구든지 어디서든지 원하는 모든 곳의 혈자리를 정확하고 용이하게 찾을 수 있다.

혈자리를 찾기위해서는 먼저 현장에 가서 혈자리를 탐

지(探知)하는 요령과 방법을 스스로 습득(習得)해야 하며, 이와 병행(竝行)해 컴퓨터로 사무실이나 집에서 인터넷으로 제공되는 각종 지도와 사진 등을 통해 혈자리를 감지(感知)하는 방법과 요령을 함께 습득해야 한다. 그러나 혈자리를 정확하고 신속하고 용이하게 찾는 방법과 요령을 학습하는 일은 단시일에 얻어지는 일이 아니다. 따라서 오랫동안 집념과 끈질긴 노력과 나도 할 수 있다라는 자신감과 의지를 갖고 꾸준한 학습과 실습을 통해 혈자리를 찾는 방법을 습득하게 된다면 누구나 정확하고 용이하게 혈자리를 찾는 방법과 요령을 터득(攄得)하게 될 것이다.

(1) 현장(現場)에서 혈자리와 명당을 찾는 요령(要領)

- 혈맥穴脈은 음陰의 수맥과 양陽의 수맥으로 이루어져 있는 두 줄기 수맥水脈이 60cm 정도의 간격으로 나란히 흘러가다 바람막이가 되어 있는 곳에 이르러 1.5㎡(0.5평)에서 33.2㎡(10평) 정도의 원형 또는 타원형의 혈자리를 만든 후 한 줄기 수맥으로 변해서 흘러간다.
- 수맥은 대략 지하 수십 미터부터 수백 미터 아래에서 고유의 파장波長인 수맥파水脈波를 발생 시키면서 흘러간다.

- 수맥파는 사람이 땅위에서 수맥이 흘러가는 곳에 발이나 손을 올려놓을 경우 사람의 중추신경中樞神經을 자극해 머리와 손으로 전달되어 엘로드를 통해 감지感知된다.

- 혈자리를 찾는데는 하나의 엘로드로를 이용해서 수맥과 혈맥을 찾아야 정확한 혈자리를 찾을 수 있게된다.

- 수맥파는 지상 수백 미터의 고층 건물 옥상에서도 엘로드에 의해 반응反應한다.

- 엘로드로 현장에서 수맥파를 처음으로 탐지하는 연습을 할 때는 엘로드에 아무런 반응反應을 하지 않거나, 엘로드가 아무 곳에서나 움직이는 현상이 일어날 수 있으므로 초조하게 생각해서는 안된다.

- 엘로드는 사람의 염력念力, 초감각적지각超感覺的知覺 능력 등에 의해서도 움직일 수 있으므로 이곳에 수맥이 있다거나 없다는 등의 선입견先入見은 금물이다.

- 엘로드는 사람의 컨디션에 의해 영향을 받을 수 있으므로 과로過勞와 건강에 이상이 있을 경우에는 엘로드 사용을 삼가하는 것이 좋다.

- 현장에 가서 혈맥 및 혈자리를 찾기위해서는 엘로드, 패철, 줄자, 막대기, 필기도구 등이 필요하다.

- 엘로드의 실습장實習場으로는 장애물障碍物이 적고 경사가 덜한 평평한 넓은 능선, 넓은 대지 및 운동장 등이 좋다.

- 엘로드는 건물, 바위, 나무 등 장애물이 있으면 임의 任意로 움직일 수 있으므로 장애물 앞에서는 혈맥을 탐지하기 어렵다.

- 엘로드에는 빗물, 수돗물, 오수汚水 등 건수乾水에서는 반응하지 않고 반드시 땅속으로 흘러가는 수맥에서만 반응한다.

- 엘로드를 잡을 때는 옆구리에 고정 시켜 엘로드가 제멋대로 움직이지 않도록 하는 것이 좋다.

- 엘로드로 수맥을 탐지하는 연습을 계속 하다보면 엘로드가 아래쪽으로 쳐질 수 있으므로 엘로드의 끝이 대략 15m 정도 위로 향하도록 고정해서 탐지하는 것이 좋다.

- 수맥을 따라 가다 보면 장애물 등에 의해 수맥선을 놓치는 경우가 있으므로 이때는 다시 갔다 왔다 하기를 반복해 수맥을 다시 찾아서 연습하는 인내와 끈기가 필요하다.

- 혈맥은 60cm 정도의 간격으로 두 줄기 수맥이 한 쌍이 되어 흘러가는데 사람의 보폭은 대개 한 걸음이 60cm-80cm 정도이므로 발을 옮겨 놓는 보폭에 따라 수맥을 밟는 위치가 달라질 수 있다.

- 두 줄기 수맥이 60cm 정도의 간격으로 나란히 흘러가는 혈맥 중 엘로드가 우측右側으로 움직이면 음陰의 수맥이고 좌측左側으로 움직이면 양陽의 수맥이다.

- 수맥을 따라 가다 보면 엘로드가 꺽이는 경우가 있는데 이러한 곳은 수맥이 방향을 틀어 다른 방향으로 흘러가는 수맥이던지 또는 근처에 혈자리가 있을 가망성이 있는 곳이다.

- 혈자리는 두 줄기 수맥이 60cm 정도 간격으로 흘러가다 원을 그리면서 혈자리를 만들므로 우측으로 흘러가는 음의 수맥을 따라가면 엘로드가 오른 쪽으로 돌고 좌측으로 흘러가는 양의 수맥을 따라가면 엘로드가 왼쪽으로 돌아 서로 만나게 되어 하나의 원이 그려지는데 이 원의 안쪽이 혈자리이다.

- 혈자리의 직경直徑은 대략 1.5m에서 6.5m 정도이므로 엘로드가 돌아 원을 그린 곳이라고 판단되면 원을 막대기 등으로 표시한 후 원 안에 수맥이 흐르는지의 여부를 보폭을 작게해서 상하좌우로 수 차례 다니면서 수맥이 잡히지 않으면 혈자리로 판단하되 수맥이 잡히면 혈자리가 아니다.

- 혈자리라고 확인된 경우라도 한 번에 이곳이 혈자리라고 단정斷定하지 말고 여러 번에 걸쳐 확인 하는 등 혈자리 유무를 신중하게 판단해야 한다.

- 혈자리 부근에서는 혈자리를 감싸고 도는 생기보호맥生氣保護脈을 입수맥入首脈으로 잘못 감지해 혈자리로 오인 할 경우가 허다하므로 주의를 요한다.
- 혈자리가 확인되면 막대기 등으로 혈자리를 표시해서 줄자로 혈자리 넓이를 재보고 패철佩鐵로 혈자리의 좌향坐向을 확인한 후 혈자리를 촬영해 컴퓨터 등에 사진을 입력해서 혈자리 여부를 재 점검하는 등 혈자리 탐지 기록을 남겨둔다.

※산(山)이나 평야지(平野地) 등에 가서 수맥과 혈맥을 찾아 혈자리 탐지를 위한 연습을 하기 위해서는 수맥 탐지봉인 엘로드가 필수적이다. 엘로드는 대부분 조립식으로 되어 있으며 길이, 굵기 등이 제작회사 마다 다른 여러 종류의 엘로드가 있으므로 처음 연습할 때는 크고 값싼 엘로드를 구입해 연습을 하고, 어느정도 연습이 되었다고 여겨지면 중간 정도의 엘로드를 사용하는 것이 좋으며, 컴퓨터에서 인터넷을 통해 제공받는 지도나 사진 등으로 혈자리 유무를 감지하는 연습을 할 때는 가늘고 비교적 짧은 엘로드를 사용하는 것이 좋다.

패철(佩鐵)은 혈자리의 좌향(坐向)을 보는데 필요하며 층수별, 모형별 등 제작회사 마다 다양한 모양과 종류가 있으나 처음에는 9층(層)으로 제작된 패철을 구입해 연습하는 것이 좋다.

줄자는 수맥 간의 거리와 혈자리의 직경(直徑) 등을 재서 넓이를 알아보고 생기저지선(生氣沮止線)의 길이 등을 재는데 필요하며, 막대기는 입수맥이 혈자리로 들어갈 때 좌우 수맥과의 중간 지점의 표시, 혈자리의 중심 지점의 표시, 혈자리 좌우 직경의 끝 지점의 표시, 좌우로 상수맥(相水脈)이 혈자리를 돌아서 합쳐지는 곳 등을 표시하는데 필요하다. 또한 혈자리를 찾았을 경우에는 사진을 촬영하고, 혈자리의 탐지 일시, 혈자리의 위치와 종류, 혈자리의 넓이, 혈자리 주변의 사격 등 필요한 사항을 항상 기록으로 남겨 컴퓨터에 저장하고, 컴퓨터로 옮겨진 혈자리 사진을 엘로드로 다시 감지해 볼 수 있는 등 혈자리 유무를 재확인 하는 등 필요한 참고 자료를 만들어 활용한다.

엘로드를 활용해서 혈자리를 탐지(探知)하는 방법이 지금까지 경험한 바로서는 정확하게 혈자리를 찾아내는 데에는 가장 적합한 방법이라고 할 수 있다. 그러나 혈자리를 찾는데 있어서는 사람의 감지(感知) 능력, 집중력(集中力), 실습과 경험 등에 따라 다를 수 있고, 사람의 노력과 자질에 따라서 다를 수도 있으며, 사람마다 갖고 있는 염력(念力)이나 초감각적지각(超感覺的知覺) 능력 등에 따라 다를 수 있으며, 같은 사람이라도 그날의 컨디션에 따라서 엘로드에 반응하는 것이 다를 수 있으므로 이러한 점 등을 감안해 혈자리를 찾는 연습을 꾸준히 해야만

이 정확한 혈자리를 찾을 수 있다. 즉 엘로드는 재는 사람의 감수능력(感受能力)에 따라, 그날의 컨디션에 따라, 연습량에 따라, 재는 방법에 따라, 재는 사람의 선입견(先入見)에 따라, 재는 사람의 희망에 따라, 날이 춥거나 눈비가 오거나 하는 등 날씨에 따라 엘로드의 움직임이 달라질 수 있기 때문에 이러한 점 등을 감안해 혈자리를 찾아야 한다.

엘로드를 잡을 때는 엘로드의 봉(捧)이 있는 부분이 수평보다는 약간 위로 15도 정도 향하게 조정해 엘로드를 옆구리에 대고 연습을 하는 것이 좋다. 엘로드를 수평되게 잡아서 다니다 보면 장애물(障碍物) 등에 발이나 엘로드가 부딪치게 되어 엘로드 봉이 쉽게 아래쪽으로 쳐질 때가 많으므로 항상 엘로드를 수평보다 약간 위로 향하도록 유지하는 것이 좋다.

엘로드로 수맥을 찾는 연습을 할 때는 처음에는 엘로드에 아무런 반응을 보이지 않거나, 엘로드를 잡자마자 좌우로 흔들리거나 또는 엘로드를 잡자마자 계속 돌아가는 현상이 일어날 수 있다. 따라서 연습을 계속 하다보면 어느 시기에는 수맥파(水脈波)에 엘로드가 정상적으로 반응(反應) 하는 것을 느껴질 때가 반드시 오게 된다.

엘로드로 연습을 하다보면 엘로드를 잡고 있는 손에서 엘로드 봉이 좌측이나 우측 방향으로 움직이는 것을 볼 수 있는데 이때 엘로드를 움직이게 하는 것은 손의 감각

(感覺)이 아니라 발로 수맥을 밟았기 때문에 일어나는 현상이다. 즉 발이 수맥을 밟지 않으면 엘로드는 절대로 움직이지 않는다.

혈맥 또는 입수맥은 60cm 정도 간격으로 흐르는 두 줄기의 수맥이 한 쌍이 되어 흘러가므로 처음에는 한 줄기 수맥만 따라 다니면서 연습을 하다가 엘로드에 수맥이 어느 정도 반응을 하게되면 두 줄기 수맥으로 된 혈맥을 따라다니면서 연습을 한다.

엘로드가 움직이기 시작하면 보폭에 신경을 써야한다. 혈맥은 두 개의 수맥이 60cm 정도의 간격으로 흘러가는데 사람의 보폭은 대개 한 걸음이 60-80cm 정도이므로 발을 옮겨 놓은 사람의 보폭에 따라 혈맥이 잡히는 경우가 있고 잡히지 않는 경우도 있다. 즉 양쪽 발 중 한쪽 발이라도 수맥을 밟고 있으면 엘로드가 반응하기 때문에 항상 보폭에 신경을 써서 두 발 모두에 수맥이 계속해서 밟히는 일이 없도록 해야한다.

엘로드에 의해 혈맥을 찾기 위한 실습장(實習場)으로는 험하지도 않고 높지도 않은 산을 선택하되 산 정상을 쉽게 오르락 내리락 할 수 있고, 능선이 확연히 들어나면서 능선 폭이 넓은 장소를 골라 하루에 2-4시간씩 대략 3-4개월 정도 집중적으로 연습을 하게 되면 어느 정도 혈맥을 탐지할 수 있게 된다. 즉 산의 능선에서는 평지보다는 혈맥이 많이 흐를 확률이 높으며, 대부분의 혈맥은 능선의 중앙 부분과 능선의 양쪽 비탈면을 중심으로 산의 아래쪽 또는 산의 정상쪽으로 흘러가기 때문에 가능한 한 비교적 평평하면서도 나무나 큰 바위 등이 거의 없는 평지 같은 능선을 선택해 연습하는 것이 가장 효과적으로 혈맥을 따라 다니면서 연습을 할 수 있는 장소이다.

그러나 모든 능선에는 혈맥이 많이 흐른다고 예단(豫斷)해서는 안된다.

능선에 따라서는 한 개의 혈맥도 흐르지 않은 곳도 있으므로 아무리 능선을 오르락 내리락 해도 엘로드가 전혀 움직이지 않은 능선도 있으며, 반면에 한 능선에 수백 개의 수맥이 흐르는 곳도 있어 발걸음마다 엘로드가 움직이는 능선이 있으므로 연습을 할 때 혈맥을 못찾는다고 실망하지도 말고 또한 계속 엘로드가 돌아간다고 해서 당황해서도 안된다.

능선으로 혈맥이 흐를 때는 최소한 음(陰)의 혈맥과 양(陽)의 혈맥으로 구성된 4개 이상의 혈맥(8개의 수맥)이 흐르는 등 항상 짝수로 혈맥이 흐른다는 것도 유념하면서 혈맥을 찾는 연습을 한다.

혈맥이 엘로드에 의해 어느 정도 잡히게 되면 다음에는 능선을 따라 내려가는 연습을 하거나 산봉우리에 가서 연습을 하는 것이 좋다. 능선을 따라 내려가는 연습을 할 경우에는 내려가는 도중에 혈맥을 놓치는 경우가 많으므로 이때는 다시 올라갔다가 다시 내려가는 것을 반복하는 등 혈맥을 계속 따라 다니면서 연습을 해야 한다.

그러나 오랜 시간 엘로드로 연습을 할 경우에는 수맥의 파장에서 나오는 유해(有害) 지기(地氣) 등에 노출(露出)될 수 있으며, 능선의 상측과 하측 좌측과 우측 등을 계속해서 오르락 내리락 하느라 에너지 소모가 많아져 피로가 빨리와 건강을 해칠 수 있으므로 오랜 시간 엘로드로 연습을 하는 것은 금물이다.

따라서 연습을 하는 중간에 반드시 휴식을 취하는 것이 필요하며, 너무 많은 시간을 혈맥을 찾는데 보내는 일이 없도록 한다. 즉 수맥을 따라 다니다 보면 기(氣)가 많이 소모되어 피로가 쉽게 오고 장기간 기가 소모되면 건강에 이상이 오기 때문이다.

혈맥을 따라 가다 보면 혈맥이 어느 지점에 이르러 따라 가던 주능선(主稜線)에서 좌측이나 우측으로 갈라진 능선이 생기는 경우가 있는데 이때 주능선(主稜線)으로 흘러가는 혈맥에서 분맥(分脈)된 혈맥은 갈라진 능선으로 흘러가게 되는데 분맥된 능선을 따라가거나 아니면 주능선으로 흐르는 능선을 계속 따라가다 보면 어느 한곳에서 반드시 혈자리와 만나게 된다.

혈자리에서는 한 쌍의 수맥, 즉 두 줄기의 수맥이 60cm 정도의 간격으로 흘러온 입수맥 중 오른쪽 수맥인 음의 수맥을 따라가면 오른쪽으로 반원을 그리면서 돌고, 왼쪽 수맥인 양의 수맥을 따라가면 왼쪽으로 반원을 그리면서 돌아 두 개의 수맥이 원형 형태 혈자리의 180도 정도 지점에서 양편으로 돌아서 흘러온 두 줄기의 수맥이 서로 만나는 곳을 확인할 수 있다.

　다음으로 엘로드가 좌측과 우측으로 원형 형태의 180도 정도 돌아 서로 만나는 지점에서 아래쪽을 보고 서서 엘로드의 도는 방향을 다시 확인한다. 이때 음의 수맥을 발로 밟은 지점에서는 엘로드가 우측으로 돌고 양의 수맥을 발로 밟은 지점에서는 엘로드가 좌측으로 도는 두 줄기 상수맥(相水脈)이 합수(合水)되는 지점을 확인한 후 아래쪽으로 일직선상(一直線上)으로 걸어가면서 엘로드에 수맥이 잡히는 선(線)을 발견하게 되는데 이 선이 혈자리를 만들고 물이 아래로 빠져나가는 수맥선(水脈線)이며 이 수맥선을 확인했다면 원형 형태의 원을 그린 곳이 혈자리라고 판단해도 된다.

　혈자리는 대략 작게는 1.5m 정도부터 크게는 6.5m 정도의 직경으로 원형 또는 타원형으로 형성되고 있는데 이곳이 혈자리가 맞는지를 확인하기 위해서는 줄자를 가지고 다니면서 가로와 세로의 직경을 확인해 보는 등 혈자리 여부에 대해 적어도 세 번 이상 확인해 혈자리라는 것을 점검 해야한다. 그러나 여기가 혈자리라고 하는 선입견을 가지고 이곳에서는 반드시 엘로드가 돌아야 하는 마음이 앞서게 되면 혈자리가 아닌 곳에서 엘로드가 원형 또는 타원형을 그리면서 엘로드가 돌아가는 일이 발생할 수 있다.

또한 엘로드로 혈자리를 찾을 때는 혈자리의 생기가 밖으로 새 나가지 못하도록 원형의 혈자리 주위를 감싸고 도는 미세한 수맥인 생기보호맥(生氣保護脈)이 돌고 있는 곳을 혈자리라고 잘못 판단을 하는 경우가 허다하므로 특별한 주의가 필요하다. 따라서 이러한 오류를 범하지 않기 위해서는 많은 연습과 경험이 요구된다. 즉 혈자리라고 단정(斷定)하기 위해서는 적어도 두 번 이상 혈자리의 현장에 가서 확인하고, 혈자리의 크기도 재보고, 두 개의 수맥이 합해지는 곳에서 좌측과 우측으로 엘로드가 움직이는지 재차 확인하고, 한줄기의 수맥이 혈자리 아래로 흘러 나가는지 등을 반드시 확인해야 한다.

아울러 혈자리라고 확인한 곳에서 좌측 또는 우측으로 평균 5-15m 정도 떨어진 일직선(一直線) 상에는 음양의 법칙에 의해 반드시 다른 혈자리가 1개 이상 있어야 하므로 이미 찾아 놓은 혈자리 옆에서 다른 혈자리를 발견하지 못했다면 이미 찾아 놓은 자리는 혈자리가 아닐 수 있기 때문이다.

엘로드로 산야(山野)나 건물이 있는 곳에 가서 혈자리를 찾았다면 혈지리 밑으로 뻗어있는 한 줄기 수맥선에 형성된 생기저지선(生氣沮止線)을 찾아 혈자리의 대소(大小)를 구분 해 본다. 예를 들어 혈자리 밑으로 뻗어있는 수맥선을 따라가면서 상수맥이 교차되는 지점에서부터 아홉 번 엘로드가 좌측 또는 우측으로 움직이면 천조명당인 대명당 자리이며, 여섯 번 엘로드가 움직이면 지조명당인 중명당 자리이고, 네 번이나 다섯 번 엘로드가 움직이면 인조명당인 소명당 자리로 판단한다.

혈자리를 감싸고돌면서 생기가 밖으로 나가지 못하도록 하는 역할을 하는 생기보호맥과 생기저지선이 형성된 곳을 혈장(穴場)이라 하는데 이러한 혈장의 규모를 잴 때는 입수맥이 혈자리로 들어가면서 양편으로 갈라지는 곳에서부터 위쪽으로 약 1.2-1.4m 정도 지점에서부터 입수맥의 좌측과 우측으로 흐르는 수맥선에서 분수(分水)가 된 생기보호맥(生氣保護脈)은 혈자리에서 생성되는 생기의 역량에 따라 천조명당인 대명당은 81개, 지조명당인 중명당은 33개, 인조명당인 소명당은 5개에서 15개가 혈자리의 주변을 돌고 있는 것을 조사해 혈자리의 대소(大小)를 판별할 수가 있다. 즉 천조명당인 대명당의 경우 81개의 생기보호맥이 혈자리르 감싸고 돌아가는데, 혈자리에서부터 위쪽으로 40번째에서 41번째 생기보호맥이 수맥선에서 분수되어 나갈 때의 가로 길이가 가장 넓게 나타나고, 지조명당인 중명당의 경우 33개의 생기보호맥이 혈자리를 감싸고 돌아가는데, 혈자리에서부터 위쪽으로 17번째로 생기보호맥이 수맥선에서 분수되어 나갈 때의 가로 길이가 가장 넓게 나타나며, 인조명당인 소명당의 경우 5-15개의 생기보호맥이 혈자리를 감싸고 돌아가는데, 혈자리에서부터 위쪽으로 7번째 생기보호맥이 수맥선에서 분수되어 나갈 때의 가로 길이가 가장 넓게 나타나므로 가장 넓게 생기보호맥이 나가는 입수맥의 두 수맥선 양쪽으로 분수되는 곳에서 혈장의 넓이를 재야 어느정도 정확하게 혈장의 넓이를 조사 할 수 있다.

그러나 생기저지선으로 혈자리의 대소를 구분할 수 있고, 생기보호맥을 재서 혈장의 넓이를 구해 혈자리의 대소를 판단 할 수 있는 정도의 엘로드 활용 능력을 갖기 위해서는 적어도 수년에 걸쳐 풍수지리에 대한 남다른 애착과 믿음 및 탐구 정신 등을 가지는 등 부단한 노력이 뒷받침 되어야 할 것이다. 즉 그야말로 풍수지리에 심취되어야 풍수사들이 희망하는 도안(道眼)의 경지에 이르러야 착오없이 정확하게 혈자리를 찾아서 혈자리의 대소를 현장에서 바로 정확히 구분할 수 있을 정도의 경지에 도달할 수 있을 것이다.

쌍혈명당(雙穴明堂)은 혈자리가 반드시 가로로 한 줄로 나란히 2개, 4개, 6개, 8개, 10개 및 12개씩이 모여 있다. 따라서 쌍혈명당이 형성되는 원칙과 명당이 형성되는 형태(形態)와 유형(類型) 등을 이해해야 쌍혈명당을 용이하게 찾을 수 있다.

명혈명당(明穴明堂)은 맨 위쪽에는 반드시 가로로 한 줄로 2개의 혈자리가 자리한 일월혈지가 형성되어 있어야 하고, 2개의 혈자리 밑으로 5-11미터 정도에는 반드시 한 줄에 8개씩 9개 줄로 72개의 혈자리가 배열되어 있어야 만이 명혈명당이다. 따라서 명혈명당이 형성되는 원칙과 명당이 형성되는 형태와 유형 등을 이해해야 명혈명당을 정확히 찾을 수 있게 된다.

(2) 지도(地圖) 등에서 혈자리와 명당을 찾는 요령(要領)

> • 인터넷으로 제공되는 각종 지도, 사진, 컴퓨터, TV 등의 영상映像 등을 통해 혈자리, 혈자리의 종류, 혈자리의 넓이, 혈자리의 음양陰陽, 입수맥의 이동 거리, 수맥 여부 등을 감지感知할 수 있다.

※인공위성에서 촬영해 인터넷으로 제공되는 각종 영상, 각종 지도, 사진, TV, 서적, 각종 자료 등을 통해서 엘로드를 이용해 지구촌 모든 지역의 곳곳에 대해 혈자리의 유무, 혈자리의 대소(大小) 구분, 혈자리의 넓이, 입수맥의 이동 거리 및 명당이 형성되어진 형태 등을 언재든지 어디에서나 쉽게 감지(感知) 할 수 있다.

따라서 세계 각국의 대통령궁이나 수상관저, 세계적으로 유명한 인사들의 생가와 거주지, 세계적인 재벌들의 본사가 있는 건물, 세계적인 문화유산, 전 세계의 유명 호텔, 남극과 북극의 주요 지점과 원하는 곳을 직접 찾아가지 않고 컴퓨터상의 지도 등을 통해 혈자리와 명당 여부를 확인할 수 있다.

인공위성에서 촬영되어 인터넷으로 제공되는 세계지도나 각종 사진 및 영상 등을 통해 지구촌 모든 곳의 원하는 지점이나 건물 등에 대해 가정이나 사무실 등 컴퓨터나 TV 등이 있는 곳에서는 엘로드에 의해 언제든지 혈자리와 명당 유무를 확인할 수 있는 시대에 살고 있다. 다시 말하면 인터넷으로 제공되는 위성 지도에는 카카오맵, 네이버 지도, 구글 지도, 브이월드 지도 등 여러 종류가 있으므로 이러한 지도 등을 활용해서 지구촌의 원하는 모든 곳에 있는 혈자리와 명당을 엘로드를 통해 언제든지 신속하게 찾을 수 있다. 즉 컴퓨터 화면에서 산과 들에 산재(散在)해 있는 혈자리를 찾고자 할 때는 원하는 곳의 지번(地番)을 입력해 지도에서 원하는 지점에 엘로드의 봉을 대고 감지해서 혈자리를 찾을 수 있다. 또한 컴퓨터 화면에서 어느 건물을 목표로 혈자리를 찾고자 할 때는 컴퓨터 화면이나 사진상에서 건물의 지붕 또는 옥상에 엘로드 봉을 대서 혈자리의 유무를 감지할 수 있다.

처음으로 컴퓨터 화면으로 혈자리의 여부를 감지하는 연습을 할 때는 연습을 하고자하는 땅과 건물에는 어떤 종류의 혈자리가 들어 있다는 것을 사전에 현장에 가서 확인한 후, 인터넷 지도 등을 통해 감지하는 연습을 하는 것이 감지 능력을 키우는데 큰 도움이 된다. 즉 사전에 현장에 가서 어느 지점에 어떤 종류의 혈자리가 있다는 것을 확인한 후 컴퓨터 화면에서 엘로드가 어떻게 반응하는지를 관찰 할 수 있기 때문이다. 따라서 엘로드가 컴퓨터 화면에 있는 어떤 곳이 어떻게 반응(反應)을 해야 혈자리의 대소(大小)가 구분 되는지, 엘로드를 어떤 지점에 댔더니 어떤 방향으로 엘로드가 움직여야 음혈(陰穴)인지 양혈(陽穴)인지가 구분 되는지 등을 끈기있게 반복적으로 연습을 해서 엘로드에 의한 감지 능력을 키워 나간다.

컴퓨터 화면에서 어느 땅의 한 지점과 어느 한 건물을 감지할 때는 엘로드 봉을 화면에 바짝 댄 후 천천히 화면으로부터 10cm 정도 떨어지도록 엘로드를 움직여 반응을 보고 다시 같은 지점에 엘로드 봉을 화면에 대는 것을 적어도 5회 이상 반복하면서 연습해야 엘로드의 움직임 정도와 움직이는 방향 등을 올바르게 판단 할 수 있게 된다.

혈자리의 음양(陰陽)을 구별할 때는 컴퓨터 화면을 기준으로 우측으로 엘로드가 움직이면 음혈(陰穴)이고 좌측으로 엘로드가 움직이면 양혈(陽穴)로 판단한다. 그러나 좌측과 우측으로 엘로드가 움직일 것이라고 마음에서 미리 정해버리면 엘로드를 혈자리에 댈 때마다 다르게 움직이므로 많은 연습에 의해 엘로드가 움직이는 방향을 터득해야 혈자리의 음양을 정확히 구별할 수 있게 된다.

　혈자리에서 생성되는 생기의 역량에 따라 구분되는 천조명당인 대명당, 지조명당인 중명당, 인조명당인 소명당을 구분 하는 방법을 필자의 기준으로 설명한다면, 엘로드를 혈자리에 대서 시계 바늘의 12시를 기점(基點)으로 엘로드가 좌측 또는 우측으로 10도 정도 돌아가면 인조명당인 소명당으로 구분하였고, 45도 정도 돌아가면 지조명당인 중명당으로 구분 하였으며, 45도 이상 돌아가면 천조명당인 대명당으로 구분하였다.

　입수맥(入首脈)의 이동 거리를 측정하는 연습을 할 때는 혈자리가 있는 지점을 컴퓨터상에서 표시를 하고 손가락으로 표시한 지점을 대거나 볼펜이나 연필의 뾰족한 부분을 혈자리에 댄 후 엘로드를 잡은 손이 컴퓨터 지도상으로 움직이는 곳까지 따라가다 보면 엘로드가 더 이상 나가지 않고 엘로드 봉이 떨고 있는 지점이 간맥(幹脈)에서 입수맥으로 분맥 되는 지점이므로 이 지점에서 손가락을 대고 있는 지점까지의 직선거리를 재서 입수맥의 이동 거리를 측정하는데, 이와 같은 방법으로 적어도 다섯 번 이상 측정해서 같은 거리가 두 번 이상 나온 수치를 입수맥의 이동 거리로 본 것이다.
　우리나라에서는 대부분의 입수맥은 서쪽에서 동쪽으로 흘러가 혈자리를 만들고 있다. 그러나 혈자리가 있는 지역에 따라 서쪽에서 흘러오다 위쪽으로 흘러가다 다시 아래쪽으로 흐르는 입수맥도 있으므로 입수맥의 거리를 측정하는데 주의를 해야한다. 또한 입수맥은 유럽이나 미국 등 나라마다 지구의 위도(緯度)와 경도(經度)에 따라 동쪽에서 서쪽으로 혈맥이 흘러가든지 서쪽에서 동쪽으로 흘러가고 있으므로 이 점도 염두에 두고 입수맥의 거리 측정에 혼란이 없어야 한다. 그러나 입수맥의 이동거리 측정도 상당한 수준의 감지 능력과 염력이나 초감각적지각(超感覺的知覺) 능력 등이 있어야 하고 아울러 많은 연습이 따라야 할 것이다.

인터넷으로 재공되는 각종 지도에 의해 엘로드로 혈자리 유무를 감지해 내는 방법은 사람마다 감지하는 방법이 다를 수 있고, 사람마다 가지고 있는 능력이 다를 수 있으므로, 자기 나름대로의 감지 능력과 염력(念力) 등을 감안해 혈자리의 감지, 혈자리의 대소 구분, 혈자리의 음양, 입수맥의 이동 거리 등을 감지하는 방법을 개발해 자기 것으로 만들어 놓을 수도 있다.

2. 명당(明堂) 찾는 비법(祕法)

(1) 명당이 형성(形成)되는 원칙(原則)

- 명당은 한 곳에 최소 2개부터 최대 12개의 혈자리가 모여 있는 쌍혈명당双穴明堂과 74개의 혈자리가 모여 있는 명혈명당明穴明堂의 두 종류가 있다.

- 명혈명당은 한 장소에 두 개의 혈자리가 있는 일월혈지日月穴地와 72개의 혈자리가 모여 있는 성혈지星穴地로 구분되어 있다.

- 쌍혈명당과 명혈명당은 혈자리에서 생성되는 생기의 역량에 따라 천조명당天造明堂, 지조명당地造明堂 및 인조명당人造明堂으로 구분된다.

- 쌍혈명당과 명혈명당은 반드시 한 장소에 천조명당, 지조명당 및 인조명당 순서順序으로 3개 명당이 연連이어 배열配列되어 있다.

- 쌍혈명당과 명혈명당은 입수맥入首脈을 기준으로 좌측에 있는 양혈陽穴을 일혈日穴자리라 하고 우측에 있는 음혈陰穴을 월혈月穴자리라 한다.

- 쌍혈명당과 명혈명당에서는 유사類似한 역량을 가진 두 개 이상의 혈자리가 한 곳에 모여 하나의 혈처穴處가 형성되며, 모든 명당에는 반드시 16개 이상의 혈처가 형성되어 있다.

- 쌍혈명당과 명혈명당에는 대부분 4개 또는 8개의 혈처가 한 곳에 모여 하나의 혈처군穴處群을 형성한다.

- 쌍혈명당에는 한 장소에 최소 16개 혈처에 32개부터 192개의 혈자리가 생성되어 있으며, 명혈명당에는 한 장소에 최소 16개 혈처에 1,184개의 혈자리가 생성되어 있다.

- 쌍혈명당과 명혈명당에서 명당과 명당이 형성되는 간격은 직선거리로 50m 정도의 일정한 거리로 형성되어 있다.

- 쌍혈명당과 명혈명당은 명당의 종류에 따라 혈처의 간격, 혈처군의 간격은 반드시 다음과 같이 일정하게 형성되어 있다.

명당별 혈처 및 혈처군의 간격

명 당	쌍혈명당		명혈명당	
	혈처간격	혈처군간격	혈처간격	혈처군간격
천조명당 (대명당)	35m	70m	50m	100m
지조명당 (중명당)	25m	50m	40m	80m
인조명당 (소명당)	15m	30m	30m	60m

- 쌍혈명당과 명혈명당에서 혈처와 혈처, 혈처군과 혈처군은 반드시 일직선一直線으로 연결된다.
- 쌍혈명당과 명혈명당이 형성되는 형태形態에는 上下 와 左右 일렬一列로 16개 혈처가 형성되어 있는 형태, 上下 일렬로 16개 혈처가 형성되어 있는 형태, 左右 일렬로 16개 혈처가 형성되어 있는 형태 등 세 가지 형태와 12개의 형성 유형類型이 있다.

※컴퓨터로 혈자리와 명당을 찾는 요령(要領)과 방법(方法) 및 현장에서 혈자리와 명당을 찾는 요령과 방법을 습득(習得)하기 위해서는 명당이 형성되는 원칙(原則)을 반드시 숙지(熟知)해서 실습(實習)에 임하는 것이 필수적(必須的)이다.

(2) 혈자리와 명당(明堂)을 찾는 요령(要領)

1) 컴퓨터로 혈자리와 명당을 찾는 방법(方法)

- 컴퓨터에서 인터넷으로 제공되는 카카오맵이나 네이버 지도, 브이월드 등에서 혈자리의 유무를 알고자 하는 곳의 지번地番이나 주소住所를 입력해 클릭한 곳이 산이나 밭 등 산야山野인 경우에는 찾고자 하는 지점地點에 엘로드를 대고 혈자리 유무를 감지하고,

클릭한 곳이 건물인 경우에는 건물 옥상屋上의 한 지점에 엘로드를 대서 혈자리 유무를 감지한다.

• 컴퓨터의 화면에 엘로드를 댈 때에는 엘로드 봉이 화면에 닿을 정도로 바짝 댄 후 엘로드를 서서히 윗쪽으로 10cm 정도 떨어지게 올렸다가 다시 화면에 바짝 대고 올리는 동작을 적어도 5회 이상 반복해 엘로드가 어떻게 반응反應하는 지를 살핀다.

• 컴퓨터에서 인터넷으로 제공되는 지도상地圖上의 한 지점에 엘로드 봉을 대서 감지할 수 있는 면적은 대략 가로와 세로 직경이 1m 정도 내외(대략 8㎡ 정도로 약 0.2평)의 넓이이므로 한 지점을 계속해서 5회 이상 엘로드에 반응이 없으면 상하좌우로 5m에서부터 10m 정도로 옮겨 가면서 엘로드를 대서 반응 여부를 확인해 혈자리 유무를 감지해 본다. 이때 엘로드를 댄 지점에서 엘로드가 전혀 움직이지 않으면 혈자리가 아니며, 엘로드가 그 자리에서 미세(微細)하게 떨거나 좌우로 왔다갔다 하면서 조금씩 움직이면 수맥이 흐르는 곳이고, 엘로드가 좌측 또는 우측의 어느 한 쪽으로 돌아가면 혈자리일 가능성이 높은 곳이다.

• 인터넷으로 제공되는 지도地圖에서 산山에 있는 혈자리를 찾고자 할 때는 지도상에 나타난 등고선等高

線이 있는 경우에는 등고선을 살펴서 엘로드 대는 지점을 선정한다. 즉 등고선이 나타난 곳에서 혈자리를 찾을 때는 산 아래로 볼록하게 나타난 곳이 능선이므로 넓은 능선의 가운데 지점으로부터 좌측 또는 우측으로 대략 10여 미터 지점에 엘로드를 대서 혈자리를 찾아본다. 아울러 두 줄의 등고선이 넓게 평행선으로 나타난 곳이나 등고선이 끝나는 지점에서 밑으로 약간 떨어진 한 지점을 선정해 엘로드를 대서 혈자리를 찾아본다.

• 이와 같은 방법으로 어느 한 지점에서 혈자리 한 곳을 찾았다면 찾은 혈자리의 일직선상一直線上으로 일렬一列로 좌측이나 우측으로 3m에서부터 25m 정도 이내에서 또 다른 혈자리가 반드시 있으므로 이곳의 혈자리를 찾아본다. 즉 모든 혈자리는 반드시 한 곳에 음陰과 양陽으로 생성된 2개 이상의 혈자리가 있으므로 혈자리 하나를 찾았다면 찾은 혈자리의 좌측이나 우측에는 반드시 한 개 이상의 혈자리가 생성되어 있기 때문이다.

• 어느 한 곳에서 두 개의 혈자리를 찾았다면 혈자리의 음양陰陽을 구별해 본다. 두 개의 혈자리 중 컴퓨터 화면상으로 좌측에 있는 혈자리가 음혈陰穴인 월혈月穴자리이고 우측에 있는 혈자리가 양혈陽穴인 일

혈日穴자리이다.

- 인터넷으로 컴퓨터에 제공되는 지도에서 엘로드의 반응反應에 의해 음혈陰穴과 양혈陽穴을 구분하는 방법은 엘로드가 좌측으로 움직이면 양혈陽穴인 일혈日穴자리이고 우측으로 움직이면 음혈陰穴인 월혈月穴자리이다.

- 명혈명당은 한 장소에 두 개의 혈자리가 있는 일월혈지日月穴地와 가로로 한 줄에 8개씩 세로로는 9개 줄에 72개의 혈자리가 배열되어 있는 성혈지星穴地로 구분되어 있으므로 어느 한 곳에서 위에서 설명한 혈자리 찾는 방법에 따라 두 개의 혈자리를 찾았다면 두 개의 혈자리 중 하나의 혈자리, 즉 월혈자리 또는 일혈자리로부터 인터넷으로 제공되는 지도상에서 아래쪽으로 5m에서부터 11m 정도 떨어진 지점에 엘로드를 대서 혈자리 유무를 감지해 혈자리가 여러개 감지되면 명혈명당이므로 이곳에서부터 한 줄에 가로로 8개의 혈자리가 9개 줄에 모두 72개의 혈자리가 배열되어 있으므로 이들 혈자리를 찾아 본다.

※등고선(等高線)은 해발 높이가 같은 지면(地面)을 연결한 곡선(曲線)으로 등고선의 간격이 좁으면 경사(傾斜)가 급한 곳이고, 등고선의 간격이 넓으면 경사가 완만한

곳이며, 등고선이 산 정상을 향해 오목하게 나타난 곳은 계곡이나 분지(盆地)이고, 산 아래로 볼록하게 나타난 곳이 능선(稜線)이므로 혈자리를 찾을 때는 등고선의 간격이 넓고 경사가 완만한 곳에서 찾거나, 등고선이 넓게 평행선을 이룬 곳이 거나, 등고선이 끝나는 지점 바로 밑에 평평한 곳 등에서 혈자리를 찾아 본다.

쌍혈명당의 혈자리는 한 곳에 가로로 일렬(一列)로 2개, 4개, 6개, 8개, 10개 및 12개 등 여섯 가지의 형태로 형성되어 있으며, 명혈명당에서는 일월혈지에 월혈자리와 일혈자리 등 2개의 혈자리가 생성되어 있으며, 명혈명당의 성혈지에는 반드시 한 줄에 8개의 혈자리가 9개 줄에 모두 72개의 혈자리가 배열(配列)되어 있다는 것을 염두(念頭)에 두면서 혈자리를 찾아본다.

산야(山野)나 건물이 있는 현장에서는 컴퓨터상의 좌우 혈자리와는 반대로 입수맥(入首脈)을 기준으로 우측이 음혈(陰穴)인 월혈(月穴)자리이고 좌측이 양혈(陽穴)인 일혈(日穴)자리이므로 컴퓨터 화면상에서의 좌측과 우측의 혈자리와 현장에서의 좌측과 우측의 혈자리가 혼동되는 일이 없어야 한다.

컴퓨터 화면에서 혈자리의 음양(陰陽)을 구별할 때 처음에는 엘로드가 좌측으로도 돌고 우측으로도 돌 수 있으므로 상당한 연습을 통해 감지 능력을 길러야만 엘로드가 움직이는 방향에 의한 음양의 구별이 가능하다. 즉 인터넷 지도에서 엘로드를 화면에 대서 좌측으로 돌아가느냐 우측으로 돌아가느냐를 마음으로 미리 정하면 마음먹은 대로 엘로드가 움직이므로 선입견(先入見)을 반드시 떨쳐버리고 무심(無心)한 상태에서 감지해야 정확하게 음양의 자리를 구별할 수 있다. 이 경우에도 한 두 번 좌측이나 우측으로 엘로드가 움직였다고 해서 바로 판단하지 말고 적어도 5회 이상 엘로드를 대서 같은 결과가 두 번 이상 나올 경우에 혈자리의 음양을 판단해야 한다.

명혈명당에서 성혈지 혈자리의 대중소(大中小)의 판단은 일월혈지의 월혈(月穴)자리 또는 일혈(日穴)자리로부터 아래쪽으로 5m 정도 떨어진 곳에서 엘로드를 대서 혈자리가 여러개 감지되면 인조명당인 소명당이고, 7m 정도 떨어진 곳에 혈자리가 여러개 감지되면 지조명당인 중명당이며, 11m 정도 떨어진 곳에 혈자리가 여러개 감지되면 천조명당인 대명당으로 판단한다.

명혈명당의 성혈지에는 두 줄기 수맥이 60cm 정도의 간격으로 나란히 흘러가는 입수맥이 가로로 일직선(一直線)으로 11개의 입수맥(入首脈) 통로(通路)가 형성되어 있고, 세로로도 일직선으로 9개의 입수맥 통로가 형성되어 모두 20개의 입수맥 통로가 가로와 세로로 일직선으로 형성되어 있다.

명혈명당의 성혈지에는 20개의 입수맥 통로를 통해 72개의 입수맥이 흘러들어와 가로로 한 줄에 8개씩 세로로 9개 줄에 72개의 사각형 방(房)이 형성되고, 방마다 1개씩 입수맥이 들어와 모두 72개의 혈자리가 만들어지고 있으므로 엘로드에 의해 성혈지 있는 72개의 혈자리를 감지해 본다. 그러나 성혈지의 혈자리는 매우 복잡하게 형성되어 있으므로 상당한 감지 능력을 가진 사람도 이들 72개의 혈자리를 모두 정확하게 감지해 내기에는 많은 어려움이 따른다. 따라서 명혈명당의 성혈지 혈자리를 정확하게 찾기위해서는 컴퓨터에서 찾은 혈자리를 참고로해서 현장에 직접가서 혈자리를 찾아 확인해 보는 것도 정확히 혈자리를 찾는 방법 중의 하나가 될 수 있다.

2) 현장에서 혈자리와 명당을 찾는 방법(方法)

- 산야山野인 산, 밭, 논 등 공지空地에 직접 가서 엘로드로 혈자리와 명당을 찾을 때는 찾고자 하는 곳을 한번 돌아보고 어느 정도 평평하고 장애물이 없는 능선이나 분지盆地 중에서 어느 한 곳을 선정해 혈자리를 찾아본다.

- 어느 한 곳에서 혈자리를 찾았다면 이미 찾아놓은 혈자리의 좌측이나 우측으로 일직선상一直線上에서 3m부터 25m 정도 이내에서 또 다른 혈자리 하나를

더 찾아야 한다. 혈자리는 반드시 음陰과 양陽이 한 쌍이 되어 생성되어 있으므로 두 개의 혈자리를 찾았다면 혈자리의 음양陰陽을 구별해 본다. 즉 사람이 서서 입수맥入首脈이 들어오는 방향을 뒤로하고 혈자리를 바라볼 때 우측 혈자리가 음혈陰穴인 월혈月穴자리이고 좌측 혈자리가 양혈陽穴인 일혈日穴자리이다. 그러나 혈자리 밑에서 상수맥相水脈이 합수合水되는 지점에서 입수맥이 들어오는 방향을 볼 때는 좌측이 음혈인 월혈月穴자리이고 우측이 양혈인 일혈日穴자리가 된다.

- 이미 찾은 2개의 혈자리에서 좌측이나 우측으로 일렬로 일직선상에서 2개, 4개, 6개 등의 혈자리를 더 찾았다면 이곳은 쌍혈명당雙穴明堂이 형성된 곳으로 판단한다. 그러나 이미 찾은 2개의 혈자리의 상수맥이 교차된 지점으로부터 아래쪽으로 3-11m 정도 지점에 여러개의 혈자리를 발견했다면 이곳은 74개의 혈자리가 모여 있는 명혈명당明穴明堂이 형성된 곳으로 판단한다.

- 명혈명당의 성혈지에는 입수맥은 음과 양으로 된 2개의 수맥이 60cm 정도의 간격으로 가로로는 9개, 세로로는 11개 등 모두 20개의 입수맥 통로가 형성되어 있으며, 엘로드에 의한 입수맥 통로의 음양陰陽

구분은 좌측으로 엘로드가 돌면 양의 수맥이고 우측
으로 엘로드가 돌면 음의 수맥이므로 혈자리의 현장
에서 입수맥의 음양도 구분할 줄 알아야 한다.

　※혈맥은 두 줄기 수맥이 60cm 정도의 간격으로 좌측
과 우측으로 나란히 흘러가고 있으므로 혈맥 또는 입수맥
을 따라가다 보면 반드시 혈자리가 있는 곳을 발견하게
된다.

　엘로드로 수맥을 따라가다 혈자리를 만나게되면 좌측으
로 흘러가는 양(陽)의 상수맥(相水脈)은 엘로드가 좌측으
로 꺽이면서 원을 그리면서 180도 정도, 즉 반 바퀴를 돌
때는 엘로드가 아래로 꺽이는 혈자리의 밑 지점을 만나게
되며, 우측으로 흘러가는 음(陰)의 상수맥은 엘로드가 우
측으로 꺽이면서 원을 그리면서 180도 정도, 즉 반 바퀴
를 돌 때는 엘로드가 아래로 꺽이는 혈자리의 밑 지점을
만나게 된다. 또한 좌측과 우측으로 원을 그리면서 돌아
나온 음과 양으로 된 상수맥이 서로 만나 합쳐지면서 음
양교합(陰陽交合)을 함으로써 혈자리가 만들어 진다. 이
렇게 양쪽으로 원을 그리면서 흘러온 상수맥이 합쳐저 혈
자리를 만든 후 혈자리 밑으러 흘러가는 수맥선상(水脈線
上)으로 생기보호맥(生氣保護脈)들이 수개씩 합쳐져 모
여 들면서 생기저지선(生氣沮止線)을 형성하게 되면 혈
자리가 완성되어 진다.

혈자리의 형태를 확인하기 위해서는 우선 입수맥이 혈자리로 입수하는 중간 지점인 양쪽 수맥의 30cm 정도 지점, 상수맥이 좌우로 90도 정도 돌면서 원(圓)을 만드는 지점(원의 좌우 끝 지점), 양편에서 상수맥이 대략 180도 정도 돌아 두 상수맥이 만나는 지점과 혈자리의 중앙 지점(원의 반지름 지점) 등 모두 5곳에 막대기를 세워 원형(圓形) 또는 타원형(楕圓形) 형태의 혈자리를 만들어 본다. 막대기를 정확한 곳에 세우기 위해서는 혈자리라고 추정되는 곳의 나무나 풀 등을 제거한 후 원이 그려진 곳에서 엘로드를 들고 보폭을 반폭 이하로 좁혀서 동서남북 등 사방으로 천천히 다니면서 엘로드가 돌아가는 지를 확인해 보는데 이때 원(圓) 안을 걸을 때 엘로드가 움직이면 혈자리가 아니며, 막대기 세운 곳에서도 엘로드가 움직이지 않으면 다시 확인해 엘로드가 움직이는 지점에 다시 막대기를 옮겨 세워서 혈자리의 중심에 세워둔 막대기를 이동 시킨 후 혈자리의 좌우와 상하의 직경을 줄자 등으로 재서 혈자리의 크기와 넓이를 재고, 혈자리 중심에 세운 막대기 바로 밑에서 패철을 놓고 좌향(坐向)을 확인한 후 혈자리 주변의 사격(砂格) 등을 촬영하고 기록을 해둔다.

명혈명당의 성혈지(星穴地)에 있는 72개의 혈자리를 모두 찾기위해서는 자연상태에서의 성혈지에 있는 혈자리를 찾기가 거의 불가능하다. 성혈지의 넓이는 천조명당의 최대 면적은 744㎡(225평) 정도이고, 지조명당의 최대 면적은 525㎡(159평) 정도이며, 인조명당의 최대 면적은 378㎡((114평) 정도인데 이정도 면적에는 나무, 바위 및 가시덤불 같은 것이 많고 경사지(傾斜地)도 있어 이러한 모든 곳을 돌아 다니면서 엘로드에 의존해 72개의 혈자리를 모두 찾는 다는 것은 거의 불가능한 일이다. 따라서 72개의 혈자리를 모두 찾아 활용하는 것을 전제로 성혈지를 평지로 조성한 후에 혈자리를 찾아야 정확하게 혈자리를 찾을 수 있게된다.

명당에서 일월혈지(日月穴地)의 월혈자리 또는 일혈자리의 상수맥이 교차된 지점으로부터 3-11m 정도 아래에 한 줄에 8개씩 9개 줄에 72개의 혈자리가 있는 성혈지의 혈자리들을 찾기위해서는 천조명당인 대명당의 역량을 가진 성혈지일 경우 먼저 한 줄의 길이가 대략 25m 이상인 노끈 네 줄을 준비해 첫 번째 줄은 월혈자리 또는 일혈자리의 상수맥이 교차하는 지점으로부터 천조명당 자리의 경우 6-11m 정도 아래에 60cm 정도의 넓이로 형성된 첫 번째 혈맥 통로를 형성한 2개의 수맥 중 위쪽 수맥선에 줄을 치고, 두 번째 줄은 첫 번째 줄로부터 60cm 정도 아래에 있는 수맥선에 줄을 쳐서 성혈지에 형성된 첫 번째 혈맥 통로임을 표시해 놓는다.

세 번째 줄은 두 번째 줄에서 대략 2m-2.4m(혈자리의 새로 길이로 천조명당의 가로 길이는 성혈지마다 다를 수 있음) 정도 아래에 형성된 두 번째 혈맥 통로를 형성한 2

개의 수맥 중 위쪽 수맥선에 줄을 치고 네 번째 줄은 세 번째 줄로부터 60cm 정도 아래에 있는 수맥선에 줄을 쳐 놓는다. 이와 같은 방법으로 세로로 9줄로 되어 있는 혈자리를 찾는 것이 혈자리를 정확하고 용이하게 찾는데 큰 도움이 될 수 있다.

　다음은 세로로 혈자리를 찾기위해 가로로 쳐 놓은 줄에 세로로 나있는 혈맥 통로(2개의 수맥선)마다 막대기를 표시해 혈자리를 찾는다. 혈자리 앞에서 볼 때 우측부터 60cm 정도의 간격으로 세로로 8개 줄로 형성된 혈맥 통로의 첫 번째 우측 혈맥 통로 중 첫 번째 수맥선을 기준으로 해서 막대기를 표시하면서 좌측으로 60cm 정도 떨어져 있는 두 번째 수맥선에 막대기를 표시하고, 두 번째 막대기에서 좌측으로 2m-2.4m(혈자리 가로 길이) 정도 떨어진 세 번째 수맥선에 막대기를 표시한 후, 다시 60cm 정도 떨어진 네 번째 수맥선에 막대기를 표시하고, 다시 2m-2.4m(혈자리의 가로 길이) 정도 떨어진 수맥선에 막대기를 표시하면서 좌측으로 아홉 번째 혈맥 통로인 18번째 수맥선 까지 표시를 해두어 가로로 한 줄에 8개의 혈자리를 찾는다.

　이와 같을 방법으로 가로로는 9개 줄의 혈맥 통로(18개의 수맥)와 2m에서 2.4m(혈자리의 가로 길이) 정도의 8개의 혈자리를 표시하고 세로로는 11개의 혈맥 통로(22개의 수맥)와 2m에서 2.4m(혈자리의 세로 길이)정도로 9개 줄로 형성되어 있는 혈자리를 표시해서 혈자리를 찾아야 정확한 혈자리를 찾을 수 있게된다.

성혈지에 가로로 한 줄에 8개씩 생성되어 있는 혈자리들은 대부분 일직선상에 형성되어 있으며, 세로로도 9개 줄로 형성되어 있는 혈자자리들도 대부분 일직선상에 형성되어 있고, 성혈지에 형성된 72개의 사각형 방(房)의 가로와 세로 길이 및 혈자리의 넓이도 대부분 비슷하다. 그러나 혈자리를 찾을 때 주의 할 점은 가로로는 성혈지 양편으로 하나의 혈맥(2개의 수맥) 또는 두 개의 혈맥(4개의 수맥)이 아래로 흘러가고 있는 경우가 대부분이므로 수맥선을 표시할 때 성혈지 바로 옆으로 흘러가는 혈맥에다 막대기를 잘못 표시할 우려가 크므로 특별한 주의가 필요하고, 아울러 세로로는 위에서부터 10번째의 혈맥통로(20개의 수맥)로부터 1-4m 정도 아래에는 혈자리가 없는 하나의 혈맥 통로(2개의 수맥)가 형성되어 성혈지의 생기저지선의 역할을 하고 있으므로 이 혈맥 통로도 주의를 해야 혈자리를 찾는데 혼동을 막을 수 있다.

성혈지에 자리한 혈자리를 모두 찾는 것은 매우 어려운 일이다. 즉 성혈지를 음택지로 활용하고자 할 때는 혈자리를 찾는데 득도(得道) 했을 정도의 사람이 아니면 수맥에다 유해(遺骸)를 모시는 우(愚)를 범(犯)할 수 있으므로 특별한 주의를 요한다. 그러나 성혈지를 양택지로 활용할 경우에는 혈자리를 찾을 필요없이 72개의 혈자리가 형성되어 있는 땅 위에다 건물이 들어서도록만 하면 되기 때문에 성혈지의 규모만 파악된다면 혈자리 하나 하나에 신경을 쓸 필요는 없다.

전국 각지를 다니면서 혈자리를 수 없이 찾아 다니다 보면 자연스럽게 지형이 파악되어 이곳에는 혈자리가 있겠구나 하는 예감(豫感)이 들게 되며, 또한 컴퓨터애서 인터넷으로 제공되는 지도나 사진 등에 의해 전국 각지의 수많은 혈자리를 찾다보면 산야의 어떤 지점이나 어떤 건물에는 혈자리가 있겠구나 하는 예감이 들고, 아울러 혈자리를 찾는 초감각적지각(超感覺的知覺) 능력과 염력(念力) 등이 발달되게 되어 혈자리를 자연스럽게 찾을 수 있는 경지에 이르게 된다.

(3) 쌍혈명당과 명혈명당을 구별(區別)하는 요령(要領)

1) 컴퓨터에서 쌍혈명당과 명혈명당을 구별(區別)하는 방법

> • 첫 번째 쌍혈명당雙穴明堂과 명혈명당明穴明堂을 구별하는 방법으로는 이미 찾은 두 개의 혈자리 중 컴퓨터 화면상의 지도에서 우측 혈자리인 일혈日穴자리 오른 쪽으로 일직선상으로 1m에서 15m 정도 이내에서 두 개 이상의 혈자리를 발견하였다면 쌍혈명당이고 혈자리를 발견해지 못했다면 명혈명당이다.

- 두 번째 쌍혈명당과 명혈명당을 구별하는 방법으로는 이미 찾은 두 개의 혈자리(월혈자리 및 일혈자리)로부터 아래쪽으로 컴퓨터로 제공되는 지도상에서 5m 지점, 7m 지점, 11m 정도 지점 중 어느 한 지점에서 혈자리가 여러개 발견되었다면 명혈명당이고 혈자리를 발견하지 못했다면 쌍혈명당이다.

- 세 번째 쌍혈명당과 명혈명당을 구별하는 방법으로는 이미 찾은 두 개의 혈자리 중에서 컴퓨터 화면상 좌측 혈자리인 월혈月穴자리 또는 우측 혈자리인 일혈日穴자리를 기준基準으로 左右 또는 上下로 일직선상으로 15m 정도 떨어진 지점, 25m 정도 떨어진 지점, 35m 정도 떨어진 지점 중 어느 한 지점에서 월혈자리나 일혈자리와 유사한 혈자리를 발견하였다면 쌍혈명당이며, 上下 또는 左右로 일직선상으로 30m 정도 떨어진 지점, 40m 정도 떨어진 지점, 50m 정도 떨어진 지점 중 어느 한 지점에서 월혈자리나 일혈자리와 유사한 혈자리를 발견하였다면 명혈명당이다.

※명당이 형성되는 원칙과 음양의 조화에 따라 쌍혈명당은 한 곳에 2개, 4개, 6개, 8개, 10개, 12개씩 여섯 가지 형태로 혈자리가 가로로 일렬로 형성되어 있다. 따라서 혈자리의 상측이나 하측으로 일렬로 14m 정도 안에서

는 혈자리가 없다. 즉 쌍혈명당에서 인터넷으로 제공되는 컴퓨터 지도상에서 上下 또는 左右측에 형성된 혈처 간의 일직선상의 간격은 반드시 천조명당인 대명당이 35m 정도, 지조명당인 중명당이 25m 정도, 인조명당인 소명당은 15m 정도의 일정한 거리를 두고 혈처가 형성되어 있기 때문이다. 따라서 풍수지리서에서 전해오는 연주혈(連珠穴)이라고 불리는 혈자리는 존재할 수가 없으며 아마도 명혈명당의 성혈지(星穴地)의 혈자리를 연주혈이라고 한 것이 아닌가 추정된다.

명혈명당이 형성되는 원칙에 따라 2개의 혈자리가 있는 일월혈지(日月穴地)로부터 아래로 인터넷으로 제공되는 지도상에서 인조명당인 소명당은 5m 정도 지점, 지조명당인 중명당은 7m 정도 지점, 천조명당인 대명당은 11m 정도 지점부터 가로로 일렬로 한 줄에 8개씩 세로로 9개 줄에 72개의 혈자리가 배열되어 있어야 명혈명당이다. 또한 명혈명당은 인터넷으로 제공되는 지도에서 혈처 간의 일직선상의 거리는 반드시 천조명당인 대명당이 50m 정도, 지조명당인 중명당이 40m 정도, 인조명당인 소명당이 30m 정도의 일정한 거리를 두고 형성되어 있어야 명혈명당이다.

2) 현장에서 쌍혈명당과 명혈명당을 구별(區別)하는 방법

- 첫 번째 쌍혈명당雙穴明堂과 명혈명당明穴明堂을 구별하는 방법으로는 이미 찾은 두 개의 혈자리 중 입수맥을 기준으로 좌측 혈자리인 일혈日穴자리에서 좌측으로 일렬로 1m에서부터 15m 지점 이내에서 일혈자리와 유사한 두 개 이상의 혈자리를 더 발견했다면 쌍혈명당이고 혈자리를 발견하지 못했다면 명혈명당이다.

- 두 번째 쌍혈명당과 명혈명당을 구별하는 방법으로는 이미 찾은 두 개의 혈자리인 월혈月穴자리 또는 일혈日穴자리의 상수맥이 교차하는 지점으로부터 아래쪽으로 3-5m 정도 지점, 4-7m 정도 지점, 6-11m 정도 지점 중 어느 한 지점에서 여러개의 혈자리를 발견했다면 명혈명당이고 발견하지 못했다면 쌍혈명당이다.

- 세 번째 쌍혈명당과 명혈명당을 구별하는 방법으로는 이미 찾은 두 개의 혈자리 중에서 입수맥을 기준으로 할 때 우측에 자리한 월혈月穴자리 또는 좌측에 자리한 일혈日穴자리를 기준으로 上下 또는 左右로 일직선상으로 35m 정도 지점, 25m 정도 지점, 15m 정도 지점 중 어느 한 지점에서 월혈자리나 일혈자리와 유사한 혈자리를 발견했다면 쌍혈명당이

고, 上下 또는 左右로 일직선상으로 30m 정도 지점, 40m 정도지점, 50m 정도 지점 중 어느 한 지점에서 월혈자리나 일혈자리와 유사한 혈자리를 발견했다면 명혈명당이다.

※건물(建物)이 있는 곳에서 혈자리와 명당을 찾기란 쉽지 않다. 건물 내로 들어가기가 어렵고 들어가서도 건물 내를 모두 돌아다녀 볼 수도 없으며, 엘로드 앞에 벽이나 기둥 등 장애물(障碍物)이 있으면 엘로드가 엉뚱하게 움직이므로 어느 한 곳에서 혈자리를 찾아서 쌍혈명당과 명혈명당을 구별하는 데는 상당히 어려움이 따른다. 따라서 건물에 몇 개의 혈자리가 들어 있고 무슨 명당인지를 알아보기 위해서는 건물의 외곽(外廓)을 돌아다니면서 엘로드로 혈맥(穴脈)이 몇 개가 건물 내로 들어가서 건물 밖으로는 몇 개의 수맥(水脈)이 빠져 나오는지를 확인하는 것이 필요하다. 이때 건물 내로 수십 개의 혈맥이 들어 갔는데 건물 밖으로는 수맥이 한 두 곳으로만 빠져 나온 것이 확인되면 명혈명당이 들어 있는 건물이며, 건물 내로 두 개의 혈맥이 들어가서 건물 밖으로 두 개의 수맥만 엘로드에 잡히면 쌍혈명당이 들어 있는 건물이고, 건물 내로 수개의 혈맥이 들어갔는데 다시 건물 밖으로 같은 수의 혈맥이 빠져 나온 것이 확인되면 건물 내에는 혈맥이 흘러간 곳으로서 혈자리는 없고 수맥만 지나간 곳으로

판단한다. 따라서 산야(山野)나 건물이 있는 곳에 직접 가서 명당을 정확하게 찾는다는 것은 쉬운 일이 아니므로, 먼저 인터넷으로 제공되는 지도에서 원하는 곳의 혈자리와 명당을 찾아본 후 프린트를 해서 가져가 현장에 가서 혈자리와 명당을 찾게된다면 보다 용이하게 혈자리와 명당을 찾을 수 있을 것이다.

(4) 혈자리의 대소(大小)를 구별(區別)하는 요령(要領)

1) 컴퓨터에서 혈자리의 대소를 구별하는 방법(方法)

- 첫 번째 혈자리의 대소를 구별하는 방법으로는 컴퓨터상의 지도에서 어는 한 지점을 정해 월혈月穴자리와 일혈日穴자리를 찾아서 월혈자리 또는 일혈자리를 기준으로 上下측 또는 左右측에서 일직선상으로 35m 정도 떨어진 지점에서 혈자리를 발견하면 쌍혈명당의 천조명당 자리이며, 25m 정도 떨어진 지점에서 혈자리를 발견하면 쌍혈명당의 지조명당 자리이고, 15m 정도 지점에서 혈자리를 발견하면 쌍혈명당의 인조명당 자리이다. 또한 월혈자리 또는 일혈자리를 기준으로 上下측 또는 左右측에서 일직선상으로 50m 정도 떨어진 지점에서 혈자리를 발견하면 명혈명당의 천조명당 자리이며, 40m 정도 떨어진 지점에서 혈자리를 발견하면 명혈명당의 지조명

당 자리이고, 30m 정도 떨어진 지점에서 혈자리를 발견하면 명혈명당의 인조명당 자리이다.

• 두 번째 혈자리의 대소를 구별하는 방법으로는 컴퓨터상의 지도에서 어느 한 지점을 정해 월혈月穴자리와 일혈日穴자리를 찾아서 컴퓨터 화면상으로 좌측左側에 자리한 음혈陰穴인 월혈자리에 엘로드를 대서 12시를 기준으로 시곗바늘이 도는 방향인 1시에서 2시 사이로 엘로드가 움직이면 인조명당인 소명당자리이며, 3시 정도 까지 엘로드가 움직이면 지조명당인 중 명당 자리이고, 3시애서 6시 넘어까지 엘로드가 움직이면 천조명당인 대명당 자리이다.

아울러 컴퓨터 화면상 우측에 자리한 양혈陽穴인 일혈日穴자리에 엘로드를 대서 12시를 기준으로 시곗바늘이 도는 반대 방향인 좌측左側으로 10시에서 11시 정도 사이로 엘로드가 움직이면 인조명당인 소명당 자리이며, 9시 정도 까지 엘로드가 움직이면 지조명당인 중명당 자리이고, 8시에서 6시 넘어까지 엘로드가 움직이면 천조명당인 대명당 자리이다.

• 세 번째로 혈자리의 대소를 구별하는 방법으로는 명혈명당의 경우 일월혈지의 월혈月穴자리나 일혈日穴자리로부터 아래쪽으로 인터넷으로 제공되는 지도상에서 5m 정도 지점에서 엘로드에 의해 혈자리가 감지되면 인조명당 인 소명당 자리이며, 7m 정도 지점

에서 엘로드에 의해 혈자리가 감지되면 지조명당인 중명당 자리이고, 11m 정도 지점에서 엘로드에 의해 혈자리가 감지되면 천조명당인 대명당 자리이다. 그러나 세 번째로 혈자리의 대소를 구별하는 방법에는 쌍혈명당은 해당되지 않는다.

※인터넷으로 제공되는 지도에서 혈자리의 대소를 구별하는 방법은 염력(念力)이나 초감각적지각(超感覺的知覺) 능력이 어느 정도 있어야 가능하다. 즉 오랫동안 수 많은 혈자리를 대상으로 혈자리를 찾는 연습과 실습을 통해 혈자리의 음양(陰陽)과 대소(大小) 등을 구별해 내는 감지력(感知力)을 키우는 노력과 더불어 사람의 의지로 물질에 영향을 미치는 작용의 하나인 초감각적지각이나 염력 등이 남달리 발달되어 있어야 가능하다고 할 수 있다.

혈자리에 대한 감지 능력이 높아지면 천조명당인 대명당 자리에서는 엘로드가 빠르고 세게 움직인다는 느낌이 들고, 지조명당인 중명당의 경우에는 엘로드가 천조명당 자리보다는 약간 느리고 약하게 움직인다는 느낌이 들며, 인조명당인 소명당의 경우에는 엘로드에 반응하는 속도가 느리고 약하다는 느낌이 온다. 또한 같은 종류의 혈자리라도 엘로드가 반응하는 속도와 느끼는 강도(强度)가다 다르며, 한번 감지한 혈자리를 다시 감지할 경우에는 엘로드에 반응하는 속도가 처음보다는 빠르고 강도도 약간 강해진 것 같은 느낌을 받을 수 있다. 아울러 사람마다 지각(知覺) 능력에 따라 엘로드에 감지되는 느낌이 다를 수 있고, 엘로드를 대는 지점에 따라 감지되는 반응이 다를 수 있고, 엘로드를 대는 사람의 컨디션 등에 따라 감지되는 반응이 다를 수 있으므로 많은 연습을 통해 감지 능력과 지각 능력을 길러야 혈자리를 정확하게 찾아내고 혈자리의 대소 등을 빠르고 정확하게 구별할 수 있다.

2) 현장에서 혈자리의 대소(大小)를 구별(區別)하는 방법(方法)

• 첫 번째 방법으로는 혈자리의 생기가 밖으로 새 나가지 못하도록 혈자리 밑으로 뻗어 있는 수맥선상水脈線上에 형성되어 있는 생기저지선生氣沮止線의 겹수를 엘로드로 확인해 혈자리의 대소를 구별하는 방법으로 상수맥相水脈이 양쪽으로 원형 또는 타원형을 그리면서 혈자리 밑에서 합수合水되는 지점을 포함해서 천조명당은 9겹, 지조명당은 6겹, 인조명당은 4-5겹으로 형성되어 있어야 하므로 생기저지선의 겹수를 확인해 혈자리의 대소를 구별한다.

- 두 번째 혈자리의 대소를 구별하는 방법으로는 어느한 지점에서 월혈月穴자리와 일혈日穴자리를 찾아서월혈자리 또는 일혈자리를 기준으로 上下측 또는 左右측에서 일직선상으로 35m 정도 떨어진 지점에서혈자리를 발견하면 쌍혈명당의 천조명당 자리이며, 25m 정도 떨어진 지점에서 혈자리를 발견하면 쌍혈명당의 지조명당 자리이고, 15m 정도 지점에서 혈자리를 발견하면 쌍혈명당의 인조명당 자리이다.

  또한 월혈자리 또는 일혈자리를 기준으로 上下측 또는 左右측에서 일직선상으로 50m 정도 떨어진 지점에서 혈자리를 발견하면 명혈명당의 천조명당 자리이며, 40m 정도 떨어진 지점에서 혈자리를 발견하면명혈명당의 지조명당 자리이고, 30m 정도 떨어진 지점에서 혈자리를 발견하면 명혈명당의 인조명당 자리이다.

- 세 번째 방법으로는 혈자리의 생기가 밖으로 새 나가지 못하도록 혈자리를 감싸고 돌고 있는 생기보호맥生氣保護脈의 개수個數를 엘로드로 조사해 혈자리의 대소를 구별하는 방법으로 생기보호맥이 81개가형성되어 있으면 천조명당 자리이고, 33개가 형성되어 있으면 지조명당 자리이며, 5개-15개가 형성되어 있으면 인조명당 자리이다.

※천조명당에서 생기저지선(生氣沮止線)이 형성되는 겹수 간의 거리는 1.5m에서 4m 정도이며, 1차 생기저지선이 형성되는 곳으로부터 9차 생기저지선까지의 길이는 쌍혈명당은 12-18m 정도이며, 명혈명당의 일월혈지 및 성혈지의 생기저지선의 길이는 각각 6-11m 정도로 일월혈지와 성혈지의 생기저지선을 합한 길이는 12-22m 정도이다.

지조명당에서 생기저지선이 형성되는 겹수 간의 거리는 1.2m에서 2.5m 정도이며, 1차 생기저지선이 형성되는 곳으로부터 6차 생기저지선까지의 길이는 쌍혈명당은 6-10m 정도이고, 명혈명당의 일월혈지 및 성혈지의 생기저지선의 길이는 각각 4-7m 정도로 일월혈지와 성혈지의 생기저지선을 합한 길이는 8-14m 정도이다.

인조명당의 경우 생기저지선이 형성되는 겹수 간의 거리는 0.8m에서 2m 정도이며, 1차 생기저지선이 형성되는 곳으로부터 5차 생기 저지선까지의 길이는 쌍혈명당은 3-6m 정도이며, 명혈명당의 일월혈지 및 성혈지의 생기저지선의 길이는 각각 3-5m 정도로 일월혈지와 성혈지의 생기저지선을 합한 길이는 6-10m 정도이다

쌍혈명당인 천조명당에서 생기보호맥이 처음으로 분수(噴水)되는 지점은 입수맥이 혈자리로 입수되는 지점

에서 윗쪽으로 대략 1.2m-1.4m 정도부터 분수되기 시작하는데 처음에는 대략 40cm 간격으로 분수되고, 다음은 대략 45cm, 그 다음은 대략 50cm, 또 그 다음은 대략 60cm 정도의 간격으로 분수되는 등 윗쪽으로 올라갈수록 점점 분수되는 넓이가 넓어져 대개 70번째 분수되는 생기보호맥에서부터 마지막 81번째로 분수되는 생기보호맥의 분수 간격이 가장 넓어 대략 120cm부터 250cm 이상의 간격으로 분수가 된다. 그러나 혈자리에서 생성되는 생기의 역량에 따라 생기보호맥이 분수되는 간격이 좁아질 수 도 있고 넓어질 수 도 있으므로 일률적(一律的)으로 생기보호맥 간의 간격을 확정 할 수는 없다.

쌍혈명당인 지조명당에서 생기보호맥이 처음으로 분수(分水)되는 지점은 입수맥이 혈자리로 입수되는 지점에서부터 윗쪽으로 대략 1.2m부터 1.4m 정도로 분수되기 시작하며, 생기보호맥 간의 거리는 처음에는 대략 40cm-70cm 정도로 분수되어 혈자리를 감싸고 돌지만, 생기보호맥의 개수가 증가할수록 점점 분수되는 간격이 넓어져 31개에서 33개째의 생기보호맥 간의 거리는 대략 120cm-170cm 정도로 넓어지면서 생기보호맥이 분수되어 혈자리를 감싸고 돌고 있다. 그러나 혈장의 규모에 따라 생기보호맥이 분수되는 간격은 달라질 수 있다.

쌍혈명당인 인조명당의 경우 생기보호맥이 처음으로 분수되는 지점은 입수맥이 혈자리로 입수되는 지점에서

부터 윗쪽으로 대략 1.2m에서부터1.4m 정도 지점에서 최초로 생기보호맥이 양쪽으로 분수가 되기 시작하며, 생기보호맥 간의 거리는 혈자리마다 다소 차이가 있지만 처음에는 대략 40-60cm 정도로 분수되다가 갈수록 간격이 넓어져 13-15개째가 분수가 되는 생기보호맥의 간격은 대략 1m-1.2m 정도로 넓어지게 된다. 그러나 혈장의 규모에 따라 생기보호맥이 분수되는 간격은 달라질 수 있다.

 현장에서 혈자리의 대소를 구별하는 방법으로 월혈자리 또는 일혈자리를 기준으로 上下 또는 左右 쪽으로 일직선상으로 거리를 재는 것과 생기보호맥의 개수를 확인하는 일은 현실적으로 매우 어렵다. 즉 上下 또는 左右로 일직선상으로 30m, 40m, 50m 등으로 거리를 측정하거나 또는 생기보호맥의 개수를 확인하는 일은 계곡도 있고 능선도 있고 바위, 낭떨어지, 가시덤불 등 여러 장애물 등으로 인해 정확하게 거리를 측정 한다거나 생기보호맥을 확인하기란 매우 어려운 일이다. 따라서 거리를 측정한다거나 생기보호맥의 개수를 확인하기 보다는 혈자리 밑에서 생기저지선(生氣沮止線)의 겹수를 엘로드로 확인해 혈자리의 대소를 확인하는 것이 가장 용이하고 정확하게 혈자리를 구별하는 방법이라 할 수 있다.

부록

〈쌍혈명당의 명당별 혈자리, 혈처 및 혈처군 수〉

명 당	혈자리 수						혈처 수	혈처군 수
	2개	4개	6개	8개	10개	12개	개	개
천조명당 (대명당)	32	64	96	128	160	192	16	2-4
지조명당 (중명당)	32	64	96	128	160	192	16	2-4
인조명당 (소명당)	32	64	96	128	160	192	16	2-4
계	96	192	288	384	480	576	48	6-12

〈쌍혈명당의 명당별 혈자리의 직경 및 넓이〉

명 당	혈자리 직경	혈자리 넓이
천조명당(대명당)	2.1m-6.5m	3.5㎡(1.0평)-33.2㎡(10평)
지조명당(중명당)	2.0m-2.5m	3.1㎡(0.9평)-4.9㎡(1.5평)
인조명당(소명당)	1.8m-2.4m	2.5㎡(0.8평)-4.5㎡(1.4평)

〈쌍혈명당의 명당별 생기저지선의 길이〉

명 당	생기저지선의 길이
천조명당(대명당)	12m-18m
지조명당(중명당)	6m-10m
인조명당(소명당)	3m-6m

〈쌍혈명당의 명당별 형성 간격〉

명 당	명당별 간격	혈처별 간격	혈처군별 간격
천조명당(대명당)	50m	35m	70m
지조명당(중명당)	50m	25m	50m
인조명당(소명당)	50m	15m	30m

〈명혈명당의 명당별 혈자리, 혈처 및 혈처군 수〉

(단위:개)

명 당	혈자리 수	혈처 수	혈처군 수
천조명당(대명당)	1,184	16	2-4
지조명당(중명당)	1,184	16	2-4
인조명당(소명당)	1,184	16	2-4
계	3,552	48	6-12

〈명혈명당의 명당별 혈자리의 직경 및 넓이〉

명 당	혈자리 직경	혈자리 넓이
천조명당(대명당)	2.0-6.5m	3.1㎡(0.9평)-33.2㎡(10평)
지조명당(중명당)	1.8-2.5m	2.5㎡(0.8평)-4.9㎡(1.5평)
인조명당(소명당)	1.4-2.4m	1.5㎡(0.5평)-4.5㎡(1.4평)

⟨명혈명당의 명당별 성혈지의 혈자리 직경 및 넓이⟩

명 당	혈자리 직경	혈자리 넓이
천조명당(대명당)	2.0-2.4m	3.1㎡(0.9평)-4.5㎡(1.4평)
지조명당(중명당)	1.8-2.0m	2.5㎡(0.8평)-3.1㎡(0.9평)
인조명당(소명당)	1.4-1.6m	1.5㎡(0.5평)-2.0㎡(0.6평)

⟨명혈명당의 명당별 성혈지의 형성 면적⟩

명 당	가로 길이	세로 길이	넓 이
천조명당(대명당)	21-24m	27-31m	567㎡(172평)-744㎡(225평)
지조명당(중명당)	19-21m	24-25m	456㎡(138평)-525㎡(159평)
인조명당(소명당)	16-18m	19-21m	304㎡(92평)-378㎡(114평)

⟨명혈명당의 명당별 생기저지선의 길이⟩

명 당	일월혈지	성혈지	계
천조명당(대명당)	6-11m	6-11m	12-22m
지조명당(중명당)	4-7m	4-7m	8-14m
인조명당(소명당)	3-5m	3-5m	6-10m

⟨명혈명당에서 일월혈지의 혈자리로부터 성혈지까지의 거리⟩

명당	지도 거리(A)	현장 거리(B)	차이(A-B)
천조명당(대명당)	11m	6-11m	5m
지조명당(중명당)	7m	4-7m	3m
인조명당(소명당)	5m	3-5m	2m

〈명혈명당의 명당별 형성 간격〉

명 당	명당별 간격	혈처별 간격	혈처군별 간격
천조명당(대명당)	50m	50m	100m
지조명당(중명당)	50m	40m	80m
인조명당(소명당)	50m	30m	60m

〈천조명당의 등급별 월혈자리와 일혈자리와의 거리 및 간격〉

등급	혈자리직경	월혈과 일혈간격	지도상 거리(A)	현장에서 거리(B)	차이 (A−B)
1등급	5m	1−4m	23−25m	11−14m	9−14m
2등급	4m	1−4m	17−19m	9−12m	5−10m
3등급	3m	1−4m	7−9m	7−10m	3−−2m

〈천조명당의 등급별 월혈자리와 일혈자리의 크기 추정〉

구 분	혈자리간 거리	혈자리직경 추정	혈자리크기 추정
1등급	23−25m	5m이상	19.6㎡(5.9평)이상
2등급	17−19m	4m이상 5m	12.6㎡(3.8평)이상 19.6㎡(5.9평)
3등급	7−9m	3m이상 4m	7.1㎡(2.1평)이상 12.6㎡(3.8평)

〈명당별 명당이 형성된 면적〉

단위㎡(평)

명당	쌍혈명당	명혈명당
천조명당 (대명당)	5,250(1,588)- 19,600(5,929)	40,000(12,100)- 67,500(20,418)
지조명당 (중명당)	3,750(1,134)- 10,000(3,025)	25,600(7,744) -43,200(13,068)
인조명당 (소명당)	2,250(681) - 3,600(1,089)	14,400(4,356) -24,300(7,351)
계	11,250(3,403)- 33,200(10,043)	80,000(24,200)- 135,000(40,837)

〈부록 2〉 고전적인 풍수지리 개요와 용어 등

1. 풍수지리(風水地理)의 어원(語源)

- 풍수지리는 자연의 이치理致와 음양陰陽의 원리原理에 기초를 둔 자연과학自然科學과 생활과학生活科學의 한 분야로서 인류에게 이로운 땅을 찾는 기술技術로 장풍득수藏風得水의 준 말이며 지리地理라는 용어는 근래에 합성合成된 용어이다.

- 풍수지리에서 장풍藏風은 바람을 타지 않은 곳으로서 사람이 사는데 편안한 곳을 의미하며, 득수得水는 물과 경계, 즉 물을 만난다는 뜻이다.

- 풍수는 지금으로부터 약 1,700여 년 전 중국의 진晋나라 사람인 곽박(郭搏:276-324년)이란 분이 저술한 "금낭경錦囊經"이 풍수에 대한 구체적인 해석과 풍수의 이론과 실천을 개략적으로 기술한 풍수의 최고 고전古典으로 현재까지 전해 오고 있으며,이 책의 기감편氣感編에서 풍수에 대해 다음과 같은 말이 있다.

"經曰 氣乘風則散 界水則地 古人聚之使不散 行之使有

止 故謂之風水"(경왈 기승풍칙산 계수칙지 고인취지
사불산 행지사유지 고위지풍수)라는 글이 전해진다.
즉 청오경靑鳥經에서 말하기를 기氣가 바람을 받으면
흩어지고, 물을 만나면 멈춘다고 하였으며, 옛날 사람
들은 기가 모이고 흩어지지 않는 곳이면서 기가 향하
다가 멈춘 곳을 풍수風水라고 하였다.

득수得水에는 두 가지의 뜻이 있다고 본다. 그 중 하
나는 우리의 눈에 보이지 않는 현상으로서 땅 속에서
혈자리를 만들기 위해 두 개의 수맥水脈이 서로 만나
음양교합陰陽交合을 하는 것을 말하고, 다른 하나의
득수라는 뜻은 산의 능선龍이 끝나는 곳에 혈자리가
만들어지면 산의 능선의 양 골짜기로 흐르는 물이 혈
자리를 감싸주면서 서로 합수合水되는 물로서 우리의
눈으로 볼 수 있는 외형적外形的인 물의 흐름을 포함
하는 뜻으로 해석하고 있다.

2. 형기풍수, 이기풍수, 현공풍수

(1) 형기풍수(形氣風水)

• 형기풍수는 혈자리 주변에 있는 산의 형세形勢인 청
룡靑龍, 백호白虎, 현무玄武, 안산案山 등 사격砂格의
형세와 물의 흐름 등 외형적外形的 형세를 보아서 혈
穴자리를 찾는 방법을 연구하고 발전시켜 온 풍수지

리이다.

(2) 이기풍수(理氣風水)

• 이기풍수는 사람의 눈으로는 정확하게 확인을 할 수
없는 산의 형세形勢 등과 물의 합수合水와 흐름 등의
방향과 방위를 나경패철羅經佩鐵을 사용하여 측정한
다음 음양오행론陰陽五行論 등을 활용하여 좌향坐向
을 놓아 혈자리 여부 등을 판단하는 것을 연구하고 발
전시켜 온 풍수지리이다.

(3) 현공풍수(玄空風水)

• 현공풍수는 고정固定된 기氣와 변화變化하는 기氣가
공간空間과 방위方位와 시간時間에 따라 대립對立과
반복反復되는 동안 땅의 기운氣運이 변화되는 성질을
알아내어 집을 짓고 묘를 쓰는 풍수지리이다.

• 현공풍수는 땅의 기氣가 20년 주기週期로 변화되는
성질을 알아내는 풍수지리로서 형기풍수(95% 정도)
와 이기풍수(5% 정도)를 근간根幹으로 연구하고 발
전되어 왔으며, 현玄은 하늘 공空은 땅을 의미하며, 현
재 대만, 싱가폴, 홍콩 등지에서 건축분야 등에 활발하
게 활용되고 있는 풍수지리이다.

3. 음택풍수와 양택풍수

(1) 음택풍수(陰宅風水)

- 음택풍수는 조상의 유해遺骸가 혈자리에 모셔지면 조상의 유해에 남아 있는 유전인자遺傳因子가 혈자리에서 생성되는 생기를 받아 후손들이 조상으로부터 받은 유사한 유전인자 간에 상호 동기감응同氣感應을 일으켜 후손들이 명당발복明堂發福을 받게 된다는 것이 음택풍수이다.

(2) 양택풍수(陽宅風水)

- 양택풍수는 사람들이 혈자리에서 잉태孕胎되고 태어나서 성장하면서 생활하는 공간空間이 혈자리 위에 배치配置되어 있으면 혈자리에서 생성되어 분출되는 생기를 받음으로써 혈자리에서 생활하는 사람들이 명당발복을 받게 된다는 것이 양택풍수이다.

※음택풍수나 양택풍수 모두가 혈자리를 찾아 생기를 받게 함으로써 복된 삶을 살아 갈 수 있도록 혈자리를 활용해야 한다는 점에서는 양택풍수와 음택풍수의 목적은 다를 바 없다. 즉 명당을 찾아 혈자리에서 생성되는 생기를 활용해 삶의 질을 향상시키고 아울러 후손들이 명당발

복을 받아 성공적인 삶을 살아갈 수 있도록 하자는 데에는 음택풍수나 양택풍수 모두 공통적인 지향점(指向點) 갖고 있다.

4. 풍수지리의 역사

(1) 중국의 풍수지리 역사와 풍수지리서

1) 한(漢) 및 진(秦) 시대(BC 220-AD 617)

• 한漢나라 시대의 청오경(靑烏經:청오자 또는 작자 미상)은 음양이법陰陽理法과 생기生氣와 산山의 형상形象에 대해 간결하게 기술한 풍수서風水書로서 지금까지 전해오는 풍수에 관해 가장 오래된 책이다.

• 진秦나라 시대의 곽박郭璞의 금낭경錦囊經은 풍수에 대한 구체적인 해석과 풍수의 이론과 실천을 전체적으로 기술한 풍수서風水書 중 최고의 고전古典으로 풍수지리학 발전에 크게 공헌하고 있다.

2) 당(唐) 시대(618-907)

• 당나라 시대의 구빈선생救貧先生이라고 불리운 양균송楊筠松은 청랑경靑囊經, 감용경憾龍經, 의용경疑龍經, 사대혈법四大穴法, 도장법倒杖法, 팔십팔향법

八十八向法 등을 정리하여 술법術法으로만 전해 오던 풍수설風水說을 체계적인 학문으로 정립하였다.

- 당나라 시대의 일행선사一行禪師(張一行)는 곽박의 장경葬經을 해석하였고, 대연역분도大衍曆分度를 저술하였으며, 우리나라 도선국사道詵國師의 스승으로 알려져 있다.

3) 송(宋) 시대(1,122-1,225)

- 송나라 시대 소강절邵康節은 하도河圖와 낙서洛書의 도수를 응용한 방원육십사괘도진方圓六十四卦圖陣을 만들어 산수山水의 방향을 측정해 길흉의 연도를 계산하는 이기풍수理氣風水를 정립함으로써 이기풍수가 크게 발전되는 계기가 되었다.

- 주자(朱子:본명 주희)는 송대의 유학자이자 사상가로서 주자학을 완성시켰고 산릉의장山陵議狀이라는 풍수서를 저술하였으며 산릉의 장은 조선朝鮮 풍수의 지침서가 되기도 한 책이다.

4) 명(明) 시대(1,368-1,644)

- 명나라 시대에서는 호순신胡舜申의 지리신법地理新法과 채성우蔡成禹의 명산론名山論이 전해오고 있으며, 서선술徐善述과 서선계徐善繼 쌍둥이 형제가 쓴 지리인자수지地理人子須知는 오늘날 우리나라의 모

든 풍수지리서의 지침서가 되기도 하였으며, 추정유鄒
廷猷의 지리대전地理大典, 조정동趙廷棟의 지리오결
地理五訣 등의 저술이 명나라 시대에서 나왔다.

5) 청(淸) 시대(1,616-1,912)

- 청나라 시대의 왕도정王道亨의 나경투해羅經透解는
  나경패철羅經佩鐵의 사용법과 원리를 해석한 책으로
  오늘날 사용하고 있는 모든 나경패철의 지침서가 되었
  으며, 택일擇日에 의해서 운명을 바꿀 수 있다는 조명
  택일造明擇日을 중요시 여기는 장택론葬擇論을 발전
  시킨 시기이다.

(2) 우리나라의 풍수지리 역사

1)삼국 시대

- 신라 선덕여왕善德女王 때 자장율사慈藏律師가 AD
  643년 당나라에서 귀국해 풍수를 적용한 것으로 보아
  자장율사가 우리나라에 풍수를 처음으로 도입한 분으
  로 추정하고 있다.

- 신라의 사천왕사四天王寺 대웅전과 오대 적멸보궁寂
  滅寶宮 자리와 첨성대瞻星臺 등이 혈자리에 위치하고
  있고 선덕여왕 이후의 왕릉이 혈자리에 장지葬地를 정
  한 것으로 보아 이 시대에서 풍수가 적용된 것으로 보
  인다.

2) 후 삼국 시대

• 왕건王建을 비롯한 지방 호족豪族들이 세력 확대를 위해 풍수사상을 이용하였으며, 신라 말기 도선국사道詵國師의 개성 송악산 말머리 명당설이 전해오고 있다.

3) 고려 시대

• 풍수가 본격적으로 등장한 시대로서 훈요십조訓要十條, 지기쇠왕설地氣衰旺說, 삼경제三京制 등 왕권강화 정책에 풍수를 이용한 것으로 전해오고 있다.

4) 조선 시대

• 풍수가 유교儒敎의 효孝 사상과 결합하여 크게 발전한 시기이다. 정도전鄭道傳이 주장한 북악산北岳山을 주산으로 남쪽을 향한 경복궁 건설 주장과, 무학대사舞學大師의 인왕산仁旺山을 주산으로 동쪽으로 향한 경복궁 건설의 대립이 있었다.

• 과거시험에 음양과陰陽科가 포함되어 과거시험 때마다 한 명을 합격 시켰으며 합격자를 조선 초기에는 풍수사風水師, 조선 후기에는 지관地官이라 불렀다.

5) 일제 시대

- 일제日帝의 민족정기 말살책抹殺策으로 풍수사상이 침체되고 왜곡 되었던 시기이다.

- 무라야마 지준이 저술한 "조선의 풍수"가 우리나라 최초의 풍수설에 대한 전국적인 조사서로 오늘날 우리나라 풍수지리의 연구에 좋은 자료가 되고 있다.

5. 고전적(古典的)인 풍수지리의 용어 등

(1) 용(龍)

- 산맥山脈 또는 산의 능선稜線을 용이라 하며, 용을 주룡主龍, 내룡來龍 또는 용맥龍脈이라 한다.

- 용은 산의 봉우리에서 뻗어나간 외형적外形的으로 보이는 산의 능선으로 크기를 따지지 않으며 동적動的인 의미를 갖는다.

- 용맥龍脈은 능선인 용龍과 지맥地脈을 합쳐서 부르는 용어로 용을 따라 땅속을 흐르면서 생기를 전달하는 통로를 말하며, 용세龍勢는 산 아래로 내려오는 산 줄기의 형세를 말한다.

(2) 간룡(幹龍)과 지룡(支龍)

- 간룡은 본신용本身龍이라고도 하며 산의 가장 높은 봉우리로만 연결된 중심이 되는 용이며, 지룡은 간룡에서 갈라진 용을 말한다.

- 간룡과 지룡의 구분은 절대적이 아니고 상대적으로서 간룡에서 갈라져 나올 때는 지룡이지만 지룡에서 갈라져 나오면 지룡도 간룡이 될 수 있고 다시 갈라진 용이 지룡이 될 수 있다.

(3) 용의 형태(形態)

1) 정룡(正龍)

- 정룡은 혈자리와 혈자리를 연결해 주는 용으로서 아름답고 깨끗하고 한쪽으로 치우침이 없이 좌우로 균형을 이루며 행룡行龍하는 용을 말한다.

- 한 산맥의 중추적中樞的인 산 줄기로 기세가 활발하고 생동감生動感이 있으며, 정룡이 출맥出脈할 때는 좌우에서 방룡(청룡과 백호)의 호위를 받으며 장풍藏風으로부터 보호를 받을 수 있고 방룡보다 길이가 짧고 낮은 용이다.

2) 방룡(傍龍)

- 방룡은 정룡의 곁에 붙어 정룡을 보호하면서 따라가는

능선, 즉 청룡과 백호 능선으로 기세의 변화가 적고 경직되어 있으며 혈자리를 만들 수는 없으나, 방룡도 행룡하다가 변화를 하고 좌우에서 보호를 해주는 능선이 있으면 혈자리를 만드는 용을 말한다.

3) 귀룡(貴龍)

• 귀룡은 생왕룡生旺龍이라고도 하며 기세氣勢가 있고 생동감生動感이 넘치고 밝고 단단해 혈자리를 만들 수 있는 용이다.

4) 천룡(賤龍)

• 천룡은 산과 능선이 조잡하고 경직硬直되어 있으며 겁살劫煞이 많고 질서가 없이 복잡하고 음습淫쩝하며 허약해 주로 귀룡을 보호하는 역할을 하는 용으로서 혈자리를 만들 수 없는 용이다.

5) 용의 면(面)과 배(背)

• 용의 면은 앞쪽 면으로 용세龍勢가 밝고 수려하고 청룡과 백호가 유정하게 감싸주어 혈자리를 많이 만들 수 있는 곳이며, 배는 용의 뒤쪽 면으로 절벽이 있는 등 험하고 앞쪽 면에 비해 어둡고 무정無情해 대부분 혈자리를 만들 수 없으며 혈자리가 만들어 진 곳이 있다 해

도 용의 앞면 보다는 드믈게 만들어지는 곳을 용의 배
라 한다.

6) 용의 주필(駐畢)

• 용의 주필은 주룡이 잠시 머무는 산으로 산 줄기가 나
누어 지는 곳에서 맥脈이 나누어져 봉우리가 생기는
곳으로 억세고 험한 용의 정기精氣를 정제淨濟하고
순화醇化 시켜주는 역할을 한다.

7) 과룡처(過龍處)

• 용이 흘러가고 있는 능선의 중간 부분으로서 생기가
계속 흘러가고 있어 혈자리를 만들 수 없는 곳을 말한
다.

• 과룡처에 묘를 쓰면 삼대三代 안에 자손이 없을 정도
로 흉지라고 알려져 있으며, 이곳에 집을 지으면 집터
가 센 곳으로서 5년 이내에 이사를 해야한다고 전해오
는 곳이다.

8) 용진처(龍盡處)

• 용진혈적처龍盡穴的處 또는 맥진처脈盡處라고 하는
곳으로서 용이 물을 만나 혈자리를 만드는 곳이다.

• 대부분의 혈자리는 능선이 끝나는 용진처에서 만들어

지므로 용진처에서 혈자리를 찾는 것이 풍수의 원칙이라고 전해오고 있다.

9) 용의 여기(餘氣)

- 기세氣勢가 왕성한 용은 여러 개의 혈자리를 만들 수 있으므로 혈자리를 만들고 남는 기운으로 하수사下水砂와 요석曜石 등을 만들어 혈자리의 생기를 보호해 주는 역할을 한다.
- 용맥에서 일룡일혈一龍一穴이란 법칙은 없다. 용세에 따라 혈자리를 많이 만들기도 하고 하나의 혈자리도 만들지 못할 수도 있다.

10) 용의 삼세(三勢)

- 산룡세山龍勢 : 산이 높은 고산高山 지역을 행룡行龍하는 용을 말한다.
- 평강세平岡勢 : 주로 평야지대의 야산이나 작은 언덕을 행룡하는 용이다.
- 평지세平地勢 : 평지를 행룡하는 용으로 주로 논두렁과 밭두렁과 같은 작은 능선을 행룡하는 용이다.

11) 용의 삼락(三落)

- 초락처初落處 : 용이 처음 혈자리를 만드는 곳을 초락

처라 한다.

- 중락처 中落處 : 용이 중간에서 혈자리를 만드는 곳을 중락처라 한다.

- 말락처 末落處 : 용이 마지막에 혈자리를 만드는 곳을 말락처라 하며 말락처에서 가장 큰 명당이 만들어진다고 전해오고 있다.

(4) 용의 행룡(行龍) 과정

1) 태조산(太祖山)

- 용맥의 처음 출발지로 하나의 광역廣域을 대표하는 높고 큰 산으로 마치 불이 타오르는 것처럼 뾰죽뾰죽한 바위 산들이 높이 솟아 있고 구름이 산 허리에 걸쳐있으며, 우뚝 솟아있는 등 수려하며 바위에서는 서기瑞氣가 비치는 산을 태조산이라 한다.

2) 제일성(第一星)

- 태조산을 출발한 산맥에서 처음 일으킨 봉우리로 단정하며 수려한 산을 제일성이라 한다.

3) 중조산(中祖山)

- 시군市郡 등을 대표하는 산으로 마치 전기電氣를 정

제精製하는 변전소와 같은 역할을 하는 산을 중조산이라 한다.

4) 소조산(小祖山)

- 단정하고 수려한 산 봉우리로 한 마을을 대표하는 산을 소조산 또는 주산主山이라 한다.

※지리인자수지(地理人子須知)에서는 행룡하는 산의 과정을 주필산(駐畢山), 소조산(小祖山), 부모산(父母山), 태(胎), 식(息), 잉(孕), 육(育)으로 분류하고 있다.

(5) 용의 변화(變化)

1) 개장(開帳)과 천심(穿心)

- 개장은 벌리는 것으로 산 봉우리의 좌우로 능선을 뻗어 중출맥中出脈을 감싸서 보호해 주기위해 팔을 벌리는 모양을 개장이라 하며, 마치 학의 날개를 편 모습이기도 하다.
- 개장의 크기는 천심한 중출맥과 대비해 형평이 있어야 하고 개장한 능선이 천심한 주룡을 향해 유정하게 감싸 주어야 주룡의 기세가 흩어지지 않고 보장된다.
- 천심은 가운데를 뚫는다는 뜻으로 개장한 가운데서 정룡의 중심맥中心脈이 힘차게 앞으로 나가는 것을 말

한다. 천심은 끊어질듯 이어지는 용맥으로 용맥이 끊어질듯 하면서도 새로 볼록하게 나타나 이어지는 것을 말한다. 천심 현상은 보통사람들의 시각으로는 볼 수 없다고 한다.

2) 기복(起伏)

- 높이 솟은 봉우리를 기起라고 하고 낮게 엎드린 고개를 복伏이라 한다.

- 기복이 나타나는 용을 생동하는 길룡吉龍이라 하고 변화 없이 아래로 가파르게 쭉 뻗은 용은 죽은 용으로 흉룡凶龍이라 한다.

3) 박환(剝換)

- 용맥이 갑자기 방향을 확 꺾어 행룡하는 용이 깨끗하게 변화하는 것을 말하며 박환이 클 수록 귀한 혈자리를 만든다고 한다.

- 박환은 행룡의 방향을 크게 전환 할수록 용의 기세가 크고 행룡 도중에 가늘었던 용맥이 두꺼워지고 급하게 내려오다 완만해지는 등의 용의 모습이 변하는 것이다. 예를 들어 돌산이 흙산으로 변화 하는 등 탈산脫山이 되는 것을 박환이라 한다.

4) 과협(過峽)

- 용맥의 중간 중간에 나타나는 낮아지면서 좁아지는 고개를 말하며 과협은 용맥에 흐르는 기氣를 묶어 속도를 줄여주는 기능과 살기殺氣를 걸러주는 역할을 한다.

- 과협처의 토색土色은 혈자리의 토색과 대체적으로 같아 과협처의 흙을 보고 혈자리의 진위 여부를 확인할 수 있다.

5) 결인속기처(結咽束氣處)

- 용의 마지막 잘록한 부분으로 장구의 잘록한 부분과 같으며 혈장의 입수도두入首到頭 뒤에 있다.

- 결인속기처는 힘차면서 상처가 없어야 좋으며 파손이 있거나 경직되거나 길면 기를 단속하지 못해 혈자리를 만들 수 없다.

6) 요도지각(橈棹地脚)

- 배의 노처럼 용맥의 균형을 유지하여 앞으로 나가는 것을 도와주고 외부의 바람과 물의 침범을 막아 주룡主龍의 생기를 보전해 주는 역할을 한다.

7) 위이(逶迤)

- 용의 마지막 행룡과정行龍過程으로 뱀처럼 구불구불 하게 굴곡屈曲하는 모습으로 작은 언덕이나 야산을 행 룡할 때 주로 나타나며 지현자之玄字 모양으로 행룡을 한다.

8) 인각(麟角)

- 이위逶迤하는 용맥에 귀하게 생긴 작은 암석巖石이 붙 어 있는 것을 말하며 인각이 있으면 대귀大貴하다고 전해온다.

9) 호종보호사(護從保護砂)

- 주룡을 주위에서 보호해 주는 것으로 용맥과 형평이 맞아야 하며, 기세가 좋은 귀貴한 용일 수록 호종扈從 하는 산이 많고 천賤한 용은 호종하는 산이 없다.

(6) 용의 결지 방법

1) 결인속기법(結咽束氣法)

- 생기의 양을 조절하고 결집結集해 주기 위해 용의 목 을 묶어 기를 모우는 것으로 행룡한 용맥은 결인속기 처結咽束氣處를 만들고 그 아래에 혈자리를 만들며 혈장과 가까운 결인속기처일수록 용맥의 기세가 크다.

2) 좌선수법(左旋水法)과 우선수법(右旋水法)

- 좌선수법은 혈장 앞에서 볼 때 물이 좌측에서 나와 우측으로 흘러가면 우선수右旋水로서 이때 용맥은 좌측에서 우측으로 감아 돌아 좌선룡이 된다.

- 우선수법은 혈장 앞에서 볼 때 물이 우측에서 나와 좌측으로 흘러가면 좌선수左旋水로서 이때 용맥은 우측에서 좌측으로 감아 돌아 우선룡이 된다.

- 좌선수左旋水에 우선룡右旋龍 우선수右旋水에 좌선룡左旋龍이 원칙이다.

3) 좌선룡법(左旋龍法)과 우선룡법(右旋龍法)

- 용맥의 끝이 좌측이나 우측으로 돌아 생기가 더 이상 앞으로 나가지못하고 혈자리에 응축凝縮되도록 혈장 앞을 가로 막는 형태이다.

- 혈장에서 볼 때 용맥 꼬리가 우측에서 좌측으로 돌아 혈자리를 만드는 방법을 우선룡右旋龍이라하고 좌측에서 우측으로 돌아 혈자리를 만드는 방법을 좌선룡左旋龍이라 한다.

4) 태식잉육법(胎息孕育法)

- 현무봉에서 혈자리에 이르기까지의 과정으로 탯줄을 통해 태아가 자라는 과정과 같다고 해서 태식잉육법이

라 한다.

(7) 입수룡(入首龍)

• 현무봉에서 혈자리까지 이어지는 용맥을 입수룡이라 하며 혈자리의 결지 여부와 혈자리의 대소 판단은 이 곳에서 이루어진다. 즉 혈자리의 크기 혈자리의 진위 眞僞여부 및 생사 여부는 혈자리의 결지방법에 있지 않고 주룡의 기세인 입수룡 특히 입수 일절룡一切龍에 달려 있다고 전해온다.

• 혈자리로의 입수 원칙은 장풍이 되면 직룡입수直龍入首를 하고 장풍이 안되면 횡룡입수橫龍入首 또는 섬룡입수閃龍入首를 한다.

• 입수맥이 손상되었거나 단절되었으면 혈자리를 결지 할 수 없으며 입수룡이 험하고 추잡하면 자손이 상하고 온갖 재앙이 따른다고 전해온다.

• 입수룡에 악석惡石이 많으면 당대에 참화慘禍를 당하고 입수룡이 허약하면 자손과 재물이 잘되지 않는다.

• 입수룡은 입수 일절룡一切龍에서 입수 15절룡으로 계속되고 혈자리에서 가까울수록 크게 영향을 주며, 가까운 시일이나 가까운 세대의 발복을 뜻하고, 먼 용맥은 영향을 덜 주고 발복 시기도 늦는다고 전해온다.

• 입수룡의 형태로는 직룡입수直龍入首, 횡룡입수橫龍

入首, **섬룡입수**閃龍入首, **비룡입수**飛龍入首 **및 잠룡입수**潛龍入首가 있다.

※풍수지리서에서 입수 1절 용이니 입수 2절 용이니 하는 것은 혈맥이 흘러오면서 물과 생기의 양을 조절하기 위해 방향을 틀어 흐르게 되는데 이러한 방향을 틀 때마다 패철을 사용해 입수 1절 용은 임자룡(壬子龍)이고, 입수 2절 용은 건해룡(乾亥龍)이니 하는 것으로서 교구통맥법(交媾通脈法)등 이기풍수(理氣風水)에서는 입수룡을 매우 중요하게 여긴다.

예를 들어서 혈맥이 주산이나 현무봉에서 혈자리까지 한글의 ㄱ자 형으로 두 번을 꺽어서 흘러오면 입수 2절 용이고, ㄹ자나 ㄹ자 형으로 세번을 틀어 내려오면 입수 3절 용이며, 마지막으로 혈자리 앞에서 꺽어지는 방향부터 입수 1절 용이라 부르며, 혈자리에서 현무봉이나 주산까지 15번 꺽어지는 혈맥의 경우에는 이를 입수 15절 용 이라고 부른다.

입수맥을 통해 입수 1절 용에서 입수 몇절 용까지 생기는 것은 혈맥으로부터 입수맥으로 흘러들어온 혈맥, 즉 두 줄기 수맥의 물의 양과 생기의 양을 조절하기위해 발생되는 현상으로서 물의 양과 생기의 양이 적으면 물의 양과 생기의 양을 충분히 공급받기 위해 경사진 곳을 세차게 내려오거나 능선을 따라 길게 내려오도록 해 물을 공급받고 생기를 적정하게 생성되게 하며, 반면에 물의 양이 많으면 혈맥을 구불구불하게 몇 번씩 틀면서 혈맥, 즉 두 줄기의 수맥으로 흐르는 물의 양과 생기를 조절하기 위함이라고 할 수 있다.

(8) 입수룡(入首龍)의 입수 형태

- 직룡입수直龍入首 : 청룡 백호나 안산이 바람을 막아 줄 때 입수하는 형태로서 입수도두入首倒頭 한 가운데로 직선으로 들어오므로 용의 기세가 강성하고 웅대해 발복이 크고 빠르다.

- 횡룡입수橫龍入首 : 앞 바람이 불어오면 미리 바람을 피해 샛길로 입수하는 형태로서 행룡하는 주룡의 측면에서 입수룡이 나와 혈자리를 만드는 형태이다. 횡룡입수 시는 혈장 반대편인 주룡의 측면에서 귀성鬼星이 받쳐 주고 그 뒤로 낙산樂山이 허虛함을 막아 주므로 귀성과 낙산은 횡룡입수의 필수조건이며 대부분의 횡룡입수는 청룡 또는 백호가 혈자리를 보호해 준다. 횡룡입수로 맺힌 혈자리 앞 명당은 넓고 명당에 물이 그득하면 부富 혈이라고 한다.

- 섬룡입수閃龍入首 : 앞 바람이 불어오면 앞 바람을 피해 미리 뒤에 주저 앉아 혈자리를 만드는 형태로서 기룡혈騎龍穴이라고도 하며 안산이 용맥의 끝이 된다.

- 비룡입수飛龍入首 : 아래에서 위로 올라가 봉우리 정상에 혈자리를 맺는 형태로서 부富혈 보다는 귀貴혈이

많다. 혈자리가 높은 곳에 있으므로 바람을 막아 줄 수 있어야 하며 혈자리로 오르면 높다는 느낌이 들지 않아야 하고 혈장이 넓어서 안정감이 있어야 좋은 혈자리이다.

- 잠룡입수潛龍入首 : 용맥이 땅 속으로 숨어 은맥隱脈으로 입수하는 형태로 혈자리 뒤에서는 물이 두 갈래지만 앞에서는 두 물이 합쳐져야 진혈眞穴이다. 잠룡입수는 말 발자국 같은 마적馬跡이나 뱀이 기어가는 듯한 초사회선草蛇回旋의 작은 선이 나타나며 용맥양편으로 용의 생기를 보호해주는 도랑물이 흐른다.

※입수룡의 입수 방법에는 능선의 형태에 따라 정입수(正入首), 편입수(偏入首), 대입수(大入首), 소입수(小入首), 장입수(長入首), 단입수(短入首), 고입수(高入首), 저입수(低入首), 곡입수(曲入首), 직입수(直入首), 단입수(斷入首), 속입수(續入首) 등 12가지가 있다.

(9) 혈자리의 형태(形態)

1) 와혈(窩穴)
- 와혈은 양혈陽穴로 혈맥이 흐르는 능선이 급하게 내려오다 분지盆地가 시작되는 평평한 곳에서 만들어지는 혈이다.

- 와혈은 하늘을 향해 입을 벌린다 해서 개구혈開口穴, 새의 둥지나 소쿠리 처럼 생겼다고 해서 소쿠리혈, 손바닥을 반쯤 오므린 것처럼 오목하게 생긴 곳이라 해서 장심혈掌心穴이라고도 한다.

2) 겸혈(鉗穴)

- 겸혈은 양혈陽穴로 혈맥이 능선으로 흘러오다 능선보다 낮은 골짜기나 분지가 시작되는 평평한 곳에서 만들어지는 혈이다.
- 혈 바로 뒤에는 병풍처럼 능선 끝이 형성되어 있고 혈 앞에는 턱이 있고 뒤쪽에는 능선이 일자형으로 뻗어있으며 혈 양옆으로는 낮은 능선이 내려오고 이 능선 중의 하나가 안산 역할을 한다.
- 겸혈은 혈이 생성된 곳이 여인이 두 다리를 벌리고 있는 것처럼 생겼다고 해서 개각혈開脚穴이라고도 한다.

3) 유혈(乳穴)

- 유혈은 음혈陰穴로 주로 능선에서 만들어지는 혈로서 혈 밑이 한 단계씩 뚝뚝 떨어지는 것이 특징이다.
- 유혈은 유두의 젖꼭지와 비슷한 형태로 생성되어지는 혈이라 해서 유두혈乳頭穴, 현유혈縣乳穴 및 수유혈垂乳穴이라고도 한다.

4) 돌혈(突穴)

- 돌혈은 음혈陰穴로 혈맥이 낮은 곳에서 높은 곳으로 올라가 비룡입수飛龍入首로 만들어지는 혈이다.

- 혈의 모양이 종이나 가마솥이나 동종銅鐘을 엎어 놓은 것처럼 볼록하게 생겼다 해서 복부혈伏釜穴 또는 복종혈伏鐘穴이라고도 한다.

※ 혈의 형태는 매우 다양하다. 풍수지리에서는 혈의 형태를 우주의 태극(太極)에서 음과 양이 분리되면서 만물이 생성(生成)된다는 동양사상과 대자연의 이치에 따라 혈을 사상(四象)으로 분류해 와혈, 겸혈, 유혈, 돌혈로 분류한 것이다.

혈 중에서 오목하게 생긴 곳을 양혈(陽穴)로 보아 와혈과 겸혈이 이에 해당되고, 볼록하게 생긴 곳을 음혈(陰穴)로 보아 유혈과 돌혈이 이에 해당된다.

(9) 괴교혈(怪巧穴)

1) 괴교혈의 개요

- 정통적인 풍수지리 이론인 좌청룡, 우백호, 안산 등 보국保局이 제대로 갖추어 있지 않은 곳에서 생성되는 혈자리를 괴교혈怪巧穴 또는 괴혈怪穴이라고 한다.

2) 괴교혈의 종류

- 천교혈天巧穴 : 높은 산의 분지를 형성한 곳에서 생성 되는 혈

- 천풍혈天風穴 : 산 봉우리 정상에서 생성되는 혈

- 회룡고조혈回龍高祖穴 : 조종산을 안산으로 생성되는 혈

- 기룡혈騎龍穴 : 산의 능선을 타고 내려오다 능선 등성 이에서 생성되는 혈

- 수중혈水中穴 : 바다나 호수 가운데에 있는 땅에서 생 성되는 혈

- 몰니혈沒泥穴 : 흙이 많은 논이나 밭 등에서 생성되는 혈

- 수변혈水邊穴 : 바다, 호수, 연못, 시냇가 등에서 생성 되는 혈

- 수충사협혈水冲射峽穴 : 예리한 물 줄기가 혈자리의 옆구리를 치고 들어오는 곳에서 생성되는 혈

- 평지혈平地穴 : 수평선을 이룰만큼 끝이 보이지 않을 정도로 넓은 논밭이 형성되어 있는 평양지平洋地에서 생성되는 혈

- 배토혈培土穴 : 혈맥이 얕게 흐르다가 생성되는 혈

- 석중혈石中穴 : 돌 무덤이나 바위 가운데에서 생성되는 혈

- 무용호무안산혈無龍虎無案山穴 : 청룡 백호와 안산 등이 없이 보국이 제대로 갖추어져 있지 않은 곳에서 생성되는 혈

- 추졸혈醜拙穴 : 혈자리 주변의 땅이 못생겨 추하고 졸 열하게 생긴 곳에서 생성되는 혈

- 괘등혈掛燈穴 : 가파른 산 중턱에서 등잔불 처럼 걸려 있는 곳에서 생성되는 혈

- 부아혈附蛾穴 : 벽에 나비가 붙어있는 것처럼 가파른 곳에서 생성되는 혈

- 독산혈獨山穴 : 홀로 있는 산으로 혈맥이 연결되어 생 성되는 혈

※괴교혈에 대해 전해오는 말로는 보통 사람들에게는 잘 보이지 않은 천장지비지(天藏地秘地) 또는 대지진혈(大地眞穴) 등으로 신안(神眼)이나 도안(道眼)을 가진 풍수사가 아니고는 찾기 어려운 혈자리라고 전해오고 있다.

그러나 모든 혈자리들이 보국이 제대로 갖추어진 곳에서만 생성되는 것이 아니라 지구가 생겨난 이후 수없이 많은 변화를 해 왔기 때문에 바다, 호수, 봉우리, 개울 등 보국이 갖추어지지 않은 지구의 곳곳에 수많은 혈자리들이 생성되어 있어서 괴교혈은 우리 주변에서 의외로 쉽게 찾을 수 있는 혈자리이며, 괴교혈이라고 해서 모두가 생기의 역량이 커서 명당발복이 크게 발현된다고 할 수는

없다.

(10) 사격(砂格)

1) 사격의 개요(概要)

- 사격砂格은 혈자리의 전후좌우에서 바람을 막아주어 혈자리가 만들어질 수 있는 여건을 조성하고, 혈자리에서 나오는 생기를 보호해 주는 등 혈자리의 바람막이 역할을 하는 산, 능선, 봉우리, 바위, 언덕 등을 말한다.

- 사砂라는 말은 옛날 종이와 붓 대신 모래로 산 모양을 만들어 설명한데서 유래 되었다고 한다.

- 사격이 반듯하고 깨끗하고 수려하면 귀격貴格 이고, 둥글고 두툼하게 살이 찐 것이면 부격富格이며, 깨지고 부서지고 기울고 배반하면 흉격凶格으로 보았다.

- 사격은 혈자리의 좌측에 있는 산을 좌청룡左靑龍이라 하고, 우측에 있는 산을 우백호右白虎로 하며, 전면에 있는 산을 안산案山이라 한다.

- 사격은 산의 형태에 따라 목성木星, 화성火星, 토성土星, 금성金星, 수성水星 사격으로 분류되고 있다.

- 사격에 대해서 이법적理法的으로는 길吉한 방위에 좋은 사격이 있으면 명당발복이 크그, 흉凶한 방위에 나쁜 사격이 있으면 재앙災殃과 화禍를 가져오고, 사격

이 혈자리에서 가깝게 있거나 멀리 있는데에 따라서도 명당발복에 영향을 미친다고 전해오고 있다.

※사격이 수려(秀麗)하거나 탁(濁)하거나 흉(凶)하거나 혈자리와의 거리가 멀고 가까운데에 따라서 혈자리의 역량에 어느정도 영향을 줄 수 있다고는 추정해 볼 수는 있으나, 사격의 모양에 따라 혈자리의 명당발복으로 부귀(富貴), 자손의 번창, 건강 등 길흉화복을 좌우한다는 것은 아직까지 과학적인 입증이 있거나 조사된 통계 등에 의해서 밝혀진 바가 없다.

2) 사격(砂格)의 종류

• 좌청룡左靑龍 : 혈자리의 좌측에 있는 산, 능선, 바위, 언덕 등으로 좌측에서 불어오는 바람을 막아 주면서 혈자리의 생기를 보호해 주는 역할을 하며 내청룡內靑龍과 외청룡外靑龍이 있다.

• 우백호右白虎 : 혈자리의 우측에 있는 산, 능선, 바위, 언덕 등으로 우측에서 불어오는 바람을 막아 주면서 혈자리의 생기를 보호해 주는 역할을 하며 내백호內白虎와 외백호外白虎가 있다.

• 안산案山 : 혈자리 앞에 있는 산, 능선, 바위, 언덕 등으로 앞에서 불어오는 바람을 막아주면서 혈자리의 생기를 보호해 주는 역할을 한다.

- 조산朝山 : 안산 뒤에 있는 모든 산을 조산이라 하며 안산을 보호하는 역할을 한다.

- 현무봉玄武峰 : 혈자리 뒤에 있는 산, 봉우리 등으로 혈자리의 뒤쪽에서 부는 바람을 막아주면서 혈자리의 생기를 보호해 주는 역할을 한다.

- 귀성鬼星 : 입수룡의 반대 측면에 붙어 있는 작은 지각地殼으로 횡룡입수하는 혈자리의 뒤를 받쳐주고 혈자리의 뒤에서 부는 바람을 막아주면서 혈자리의 생기를 보호해 주는 역할을 한다.

- 낙산樂山 : 횡룡입수하는 용의 뒤를 받쳐 주는 산으로 혈자리의 뒤에서 부는 바람을 막아주면서 혈자리의 생기를 보호해 주는 역할을 한다.

- 하수사下水砂 : 혈자리 아래에 붙어 있는 작은 능선 등으로 혈자리의 생기를 지탱해 주는 역할을 한다.

- 수구사水口砂 : 물이 흘러 나가는 파구破口에 있는 작은 산이나 바위 등으로서 물이 직선으로 빠르게 나가지 못하도록 하는 역할을 한다. 파구에는 한문捍門, 화표華表, 북신北辰, 나성羅星 등이 있다.

- 관성官星 : 안산이나 조산 뒷면에 붙어 있는 작은 능선으로 안산이나 조산의 기운을 혈자리 쪽으로 밀어주어 혈자리의 생기를 보완해 주는 역할을 한다.

※사격(砂格)을 사신사(四神砂)라고도 하며 혈자리의 좌측에 있는 산 등을 청룡(靑龍), 우측에 있는 산 등을 백호(白虎), 앞에 있는 산등을 주작(朱雀), 후면에 있는 산 등을 현무(玄武)라 하며 사격은 보국(保局)이라는 말로도 사용되고 있다.

3) 산의 형태(形態)에 의한 사격(砂格)의 분류

- 목성木星 사격 : 산 정상이 죽순처럼 뾰족하거나 원통형으로 우뚝 솟은 산으로 산신山身에 지각地殼이 없는 형태로서 귀인사貴人砂(貴人峰)와 문필사文筆砂(文筆峰)가 대표적인 목성 사격이다.

- 화성火星 사격 : 불꽃이 타 오르듯 뾰족뾰족한 암석들이 날카롭게 서 있는 형태의 산으로 마치 군기軍旗가 펄럭이는 모습을 한 돈기사頓旗砂가 대표적인 화성 사격이다.

- 토성土星 사격 : 산 정상이 일자一字 모양으로 평평한 형태의 산으로 일자문성사一字文星砂가 대표적인 토성 사격이다.

- 금성金星 사격 : 산 정상이 원형으로 마치 종이나 가마솥을 엎어 놓은 것 같은 형태의 산으로 산 정상이 원형으로 크고 웅장한 무성사武星砂와 산 정상이 종이나 가마솥을 엎어 놓은 복종사伏鐘砂나 복부사伏釜砂가 대표적인 금성 사격이다.

- 수성水星 사격 : 산에 뚜렷한 봉우리는 없으나 미미한 반半 봉우리가 연속으로 이어져 있는 형태의 산으로 선교사仙橋砂가 대표적인 수성 사격이다.

(11) 수세(水勢)

1) 수세의 개요(槪要)

- 물의 외형적 모양과 음양오행陰陽五行의 이법理法에 따라 길흉화복을 논하는 것이 수세론水勢論이다.
- 수맥은 물을 공급받아 흐르며 두 줄기의 수맥은 혈맥을 형성해 생기를 보호하면서 흘러가다 보국이 형성된 곳에 이르면 혈자리를 만든다.
- 음양이법陰陽理法에서는 물은 음직이므로 양陽으로 보고 산龍은 정지되어 있어 음陰으로 본다.
- 물은 눈에 보이는 지표수地表水인 건수乾水와 땅 속으로 흐르는 지하수地下水인 수맥으로 구별한다.

2) 수세에 의한 길흉화복(吉凶禍福)

- 금성수金星水 : 물이 혈자리에 허리띠를 두른 것처럼 원만하게 감싸주면서 흐르면 길吉하고 물이 혈자리로부터 등을 돌리면 흉凶하다.
- 수성수水星水 : 물이 지현자之玄字로 굴곡屈曲을 하

면서 구곡육수九曲六水가 굽이굽이 휘돌면서 혈자리 쪽으로 들어오면 길하다.

- 목성수木星水 : 물이 혈자리 쪽으로 직선으로 흘러 왔다 다시 직각으로 방향을 바꾸어 흘러나가는 물은 흉하다.

- 화성수火星水 : 물이 날카롭게 뾰죽한 모양을 만들며 흐르는 물로 대개 혈자리가 파쇄破碎 되었을 때 급류가 직선으로 흐르는 물은 흉하다.

- 토성수土星水 : 물이 직각으로 곧게 흐르는 것으로서 혈자리를 감싸고 흐르는 물은 길하며 배반하고 흐르는 물은 흉하다.

※풍수지리서에는 물은 재산을 관장(管掌)한다고 하며 물이 깊고 많은 곳에 부자가 많이 나온다고 전해오고 있다.

수세가 길하거나 흉하거나 혈자리와의 거리가 멀고 가까운 것은 혈자리의 역량에 어느정도 영향을 줄 수 있다고는 추정할 수 있으나, 수세에 따라 혈자리의 명당발복 즉 부귀(富貴), 자손의 번창(繁昌), 건강 등 길흉화복을 좌우한다는 것은 아직까지 과학적으로 입증된 것이 없고 통계 등에 의해서도 실증된 바가 없다.

(12) 형국론(形局論)

• 형국론은 산의 모양을 어느 동물動物이나 식물植物 등 물체物體에 비유比喩하여 혈자리를 찾거나 설명하는 이론으로 물형론物形論이라고도 하며 중국보다는 우리나라에서 더 발전한 풍수이론이다.

• 산을 어느 물체에 비유해 그 물체의 기氣가 가장 많이 집중되는 부분에 혈자리가 있다고 보는 형국론은 글을 모르는 사람들도 이해가 쉬워 일반에 널리 보급 된 바 있다.

※ 형국론(形局論)에서 어느 형상(形象)을 어느 물형(物形)에 비유(比喩)한다는 것은 문제가 많다. 사람에 따라 보는 장소에 따라 보는 형상이 다를 수 있고 특정한 형상을 어느 사물에 비유하는 견해(見解)도 다를 수 있다. 또한 어떠한 사물을 형국론에 의해 혈자리를 찾는 다는 것은 큰 잔디밭에서 바늘을 찾는 격(格)으로서 혈자리를 찾는데 물형론(物形論)을 적용한다는 것은 풍수지리를 희화화(戲畫化) 시키는 것으로 밖에는 볼 수 없다. 지리인자수지(地理人子須知)에서도 물형론에는 구애받지 말라는 말이 있다. 따라서 형국론은 일반 대중에게 풍수지리에 관한 흥미를 유발시킨다는 관점으로 이해하는 것이 좋다.

★형국론(形局論)**을 여러 물형**(物形)**에 비유한 것을 분류해보면 다음과 같다**

1) 인물형(人物形)

• 산의 형태를 사람에 비유해 혈자리를 찾는 방법으로 탐랑성貪狼星(木星)과 무곡성武曲星(金星)이 사람에 비유된다.

• 인체 유형에는 주로 명치, 배꼽, 단전, 이마, 코 등이 혈자리가 된다고 본다. 특히 단좌형端坐形은 유乳, 복腹, 단전丹田, 음부陰部 등에 혈자리가 결지된다고 한다.

예)상제봉조형(上帝奉朝形), 군신조회형(君臣朝會形), 장군대좌형(將軍臺坐形), 귀인단좌형(貴人端坐形), 선인독서형(仙人讀書形), 오선위기형(五仙圍碁形), 옥녀탄금형(玉女彈琴形), 노승예불형(老僧禮佛形) 등

2) 용사류형(龍蛇類形)

• 산의 형태를 용이나 뱀에 비유하여 혈자리를 찾는 방법으로 용이나 뱀의 머리, 복부, 이마, 꼬리, 입, 귀 등에 해당되는 곳에서 혈자리를 찾는다.

• 용의 경우에는 여의주, 구름, 대해수大海水, 대강수大

江水와 같은 안산이나 사격이 있어야하며, 뱀의 경우
개구리, 지렁이, 풀밭 같은 안산이나 사격이 주변에 있
어야 한다. 산의 기세가 크면 용으로 보고 작으면 뱀으
로 본다. 뱀의 입에 해당하는 곳에 묘를 쓰면 독이 가
득하기 때문에 사람이 다치고 절손絕孫되는 화를 당할
수 있다고 본다.

예)비룡승천형(飛龍昇天形), 갈룡음수형(渴龍飲水形),
쌍룡농주형(雙龍弄珠形), 회룡고조혈(回龍高祖穴), 생사
초선형(生蛇草線形) 등

3) 비금류형(飛禽類形)

- 산의 형태를 새 종류로 보고 혈자리를 찾는 방법으로
  비금류는 날개 안쪽인 익와처翼窩處와 벼슬인 관성
  처冠星處 및 둥지인 소巢에 혈자리가 만들어진다고
  본다.

- 새의 포란형抱卵形은 둥지에서 찾고 평사낙안平沙落
  雁 등 기러기 종류는 주로 입이나 부리에서 혈자리를
  찾는다.

- 봉황鳳凰 형국의 경우 오동나무, 대나무 밭 등이 있어
  야 하고, 알과 같은 사격이 있어야 한다.

- 연소혈燕巢穴과 같은 경우 대들보, 풀벌레, 빨랫줄 등
  이 있어야 하고 황앵탁목혈黃鶯啄木穴의 경우는 나무

가 누워 있는 형상의 산이 주변에 있어야 한다.

예)봉황포란형(鳳凰抱卵形), 봉황귀소형(鳳凰歸巢形), 학슬형(鶴膝形), 금계포란형(金鷄抱卵形), 금오탁시형(金烏啄屍形), 복치혈(伏雉穴), 연소혈(燕巢穴), 행주형(行舟形) 등

4) 우마류형(牛馬類形)
- 산의 형태를 소나 말에 비유하여 혈자리를 찾는 방법으로 주로 이마, 귀, 코, 젖 등으로 추정 되는 곳에 혈자리가 만들어진다.
- 풀더미를 상징하는 적초안積草案, 밭을 상징하는 경전안耕田案, 쟁기 등을 상징하는 보습사, 안장, 멍에 등과 같은 사격이 주변에 있어야 한다.

예)갈마음수형(渴馬飮水形), 용마등공형(龍馬登空形), 천마입구형(天馬入口形), 와우형(臥牛形), 복구혈(伏狗穴), 갈록음수형(渴鹿飮水形), 옥토망월형(玉兎望月形), 노사하전형(老鼠下田形) 등

5) 맹수류형(猛獸類形)
- 산의 형태를 호랑이, 사자, 코끼리, 여우 등 짐승에 비유해 혈자리를 찾는 방법으로 혈자리는 주로 이마, 귀,

코, 젖, 복부 등에 해당한다.

- 맹수들에게는 반드시 먹이에 해당하는 개, 사슴, 닭, 쥐 등의 사격이 주변에 있어야 한다.

예)복호형(伏虎形), 와호형(臥虎形), 맹호출림형(猛虎出林形), 맹호하산형(猛虎下山形), 사자앙천형(獅子仰天形) 등

6) 구갑류(龜甲類)와 어류형(魚類形)

- 산의 형태를 거북이, 지네, 게, 거미, 물고기 등에 비유하여 혈자리를 찾는 방법으로 혈자리는 주로 등이나 머리 쪽에서 만들어진다.
- 이 형에는 반드시 물이 있어야 하고 먹이인 지렁이나 곤충과 같은 사격이 주변에 있어야 한다. 거미는 거미줄 같은 사격이 있어야 제대로 발복을 한다.

예)금구입수형(金龜入水形), 금구몰니형(金龜沒泥形), 금오입수형(金鰲入水形), 행지오공형(行地蜈蚣形), 해복형(蟹伏形), 유어농파형(遊魚弄波形) 등

7) 화수류형(花樹類形)

- 산의 형태를 꽃이나 나무에 비유하여 혈자리를 찾는 방법으로 혈자리는 주로 화심花心에 해당되는 곳에서

만들어진다.

- 꽃을 감상하는 미인과 벌, 나비, 화분, 꽃잎에 해당되는 사격이 주변에 있어야 한다.

예)매화낙지형(梅花落地形), 목단반개형(牧丹半開形), 연화부수형(蓮花浮水形), 작약미발형(芍藥未發形), 장미미발형(薔薇未發形) 등

8) 기타 물형(物形)

- **금반형**金盤形, **금환낙지형**金環落地形, **복종형**伏鐘形, **복부형**伏釜形), **행주형**行舟形, **옥호주수형**玉壺注水形 등이 있다.

6. 고전적(古典的)인 방식으로 혈자리를 찾는 방법

(1) 외형적(外形的)인 흔적에 의해 혈자리를 찾는 방법

- 혈자리를 외형적인 흔적痕迹에 의해 찾는 방법으로 사람의 눈으로 어느정도 식별이 가능한 현상에 의해 혈자리를 찾을 수 있다는 방법으로 입수도두入首倒頭, 선익蟬翼, 순전脣氈, 하수사鰕鬚砂 및 혈토穴土가 있다.

※혈자리의 땅 위의 외형적(外形的)인 현상에는 사람의 눈으로 어느정도는 볼 수 있고 사람의 감수성(感受性)을 통해 감지가 가능한 혈자리 위의 표면에 나타난 현상으로서 입수도두(入首倒頭), 선익(蟬翼), 순전(脣氈), 혈토(穴土)등의 네 가지가 풍수지리서에 의해 전해오고 있다.

혈자리를 찾는데 참고해야 할 외형적인 흔적으로 결인속기처(結咽束氣處), 육후처(肉厚處) 및 좌선(左旋)과 우선(右旋) 등이 전해오고 있다. 그러나 이러한 외형적인 현상들 만으로는 혈자리를 찾는 일은 결코 쉬운 일이 아니다. 따라서 오늘날에는 혈자리를 과학기술에 의해 제작된 수맥탐지봉 등에 의해 탐지해 내기 때문에 혈자리를 찾기 위해 구태여 이러한 외형적 현상들을 살필 필요가 없게 되었으나 혈자리를 찾는데 참고가 되었으면 해서 풍수지리서에서 전해오는 혈자리의 땅 위의 외형적 현상들을 시중의 풍수지리 책들을 참고해 다음과 같이 정리하였다.

1) 입수도두(入首倒頭)

• 입수도두는 입수맥과 혈자리를 접속하여 주는 곳으로서 상수맥 相水脈이 양쪽으로 분수 分水되는 혈자리 뒤의 볼록한 흙 무더기가 나타나는 현상으로 산천 山川의 정기 精氣가 모여있는 곳으로서 능선에서 공급된 생기를 저장해 놓았다가 필요한 만큼의 생기를 혈자리로

공급해 주는 역할을 하는 곳이다.

2) 선익(蟬翼)

• 선익은 혈자리 주변에서 나타나는 매미의 날개 모양으로 생긴 흙무더기의 흔적으로서 혈자리의 좌우에서 혈자리를 지탱해주고 혈자리에서 응결凝結된 생기가 밖으로 새 나가지 못하도록 보호해 주는 생기보호맥生氣保護脈과 같은 역할을 한다.

3) 순전(脣氈)

• 순전을 전순氈脣, 취순嘴脣, 전욕氈褥이라고도 하며 입수도두에서 벌어져서 선익을 따라온 상수맥相水脈이 합수合水되어 뭉쳐 있는 흙무더기로서 혈자리를 만들고 남아도는 생기가 혈자리 앞에 뭉쳐 있는 상태로 생기가 더 이상 밑으로 새 나가지 않도록 혈자리를 받쳐주는 생기저지선生氣沮止線과 같은 역할을 하는 곳이다.

4) 혈운(穴暈)

• 혈운은 태극훈太極暈이라고도 불리며 혈자리의 중심이나 혈자리 주위에 은은하고 미미하게 나타난 흔적을 말하다.

• 혈운은 해나 달무리처럼 둥그렇게 감싸고 있는 물 기운이 있는 것으로서 이러한 현상이나 흔적이 있으면 혈자리가 생성되어 있다고 본다.

5) 하수사((鰕鬚砂)

• 하수사는 혈자리 아래 계단처럼 작고 가느다란 능선으로 나타나는 현상으로 생기가 더 이상 아래로 빠져 나가지 않도록 거두어 주는 생기저지선과 같은 역할을 하는 현상으로 자손의 빈부貧富를 나타내는 것으로 본다.

※하수사에 대해서는 중국 명나라 시대의 서선술, 서선계 쌍둥이 형제가 저술한 "지리인자수지(地理人子須知)"에서 하수사(鰕鬚砂)는 혈자리의 가운데에서 보면 혈자리 아래에 붙어 있는 작고 가느다란 능선으로 둥근 그림자가 어릿 어릿하게 있는 천륜영(天輪影)이라고 표현하고 있다.

6) 혈토(穴土)

• 혈토는 땅의 표면에서 대략 1.5-2m정도 파 내려가면 나타나는 비석비토非石非土의 미세한 입자粒子로 된 흙을 말한다.

※비석비토라 함은 돌처럼 단단하지만 손으로 비비면 고운 분가루처럼 미세하게 분해되는 흙으로서 흙을 파다 혈토층(穴土層)을 만나면 흙이 단단해 삽이나 괭이가 잘 들어가지 않아 곡갱이나 포크레인 등으로 파야 할만큼 단단한 흙을 말한다.

혈토의 지층구조(地層構造)는 대부분 부토층(腐土層), 자갈과 모래층, 생토층(生土層), 혈토막층(穴土幕層), 혈토층(穴土層), 암반층(巖盤層)으로 구성되어 있으며, 광중(壙中)을 낼 때는 비석비토인 혈토층이 나올때까지 파는 것이 좋다.

혈토는 홍(紅), 황(黃), 자(紫), 백(白), 흑(黑) 등 오색토(五色土)로서, 마치 참기름을 친 것과 같이 밝은 윤기(潤氣)가 나는 흙을 최고의 혈토로 치고 있다.

혈토에 대해서는 토색불혈구(土色不穴區)라는 말이 전해오고 있다. 중국의 명나라 때 서선술, 서선계 형제가 쓴 "지리인자수지(人子須知)"에서 혈토의 색깔에 너무 연연하지 말라는 말이 있다.

지구의 지표(地表)는 다양(多樣)한 지질층으로 구성되어 있기 때문에 지역마다 혈자리마다 혈토의 색이 다르게 나타날 수 있기 때문이다.

외형적인 흔적에 의해 혈자리를 찾는 것은 풍수계(風水界)의 달인이라고 할 수 있는 초능력을 가진 도안(道眼)이나 신안(神眼)을 가진 풍수사들만이 재혈(裁穴:혈자리가 있는 곳을 혜아려 정확하게 혈자리를 찾음)을 할 수 있을 것으로 예상되나, 오랫동안 풍수지리를 연구하고 공부해온 대부분의 풍수사들 마져도 산이나 들에 직접가서 혈자리를 정확하게 육안(肉眼)이나 감각(感覺) 등으로 찾아낸다는 것은 매우 어려운 일이다.

풍수지리 속담에는 "三年尋龍 十年點穴(삼년심용 십년점혈)"이라는 말이 있다. 즉 용(龍)을 찾는데 3년 걸리고 혈(穴)을 찾는데 10년 걸린다는 뜻으로서 그만큼 혈자리를 정확하게 찾아 낸다는 것이 대단히 난해(難解)한 일이라 해서 비유되는 말이라 할 수 있다.

(2) 형기적(形氣的)인 방식으로 혈자리를 찾는 방법

- 형기적인 방식으로 혈자리를 찾는 방법으로는 다음과 같은 심혈법尋穴法이 있다. 심혈법은 멀리서 주변의 산세와 수세를 살펴서 혈자리가 있을 만한 곳을 예측해 혈자리를 찾아 들어가는 방법이다.

1) 보국심혈법(保局尋穴法)

- 혈자리를 중심으로 좌청룡左靑龍, 우백호右白虎, 현무玄武, 안산案山, 조산朝山 등이 주룡과 혈자리를 향해 유정하게 감싸주고 물 등 주변의 모든 것들이 취합聚合된 곳으로서 모든 산과 물이 어느 산 줄기를 향해 있는 지를 살펴서 혈자리를 찾는 방법이다.

2) 안산심혈법(案山尋穴法)

• 안산과 혈자리는 서로 내통內通한다고 보아 깨끗하고 수려한 안산이 혈자리를 향해 공손하고 정답게 서 있는 것 등을 보고 그 맞은 편에서 혈자리를 찾는 방법으로 안산이 높거나 가까우면 혈자리는 높은 곳에 있고 안산이 낮거나 멀리 있으면 낮은 곳에서 혈자리를 찾는 방법이다.

3) 수세심혈법(水勢尋穴法)

• 물을 보고 혈자리를 찾는 방법으로 물이 감싸 주는 안쪽을 선택해야 혈자리가 있다고 보았으며, 능선 앞에서 직선으로 들어오는 물이 보이면 혈자리가 없다고 보았다.

4) 구성심혈법(九星尋穴法)

• 주산의 모양을 보고 혈자리의 위치와 형태를 파악하는 방법이다.

• 구성九星에는 탐랑목성貪狼木星, 거문토성巨門土星, 록존토성祿存土星, 문곡수성文曲水星, 염정화성廉貞火星, 무곡금성武曲金星, 파군금성破軍金星, 좌보토성左輔土星, 우필금성右弼金星이 있다.

5) 삼세심혈법(三勢尋穴法)

• 주변의 산이 높고 낮음에 따라 혈자리의 위치를 가늠
해 혈자리를 찾는 방법이다. 주변의 산들이 높으면 혈
자리도 높은 곳에 있고, 주변의 산들이 낮으면 혈자리
도 낮은 곳에서 있다고 본다.

6) 삼정심혈법(三停尋穴法)

• 주변의 산과 들이 멀리 있고 가까운 곳에 있느냐에 따
라 혈자리의 위치를 예측해 혈자리를 찾는 방법이다.

• 주변의 산들이 높고 가까운 곳에 있으면 혈자리는 높
은 곳에 있고, 주변의 산들이 적당히 높으면 혈자리는
산 중턱에 있으며, 주변의 산들이 낮고 멀리 있으면 혈
자리가 산 아래 낮은 곳에 있다는 것이다.

7) 과협심혈법(過峽尋穴法)

• 혈자리가 있을 수 있는 용맥龍脈인지의 여부와 위치를
판단해 혈자리를 찾는 방법이다. 과협過峽이 튼튼하고
아름다우면 반드시 혈자리가 있고 깨지고 추악하면 혈
자리가 없다고 본다.

8) 명당심혈법(明堂尋穴法)

• 혈자리 앞에 있는 명당이 원만한가를 보고 혈자리를

찾는 방법이다. 골짜기에서 흘러나오는 물들이 명당
으로 모이고 있는지와 수구水口가 좁게 관세關細되어
있으면 명당으로 보전이 잘되므로 대명당이 있다는 증
거가 된다.

9) 낙산심혈법(樂山尋穴法)

• **횡룡입수**橫龍入首한 곳에서는 낙산樂山을 보고 혈자
  리를 찾는 방법으로 낙산이 우측에 있으면 혈자리도
  우측에 있고, 낙산이 왼쪽에 있으면 혈자리도 좌측에
  있으며, 낙산이 멀리 있으면 혈자리가 멀리 있고, 낙
  산이 가까이 있으면 혈자리도 가까이 있으므로 낙산과
  일치하는 방향에서 혈자리를 찾아야 한다.

10) 귀성심혈법(鬼星尋穴法)

• **횡룡입수**橫龍入首 하는 곳에서 귀성을 보고 혈자리의
  위치를 파악하는 방법이다.

※위와 같이 심혈법 등을 활용하는 데에는 어려움이 많
다고 할 수 있다. 이론상으로는 쉽게 혈자리가 있는 곳을
판단할 수 있겠으나, 막상 산에 오르면 위와 같은 심혈법
만으로는 도안(道眼)과 신안(神眼)을 가지 사람이 아니
고서는 혈자리를 찾아내기란 거의 불가능하다고 할 수 있
다. 산은 먼 곳에서 볼 때 다르고 안으로 들어가 볼 때 다

르고 골짜기나 능선이나 봉우리에서 볼 때마다 다 다르기 때문에 산을 얼마만큼 안다고 자부하는 사람들도 산에 들어가 막상 혈자리를 찾는데는 한계에 부딪치기 마련이다.

(3) 이기적(理氣的)인 방식으로 혈자리를 찾는 방법

- 이기적인 방식으로 혈자리를 찾는 방법에는 용龍, 혈穴, 사砂, 수水의 방위方位를 패철로 측정한 다음 음행오행을 따져 적법여부를 판단해 혈자리를 찾는 방법으로 패철로 찾는 교구통맥법交媾通脈法과 수법水法으로 찾는 88향법向法 등이 있다.

※교구통맥법에서는 혈자리가 있을만한 곳을 짐작해 혈자리의 요건과 혈자리가 있을만한 것들을 분석적(分析的)으로 판별해 혈자리를 정확하게 잡는 것을 재혈(裁穴)이라고 한다.

"재혈법(裁穴法)은 양(陽)은 음(陰)이 덕(德)이 되고, 음(陰)은 양(陽)이 덕(德)이 되며, 천지 이치(理致)는 음과 양이 상호 왕래해서 천도(天道)가 상합(相合) 되어야만이 생성(生成)을 기할 수 있다는 이법(理法)에 근거를 둔 교구통맥법(交媾通脈法)이라고 기술하고 있다"

중국의 당나라시대 별호가 구빈인 양균송(梁筠松)선생은 청랑경(靑囊經), 감용경(撼龍經), 의룡경(疑龍經) 등을 저술해 풍수를 체계적인 학문으로 정립한 분으로서, 특히 팔십팔향법(八十八向法)을 정리한 것으로 알려져 있다.

명나라시대 조정동(趙廷棟)이 저술한 지리오결(地理五訣)에 의하면 용혈사수(龍穴砂水)에 향법(向法)을 강조한 오결(五訣)을 만들어 물의 흐름에 따라 용혈사수향(龍穴砂水向)의 이기법(理氣法)을 설명하였다.

88향법은 용(龍)과 물과 향(向)을 하나로 조화(調和)시켜 길흉(吉凶)을 추길피흉(趨吉避凶)을 하는 법칙으로 우주의 기운은 하나로 조화(調和)되므로 향(向)을 원(元), 용(龍)을 관(關), 수구(水口)를 규(窺)로 하는 원관규(元關窺)의 합국(合局)이 되어야 한다는 것이다. 여기에서 용(龍)은 혈맥이 능선을 따라 흘러와 혈자리로 흘러 들어가는 입수룡(入首龍))을 의미하고, 수구(水口)는 청룡백호가 둘러싸서 서로 만나는 곳으로 청룡백호의 양 골짜기에서 흘러온 두 줄기의 물이 서로 합해지는 곳을 말하며, 향(向)은 물이 좌우(左右)의 어느 쪽에서 흘러와 어느 쪽으로 흘러가는지의 방향을 말한다.

그러나 오늘날과 같이 지구촌이 산업화 과정을 거치면서 곳곳마다 개발의 열풍이 불어 이로 인해 자연이 심각하게 훼손된 곳이 발생하게 되고, 아울러 지구의 곳곳에서 화산이 폭발하고 지진 등의 자연 재해로 인해 태초의 지구의 형태와 지구의 환경 등이 많이 변하고 파괴되어 있어 물이 나가는 수구(水口)의 방향을 정확히 파악 할 수 없는 곳이 허다해 물이 만나 흘러가는 방향을 눈이나 패철에만 의존해 정확한 혈자리를 찾아낸다는 것은 매우 어려운 일이다.

특히 오늘날의 지구촌이나 우리나라는 중국의 풍수가인 조정동(趙廷棟)이 살았던 명(明)나라 시대와는 환경이 다르고, 또한 자연환경이 많이 변해 있으므로 88향법에 의해 혈자리를 정확하게 찾는다는 것은 우리의 현실에 잘 맞지 않고, 눈 짐작으로 수구(水口)를 파악해 패철로 수구의 방향을 찾아 혈자리를 점혈(點穴)을 한다는 것은 한계가 있으며 오판을 할 때가 많으므로 주의 해야한다.

왜냐하면 수구를 알아냈다 하더라도 좋은 향(向)을 쓰기 위해 자리를 상하좌우로 이동시킬 경우 혈자리를 정확하게 잡은 곳 마져도 향에 따라 옮겨다니다 보면 수맥 위에 유해(遺骸)가 놓일 수 있는 등 흉지에 조상을 모시는 경우가 발생할 수 있으므로 전적으로 수법에 의해 혈자리를 잡는다는 것은 무리이다.

(4) 물형론(物形論)에 의해 혈자리를 찾는 방법

• 물형론은 산의 형상에 따라 인물, 동물, 식물, 신선 등의 물체의 형상形象에 비유하여 그 물체의 정기精氣가 어느 부위에 가장 많이 응집凝集되어 있는 가를 살

펴 혈자리를 찾거나 명당발복의 길흉화복을 적용하는 이론으로 물형론物形論 또는 형국론形局論이라고도 하며, 중국보다는 한국에서 풍수지리의 관심과 흥미를 유발하기 위해 발전한 풍수이론이다.

※물형론은 어느 한 물체의 형상을 보는 사람마다 보는 방향마다 다를 수 있어 어느 물체를 물형에 비유해 현장에서 혈자리를 찾는다는 것은 매우 어려운 일이므로 형국론에 구애받지 않고 과학기술로 제작된 수맥탐지봉인 엘로드 등에 의해 혈자리를 찾는 것이 바람직하다.

물형론은 중국의 송나라 때 성리학(性理學)을 집대성한 주자(朱子)가 풍수의 핵심은 산세의 아름답고 추함에 있다라고 주장한 사람으로서 풍수에도 능통해 황제인 영종에게 올렸다는 "산릉의 장"이라는 저서가 물형론에 관한 내용을 자세하고 재미있게 서술한 책이 우리나라에 전해지면서 알려졌고, 이러한 물형론은 조선 시대의 사대부(士大夫)와 양반들을 중심으로 사대부 집의 사랑방에서 많이 논(論)해지다 일반 서민들에게 까지 흘러들어가게 됨으로서 조선 시대에서 풍수가 널리 보급되는 계기가 되기도 하였다.

물형론은 산의 형상(形象)에 따라 사람, 동물, 식물, 신선 등에 비유해, 그 비유한 물체의 정기(精氣)가 어느 부

위에 가장 많이 응결(凝結)되어 있는가를 보아, 그 물체의
정기가 응결되는 자리를 혈자리라고 간주해 혈자리를 찾
는 방법이다. 그러나 물형론은 어디까지나 풍수에 흥미를
갖게하고 혈자리의 위치를 알아보는 데는 도움이 되겠지
만 물형론 만으로는 혈자리를 정확하게 찾기란 매우 힘든
일이다.

7. 나경패철(羅經佩鐵)

(1) 나경패철의 개요(槪要)

• 나경은 포라만상包羅萬象 경륜천지經綸天地에서 나
  羅자와 경經자를 따와 붙인 이름이다. 포라만상은 우
  주의 삼라만상參羅萬像을 포함 한다는 뜻이고, 경륜
  천지는 하늘과 땅의 이치를 다스린다는 뜻이다.

• 나경의 역사는 기원전 2,700년경 중국의 헌원 황제때
  부터 유래되었다고 하며, 나경을 허리에 차고 다닌다
  해 패철이라고도 하고, 나침반羅針盤을 뜻해 쇠라고도
  부른다.

• 나경은 용龍, 혈穴, 사砂, 수水, 향向의 정확한 위치를
  측정해 길吉한 방위와 흉凶한 방위를 판별하는데 사용
  된다.

- 나경은 우주의 순환이치循環理致를 담고 있으며, 총 36층으로 되어 있으나 보통은 9층까지만 사용한다.

- 한漢나로 고조 유방劉邦의 공신이던 장량張良이 선천도先天圖에 의해 지반정침地盤正針(4層)을 제정하고, 당唐나라 양균송이 지반정침을 중심으로 보완해 천반지침天盤縫針과 인반중침人盤中針을 만들었다고 한다.

- 오늘날의 나경은 청淸나라 때 매곡천梅穀天이 제작한 강희윤도康熙輪圖에 근거한 것으로 이것을 왕도형王道亨이 나경투해羅經透解라는 책을 저술해 사용법을 설명하였다.

2) 나경패철의 구조(構造)

- 우주 근원이 태극太極이므로 나경의 원리도 태극을 바탕으로 하고 있으며, 나경패철의 한가운데 원으로 된 부분이 태극으로 남북南北을 가리키고 자침은 음양陰陽을 뜻하며, 나경패철에는 원을 기준으로 밖으로 나가면서 글자가 배열되어 있어 그 층을 순서대로 1-9층 이라고 부른다.

3) 9층까지의 방위도(方位圖)

- 1층 : 팔요황천살八曜黃泉殺을 표시했으며, 8개 방위의 황천살黃泉殺을 나타낸다.

- 2층 : 팔로사로황천살八路四路黃泉殺로 황천黃泉 방위를 나타낸다.

- 3층 : 오행五行으로 목화금수국木火金水局으로 구분되는 4국의 삼합오행三合五行이 표시되어 있다.

- 4층 : 정반정침正盤正針으로 모든 방위의 기준선이 되는 층으로 24개 방위가 표시되어 있으며 글자가 제일 크다.

- 5층 : 천산穿山 72룡龍으로 60갑자甲子와 12개의 공란으로 되어 있다.

- 6층 : 인반중침人盤中針으로 24개 방위가 표시 되어 있다.

- 7층 : 9투지透地 60룡龍으로 60갑자甲子가 표시되어 있다.

- 8층 : 천반봉침天盤縫針으로 24개 방위가 표시되어 있다.

- 9층 : 분금分金으로 12칸으로 나누어져 있고 48개의 갑자甲子가 표시되어 있으며 72개는 공란이다.

4) 나경패철의 측정법(測定法)

① 정반정침(4층, 正盤正針)

- 묘지, 택지, 건물 등을 측정할 때 먼저 나경패철을 수평으로 놓고, 원 가운데 있는 자침이 子午선과 일치하

도록 조절한다.

- 자침의 구멍 뚫린 부분이 4층 子(正北)의 중앙에, 반대쪽은 4층 午(正南)의 중앙에 일치시키는 것을 정반정침이라 한다.

② 음택지陰宅地의 측정

- 기존의 묘는 묘 앞이나 상석床石 중앙에 정반정침을 하고, 새로운 묏자리는 혈자리 중앙에 4층으로 정반정침을 해 坐와 向을 정한다.

- 9층 분금分金으로는 하관下棺할 때 시신 방향을 미세하게 조정해 15도 범위 내에서 좋은 방향으로 맞추어 시신을 눕힌다.

- 만약 2개의 분금 중 어느것도 망자亡子의 생년生年이 납음오행納音五行을 생生하거나 같은 오행인 비견比肩이거나 극剋을 당하지 않아 사용할 수가 없으면 망자의 생년生年을 납음오행 대신 망자의 장손 또는 다른 자손의 생년生年을 납음오행으로 분금을 맞춘다.

예)壬坐 丙向의 혈자리에 1929년 己巳生인 사람이 사망을 해 장사 지낼 때 4층 정반정침 壬坐에 있는 9층의 分金은 丁亥와 辛亥다. 납음오행 조견표에 의해 己巳生인 망자의 납음오행은 己巳(大林木), 分金 丁亥(屋上土), 辛亥(釵釧金:채천금)이다. 이때 망자의 납음오행을 生해주거나, 같은 五行인 비견겁(比肩劫)이거나, 망자의 납음오행이 극해주어 지배(支配)하는 五行을 찾아보면, 丁亥 分金 屋上土는 망자의 납음오행인 大林木이 丁亥 납음오행인 屋上土를 극하여 지배하므로 吉하다.

辛亥 分金 채천금은 망자의 납음오행인 大林木을 金剋木해 凶하다. 따라서 壬坐 方向으로 천광(穿壙)한 내광(內壙)안에서 시신을 머리쪽은 9층 丁亥로 하고 아래쪽은 丁亥의 대칭인 丁巳로 일직선이 되게 맞춘다.

육십갑자 납음오행표(納音五行表)

甲子(沐) 乙丑(衰)	甲戌(養) 乙亥(死)	甲申(絶) 乙酉(絶)	甲午(死) 乙未(養)	甲辰(衰) 乙巳(沐)	甲寅(建) 乙卯(建)
해중금 海中金[死]	산두화 山頭火[墓]	천중수 泉中水[生]	사중금 沙中金[浴]	복등화 覆燈火[帶]	대계수 大溪水[病]
丙寅(辰) 丁卯(病)	丙子(胎) 丁丑(墓)	丙戌(墓) 丁亥(胎)	丙申(病) 丁酉(辰)	丙午(帝) 丁未(冠)	丙辰(冠) 丁巳(帝)
노중화 爛中火[生]	간하수 澗下水[旺]	옥상토 屋上土[墓]	산하화 山下火[病]	천하수 天下水[胎]	사중토 沙中土[帶]
戊辰(冠) 己巳(帝)	戊寅(辰) 己卯(病)	戊子(胎) 己丑(墓)	戊戌(墓) 己亥(胎)	戊申(病) 己酉(辰)	戊午(帝) 己未(冠)
대림목 大林木[衰]	성두토 城頭土[生]	벽력화 霹靂火[胎]	평지목 平地木[養]	대역토 大驛土[病]	천상화 天上火[旺]
庚午(沐) 辛未(衰)	庚辰(衰) 辛巳(死)	庚寅(絶) 辛卯(絶)	庚子(死) 辛丑(養)	庚戌(衰) 辛亥(沐)	庚申(建) 辛酉(建)
노방토 路傍土[旺]	백납금 白臘金[養]	송백목 松栢木[祿]	벽상토 壁上土[胎]	차천금 釵釧金[衰]	석류목 石榴木[絶]
壬申(辰) 癸酉(病)	壬午(胎) 癸未(墓)	壬辰(墓) 癸巳(胎)	壬寅(病) 癸卯(辰)	壬子(帝) 癸丑(冠)	壬戌(冠) 癸亥(帝)
검봉금 劍鋒金[祿]	양류목 楊柳木[死]	장류수 長流水[墓]	금박금 金箔金[絶]	상오목 桑梧木[浴]	대해수 大海水[帶]
戌亥	申酉	午未	辰巳	寅卯	子丑

※나경패철로 정반정침을 할 때 패철을 놓는 곳에 따라 방위가 달라질 수 있다. 즉 경사진 곳에서는 정반정침이 잘못되는 경우가 있으므로 가능한 한 평평하도록 한 후 정반정침을 해야한다. 또한 나경패철은 제작회사에 따라 약간씩 다를 수 있는 등 정확도가 떨어질 수 있으므로 방위에 너무 집착 할 필요는 없다. 즉 혈자리의 중앙을 찾아서 어떻게 측정하느냐가 중요하다.

③ 양택지陽宅地의 측정

- 대지垈地의 중심점 혹은 건물의 중앙에 정반정침을 하고 4층으로 측정한다.

- 대지와 건물의 형평을 참작해 기두起頭를 설정하는데 기두는 단독주택은 건물의 무게 중심처이며 아파트나 사무실 등은 현관문이나 출입문이 기두가 된다.

- 대문, 방, 거실, 부엌, 수도, 하수구, 화장실 등의 방위를 측정하여 가상법칙家相法則에 의해 각 방위의 길흉화복을 판단한다.

- 기본단위는 24 방위를 3방위씩 나눈 팔괘八卦 방위가 된다.

※부록에 기술한 "고전적인 풍수지리의 개요와 용어"는 "정통풍수지리(정경연 지음, 평단문화사, 2003년)"를 중심으로 시중의 풍수지리서 들을 참고로 요약을 한 것이다.

〈부록 3〉 풍수지리 속담(俗談) 등

- 氣, 乘風卽散 界水卽止(기, 승풍칙산 계수칙지) : 기는 바람은 만나면 바로 흩어지고 물을 만나면 바로 멈춘다
- 水管財物 龍管人丁(수관재물 용관인정) : 물은 재물을 관리하고 용은 사람을 관리 한다
- 山主人 水主財(산주인 수주재) : 산은 인물을 만들고 물은 재물을 만든다
- 高一寸山, 低一寸水(고일촌산, 저일촌수) : 조금만 높아도 산이요 조금만 낮아도 물이다
- 山水同去 山中溪 溪中山(산수동거 산중계 계중산) : 산과 물이 같이 가는데 산 가운데 계곡이요 계곡 가운데 산이다
- 眞穴大地 天藏地秘地(진혈대지 천장지비지) : 진혈은 하늘이 감추고 땅이 숨긴다.
- 穴, 如天地 同行(혈, 여천지동행) : 혈은 세상이 끝날 때까지 하늘과 땅이 함께 한다
- 三年尋龍 十年點穴(삼년심룡 십년점혈) : 용을 찾는데 3년 걸리고 혈을 찾는데 10년 걸린다

- 葬者乘 生氣也(장자승 생기야) : 장사는 반드시 생기가 있는 땅에 지내야한다

- 千里來龍 僅有一席之地(천리내룡 근유일석지지) : 천리를 행룡한 용도 겨우 한 자리 혈을 맺을 따름이다

- 豊肥圓滿 堅固柔軟(풍비원만 견고유연) : 혈은 땅이 살이 찐듯 풍만하고, 단단하고, 유연한 곳에서 맺는다

- 溪水有聲 必出聾啞(계수유성 필출농아) : 물이 격하게 소리를 내며 흐르면 반드시 농아가 나온다

- 平地水田 勝於江湖(평지수전 승어강호) : 논밭에 가득 차 있는 물은 강이나 호수보다 더 좋다

- 大水洋朝 無上之貴(대수양조 무상지귀) : 혈 앞으로 꾸불꾸불 혈을 감싸듯 들어오는 물은 매우 귀한 물이다

- 水聚天心 水知其富貴(수취천심 수지기부귀) : 물이 명당 가운데에 모이면 누가 그 부귀를 알것인가

- 穴, 天造之設(혈, 천조지설) : 대혈은 하늘이 만들고 땅이 설치한다

- 奪神功 改天命(탈신공 개천명) : 신이 하는 일을 빼앗아 하늘의 명을 바꾼다. 즉 묘와 집을 옮겨 불운을 극복한다

- 積善之家 必有餘慶, 積善不之家 必有餘殃(적선지가 필유여경, 적선불지가 필유여앙) : 명당길지 明堂吉地는 적덕 積德을 한 사람에게만 내어주고 적덕을 하지 못한

사람에게는 재앙災殃을 받는다

• 不可信 不可廢(불가신 불가폐) : 풍수는 믿을 수도 없지만 없앨 수도 없다

• 黃帝宅俓(中國 宋時代 왕미 저자로 추정된 양택서)

　-墓가 凶하고 집이 吉하면 子孫에게 官祿이 있고

　-墓는 吉하나 집이 凶하면 子孫들이 먹고 살기 힘들고

　-墓와 집이 모두 吉하면 子孫이 榮華롭고

　-墓와 집이 모두 凶하면 子孫은 고향을 떠나고 代가 끊긴다

• 近山遠七(근산원칠) : 산을 볼 때 가까이에서 세 번, 멀리서 일곱 번을 보라는 뜻이다

• 賤龍凶地(천룡흉지)에는 吉砂(길사)가 비추지 아니하고, 眞龍明穴(진룡명혈)은 반드시 凶砂(흉사)를 피해 結地(결지) 한다

• 외가外家보다 친가親家의 풍수가 더 힘이 세다

| 참 | 고 | 문 | 헌 |

• 명당발복의 신비:동선호 지음, 관음출판사, 2013년

• 신비의 명혈명당:동선호 지음, 관음출판사, 2018년

• 정통풍수지리:정경연 지음, 평단문화사, 2003년

• 정경연의 부자되는 양택풍수:정경연 지음, 평단문화사, 2005년

• 풍수의 定石:조남선 지음, 청어람M&B, 2010년

• 한국의 재혈풍수(상):정일균 지음, 관음출판사, 2010년

• 한국의 재혈풍수(하):정일균 지음, 관음출판사, 2010년

• 인자수지(人子須知)(前):김동규 역저, 명문당, 2008년

• 인자수지(人子須知)(後):김동규 역저, 명문당, 2008년

• 손감묘결(巽坎妙訣):고제희 평역, (주)다산북스, 2008년

• 도선국사비기:고제희 편저, 문예마당, 2009년

• 지리요결(地理要訣):박영옥 저, 동대문문화원, 2009년

• 신정일의 신 택리지:신정일 지음,타임북스, 2010년

• 김두규 교수의 풍수강의:김두규 저, 비봉출판사, 2010년

• 大權과 風水,地氣를 해부하다:우영재 저, 관음출판사, 2002년

• 새로쓰는 풍수지리학:이태호 저, 도서출판 아침, 1999년

• 생활풍수와 명당만들기:안국준 저, 태웅출판사, 2000년

• 터와 명당:이익중 저, 우성출판사, 2011년

- 혈(穴):이한익, 김경보 공저, 도서출판 연봉, 1995년
- 천기비법(天氣秘法):이종두 저,이 코노믹북서출판, 2009년
- 한국의 명당:김호년 저, 동학사, 2005년
- 초능력 풍수지리:모종수 글, 인터넷, 2012년
- 명당 찾는 진수 정해:김명준 저, 도서출판 세연, 2011년
- 한국민족문화대백과사전:한국정신문화연구원, 1991년
- 두산세계대백과사전:동아출판사, 1996년
- AUM 백과사전:다음 운영 온라인 서비스
- NAVER 백과사전:네이버 운영 온라인 서비스
- 인터넷 백과사전 위키백과
- 인터넷 백과사전 나무위키
- DAUM 블로그 및 까페
- NAVER 블로그 및 까페
- DAUM KAKAOMAP
- NAVER 지도
- Google 지도
- 각 성씨의 본관별 문중별 가계도, 세계도, 족보 및 주요 인물 이야기 등
- 다음 및 네이버 인터넷 블로그 및 까페에 올라온 풍수지리학회 및 연구
  회 등의 답사기 블로그 및 까페
 -정통 풍수지리학회 블로그 및 까페
 -천지인 박인호의 풍수 블로그 및 까페
 -개미실 사랑방 블로그 및 까페
 -역학 사랑방 블로그 및 까페

-마음이 쉬는 무유사 산심수행 블로그 및 까페

• 다음 및 네이버에 올라온 세계 각지의 여행기 블로그 및 까페

• 전국 시, 구, 군, 읍 , 동, 면의 홈페이지(역사, 문화 등)

• 조선닷컴 블로그 및 까페

• 동아일보 종합편성 TV 채널A 블로그 및 까페

• KBS 2TV 생방송 생생정보통 블로그 및 까페

• MBC TV 생방송 오늘저녁 블로그 및 까페

• SBS TV 생방송 투데이 블로그 및 까페

• 땅이야기 맛이야기 블로그 및 까페

• 밥 구르망 2018 미쉐린가이드 블로그 및 까페

• KOR 한국미식랭킹 코릿 불로그 및 까페

• e-book 땅이야기 맛이야기 블로그 및 까페

堂井 동선호(董善浩)

- 교육부 과장 및 국장
- 교육부 국제교육진흥원 원장
- 강원관광대학 학장

- 저서
  명당발복의 신비(2013년. 관음출판사)
  신비의 명혈명당(2018년. 관음출판사)

명당찾는 비법

초판인쇄 2021년 6월 10일
초판발행 2021년 6월 20일

지 은 이 동선호
펴 낸 이 소광호
펴 낸 곳 관음출판사

주   소 08730 서울시 관악구 봉천동 1000번지 관악현대상가 지하1층 20호

전   화 02) 921-8434, 929-3470
팩   스 02) 929-3470
홈페이지 www.gubook.co.kr
E - mail gubooks@naver.com

등   록 1993. 4.8 제1-1504호
ⓒ 관음출판사 1993

정가 30,000원

신비의
명혈명당

"천하대지(天下大地)인 천조명당(天造明堂:大明堂)이 한 장소에 74개씩 네 곳에 296개가 모여있는 명혈명당의 실체(實體)를 풍수지리 역사상 최초로 밝혀 내다"

★명혈명당을 가진 자(者)가 천하(天下)를 지배한다!
- 부강한 국가들의 지도자 생가와 집무실, 글로벌 재벌가들의 창업자 생가와 대기업의 본사는 모두 명혈명당이다.
- 한국의 대통령, 국무총리 및 재벌그룹 창업자들의 조상 묘와 생가는 모두 명혈명당이다.

★명혈명당을 가진 자(者)가 세상(世上)을 변화시킨다!
- 불교, 기독교, 유교 등 종교 창시자, 세계적인 위인(맹자, 섹스피어, 아인슈타인, 베토벤, 고흐 등)들의 생가는 모두 명혈명당이다.
- 한국의 위인 및 저명인사(김유신, 이이, 이황, 정약용 등)의 생가도 모두 명혈명당이다.

★명혈명당을 가진 자(者)가 입신양명(立身揚名)한다!
- 조상 묘, 생가, 거주지에 명혈명당이 들어 있는 자는 반드시 명당 발복이 발현되어 각 분야의 지도자나 저명인사 및 부자가 될 수 있는 그야말로 개천에서 용(龍)이 나는 명당이다.

★명혈명당에 의한 명당발복의 신비한 현상 공개!
★명혈명당의 땅속 형상과 찾는 방법 및 활용방안 공개!
★市道區郡별 명혈명당 현황(대명당 혈처 42,520곳) 공개!

동선호 지음 / 신국판 / 468쪽 / 정가 30,000원